主体化の神学

救済論の民衆神学的再解釈

香山洋人

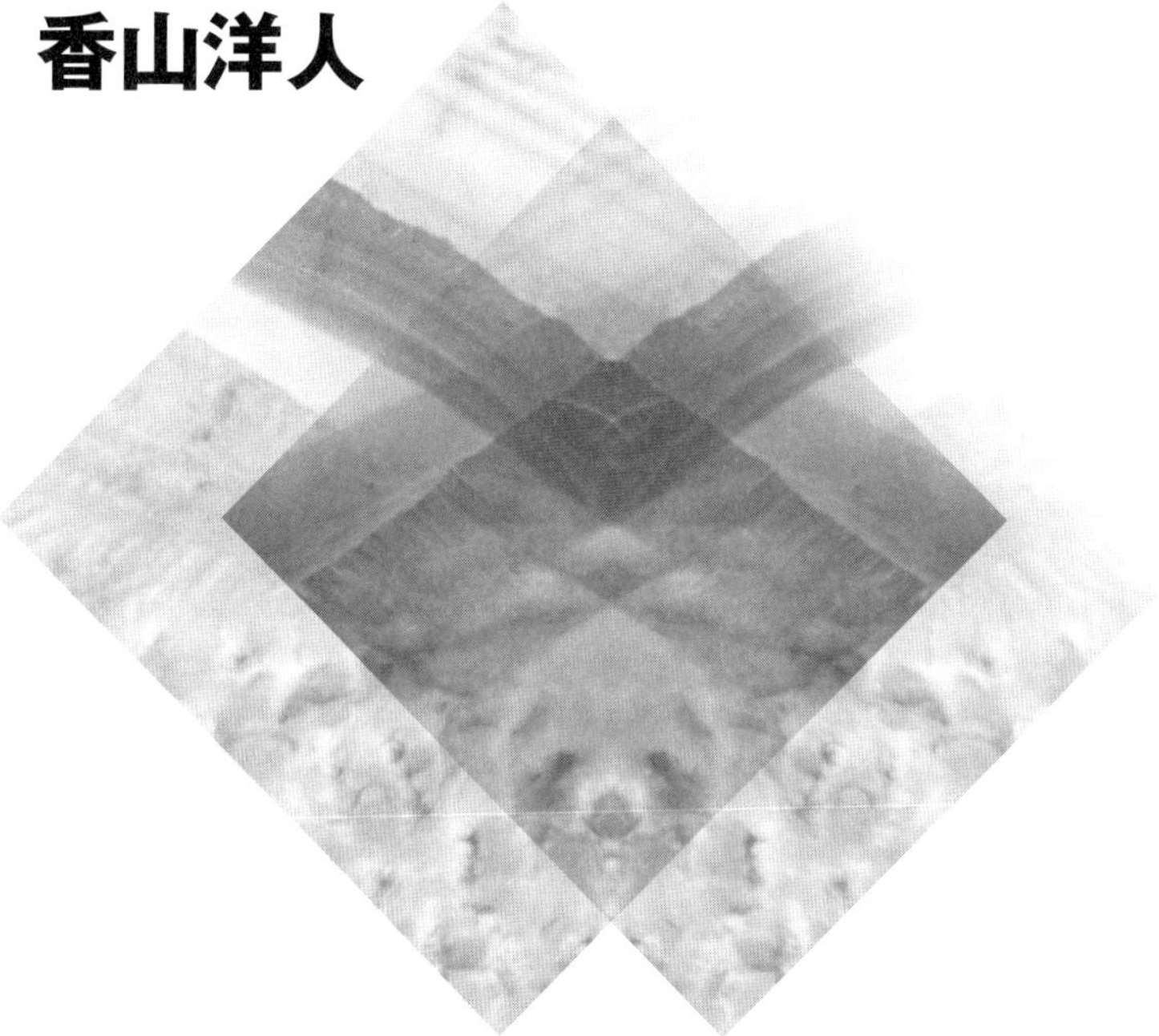

かんよう出版

目次／主体化の神学―救済論の民衆神学的再解釈―

目次

第三章　民衆神学における救済と主体化、安炳茂を中心に　157

主体化の神学──救済論の民衆神学的再解釈──

香山洋人

序

一、はじめに

救いとは何か。それは宗教にとって最も重要な概念であるにもかかわらず、ひとたび論じようとすればなかなかの難題となる。キリスト教神学においてこの領域を探求するのが救済論である。しかし、そこで展開されるのは救済史や贖罪論、義認や聖化といった「救いを巡る教え」であり、人間の経験としての救い、あるいは救われたものはどのような存在として生きるのかといった「救いの実相」に関する神学的見解は見受けられない。これまでキリスト教神学が語ってきたのは、共同体における信仰的な含意をもとに象徴的に表現された救いであった。そこには宗教の側が考える救いのメッセージはあっても、生活者である人間の視点から語られた実感を伴った救いのイメージは希薄となる。なぜなら信仰の世界において救いは論ずるまでもない当然の事柄であり、信仰を共有する人々が自明の前提とする物語の中でそのイメージがすでに固定化され共有されているからである。こうした前提に立てば、自分たちとは異なる宗教伝統、あるいは社会的文脈に置かれた人々に対して「救いとは何か」

を語る必要がなかったのは当然と言えよう。しかし、自明の前提や共有された物語が喪失しつつあるわれわれ[1]の社会において、従来語られてきたような自明なものとしての救いはもはや存在しないのではなかろうか。そればかりか、人間には救いが必要であり人は救いを求めているという宗教的前提それ自体が問われている。仮に人が何かを求めていることは確かであるとしても、それはこれまで多くの宗教が語り続けてきたような救いという言葉によっては表現し得ない何かであるに違いない。

　こうした認識をもとにわれわれが考えようとしているのは「世俗化」の問題ではない。なぜなら世俗化とは、キリスト教西洋において社会的価値規範が教会から国家あるいは市民社会へと変化した現象を指すものだからである。つまり世俗化とは文化的、社会的な権威の移行を表現する概念であり、それはキリスト教信仰それ自体の現世的性格および役割の強調を指すために用いられる宗教側の自己主張だからでもある[2]。しかしわれわれが生きる現実は宗教や信仰が社会や生活の価値規範として機能しない現実であり、かつて教会が保持していた役割は失われ市民社会が到来したというようなキリスト教西洋の図式では説明できないわれわれ自身の現実を前提としたいのである。少なくとも日本には歴史上、西洋におけるキリスト教と対比可能な統一的な宗教的権威は存在しなかったし、おそらく日本においてはキリスト教西洋のような形で宗教が国家と結託した時期はなかったはずである[3]。したがって日本社会においては、国家あるいは市民社会がそのような意味で宗教を克服したとか天皇や寺社からの自由を得たなどという図式は成り立たず、今後いかなる時代においても宗教の側から喪失した権威を取り戻そうとするような事態は起こり得ないであろう。

　われわれが直面している現実は、ルックマンが指摘した状況、すなわち宗教がかつてのような組織的、制度的可視的存在ではなく個人化した状況[4]だろうか。あるいはイングルハートが言うように、存在形態は変化しても宗教意識自体に変化はなくむしろその意識は高まってすらいるのだろうか[5]。おそらくわれわれが直面している現実の中にそうした要素が多少なりとも含まれていようとも、本書のテーマは宗教の個人化でも形態の変化でもなく、宗教および宗教性の位置がさほど重要ではない社会における宗教の意味、教会と神学の課題なのである。

本書が救いの問題を論じる文脈は、宗教や国家、あるいは民族といった「大きな物語」が規範的な力を持ち得ない世界である。そこでは宗教は体系的かつ組織化された形態とは限らず、時々に選択可能なものとして消費されるかもしれない。少なくとも現代日本において宗教は国家や市民社会と緊張関係を維持するだけの存在感を有していないし、個人の次元においても宗教あるいは宗教性自体、人間生活における重要な価値基準というよりは実生活には無関係な文化的要素の一つ、あるいは常識を逸脱した奇異な価値世界として時折浮上してくるに過ぎない。われわれはこうした現象を「脱宗教化」と呼ぼうと思う。たしかにわれわれは宗教性そのものを喪失したのではないが、かといって様々な社会現象を擬似宗教として分析できるとは思えないし、原理主義宗教の台頭が宗教の健在を証明しているという分析が該当するとも思えない。日本においてわれわれが生きるのは脱宗教的状況である。われわれはこうした状況を嘆くのではなく自らの神学的思惟を新たな土台の上に再構築するための好機と捉えたいのである。

最初の問いは、日本においてキリスト教のような伝統宗教がこうした状況を正しく受け止めているのだろうかという問いである。「世俗化」に関する議論であれば、すでに半世紀以上の蓄積があるのだが、それはキリスト教西洋の問題意識に他ならない。これまで日本の神学は欧米など自分たちとは異なる文脈の中で論じられたテーマとそこから生まれた諸概念を積極的に受け入れてきたが、そこから自分たちが直面する状況を踏まえた既存の諸概念に対する再解釈の作業が十分行われてきたようには思えない。日本のキリスト教神学の議論、救いを含むキリスト教の重要概念を巡る解釈は、聖書の言葉をそのまま引き写すかあるいは既存の欧米神学をそのまま受け継いできたのではなかろうか。問いが答えを規定するのである。はたしてわれわれの神学は自分たちにとって必要な問いに基づいているのだろうか。学術世界や教会共同体の成員ではなく、この社会を生きる人々の切実な問いと問題意識に耳を傾けた上で紡ぎ出された神学だと胸を張って言えるのだろうか。

脱宗教的状況は様々な領域とつながる現象でもある。したがってわれわれは、例えば「救い」のような言葉がいまの日本社会の多様で複雑な状況において説得力を持ち得るかどうかを問わねばならない。日本のキリスト教には、自分たちの経験を脱宗教的な隣人たちに分かち合うための真摯な反省と取り組みが必要なはずである。もちろん教会の成員内部においても、自分たちの信仰的世界観と実生活とが言いようもなく乖離している現実について、さらに自らの信仰を日常性から遊離した言葉によって表現し続けているもどかしい現実について真摯に向き合う必要があるのではなかろうか。

したがって問題は、伝統的言語を流行語に置き換えればいいというようなことではないし、あるいは、宗教的言語は翻訳不可能だと決めつけることでもない。伝統主義的立場の中には、宗教的経験にふさわしいのは伝統的表現であり状況に適応させる必要はないという意見もあろう。伝統宗教は、時代が忘れ去った価値を提供し続ける存在としてあえて理解を求めず、通俗的な価値を拒否して特殊な世界を構築することでかえって人々の欲求に応えてきたという考えである。しかし、われわれが考えたいのは脱宗教的世界を生きる人々の宗教性とそれにふさわしい言語とは何かである。聖書の人々が過酷な現実を生き抜く中で独自の言語を獲得したように、われわれも自分たちが直面する過酷な現実について、「良心の壊死」とも言うべき状況を感じ、さらには挫折と絶望を繰り返し罪悪感と虚無感とに苛まれながらもかろうじて歩み続けてきた自分たちの体験について、借り物ではない自分たちの言葉で表現する必要があるのではなかろうか。

こうした問題意識に立つならば、教会の日常に漂う救いを巡る諸言説は無力であるばかりかある種の危険性を帯びていると言わざるを得ない。そこには生活者の感覚や個々の経験から大きく乖離したねつ造された罪や不安、悩みが存在する。神の怒りや悲しみ、人間の弱さ、原罪の自覚を促そうとする強引なカテキズムは暴力的ですらある。人々を恐怖に陥れなければ説得力を持ち得ないような「神の愛」や「救い」が福音、キリスト教のメッセージだとするならば、それはもはや反社会的カルトの手法と大きく隔たるものとは言えない。イエスの福音の中心テーマとしての「神の国」を、真の人間解放が実現した状態、すなわち救いの実相を意味していると捉えるとしよう。もちろん「神の国」を巡っては定まった解釈は無い(6)。しかし聖書の語る救いが既に実現されたものでありつつも終末的であり、現実的でありつつも超越的であるというような教理的言説が、われわれの現実に対してどのような意味を持つかは疑問である。われわれは今日の脱宗教的世界において説得力ある言葉として福音を語り直さなければならないのである。

ヨーロッパにおいて啓蒙主義の台頭と産業社会化が脱宗教化を加速させ、社会主義革命とアジアとアフリカにおける植民地からの独立闘争がキリスト教西洋の伝統的世界観を相対化し、それまでの支配的価値体系としてのキリスト教世界（Christendom）が崩壊しポストキリスト教時代が到来した。キリスト教はもはや唯一の宗教ではなく、信仰はもはや人間生活の必需品ではなくなったのである。こうした状況において救いを論ずることは、われわれの「生の座」におけるキリスト教の有効性と意義とを問う作業であり、これは同時に、キリスト教会の存在意義と使命に対する再検討の作業でもある。現代社会において、キリスト教のような伝統的宗教は、芸術や文化の一つという以上にいまだに宗教そのものとしての存在価値があるのだろうか。そして聖書の使信は今も多くの人々にとって福音であり続けられるのだろうか。これらの問いに対する答えによって、それぞれの神学的立場が明らかになるのだが、少なくともわれわれは、東北アジアの脱キリスト教的都市生活におけるキリスト教と聖書の有効性について、もはや楽観的ではいられないのである。それは、本質的な意味においてキリスト教も聖書も福音ではあり得ないということではなく、むしろ、従来のキリスト教の語り方、従来の聖書解釈と神学的諸概念、教会が宣教と称してきた諸活動が、もはや説得力を失っているのみならず有害ですらあるのではないかという危機感の表明なのである。

かつてキリスト教世界においては、宗教、信仰、救いといった諸概念はそこに脚注を付す必要のない自明の概念であった。そしてわれわれが知っている既存の神学はそうした自明の諸概念の上に成立しているのであり、脱キリスト教世界においてそれが通用すると考えることのほうが不自然であろう。われわれの関心は、イエスにとってそうであったように苦しみの渦中にある人間にとっての福音である。その苦しみは聖書的な意味付けを必要としない今を生きる人間の現実としての苦しみである。もちろん問題は苦しみという言葉で表現しつくすことのできない複雑さを帯びている。われわれは、どうすれば苦しみから解放されるのかを問いたいのではなく、どうなることを解放と考えるのか、宗教的な言葉で言えば救われるとはどうなることか、救済の実相とは何か、そして現代のキリスト教はそれをどのように語り得るのかという問題に取り組みたいのである。

本研究は、民衆神学の中心命題である「歴史の主体、歴史の当事者としての民衆」概念を再解釈し、救済論の現代的再解釈、すなわち「主体化としての救済」「救いとは主体化である」という新たな提案を試みるものである。民衆を「歴史の主体」と捉えた民衆神学は、民主化による民衆の解放を目指す実践知であったが、その背景には軍事独裁政権という韓国の具体的な状況があった。[7] 韓国に限らず、民主化はキリスト教にとっての重要な課題である。独裁政権からの解放、政治的な自由や民主主義の確立は聖書的な意味における自由と解放に不可欠な要素といえる。しかし、それによって真の人間解放が達成されると考えることはできない。イエスの福音は、法の下の平等や多数決による民意の集約といった民主主義的政治規範と矛盾するし、イエスがその到来を宣言した「神の国」は具体的な政治体制を意味するものではなかった。一方、民衆神学が描いた「民衆が歴史の主人となる世界」が独裁の打倒と民主主義の実現にとどまらない展望を持っていたことも明らかである。民衆神学は民衆を「歴史の主体」と理解し、民衆が歴史の主体、当事者として創造的な役割を果たすことがすなわち「民衆の国としての神の国」の実現であると考えていた。[8] しかしそれが人間一人一人にとってどのような現実を伴うものであるか、十分に論じられてはいないのである。

以上の問題意識をもとに、アジアの現代神学を代表する民衆神学[9]、特に安炳茂（アン・ビョンム）の神学思想の検討を通し、現代的救済論の可能性について論じてみたい。「歴史の主人、歴史の当事者である民衆」という民衆神学独自の主題を、救済論の現代的再解釈の中心概念として受け止め直すことで、ポストキリスト教時代、脱宗教的状況に広く語りかけるものとして救済に代わる主体化の概念を提示してみようと思う。

二、研究の範囲、全体の構成

われわれが対象とする民衆神学は主に安炳茂によるものであり、彼の民衆神学的救済論を発展させることで救いを巡る新しい神学的理解を提案したいと思う。そのために特に安炳茂の民衆理解、救済理解、主体理解が主な研究範囲となる。民衆神学研究[10]において、これらのテーマに集中した事例は多くない。安炳茂の救済理解に対する批判的検討には『民衆はメシアなのか』、徐南同や哲学的議論を援用しながら発展的に継承する研究として権鎮官（クォン・ジングァン）の『我ら救いを語ろう』などがあるが、これについては第二章で検討する。しかし民衆神学的救済論に関する研究はほぼ未開拓の領域である。一方、われわれは救いについて主体化という概念を通して論じようとするのだが、哲学において膨大な蓄積がある主体を巡るテーマは、キリスト教神学においては十分取り組まれた領域とは言えない。神学は、創造主、救世主である神を「主体」としその前で被造物は救われるもの、贖われるものといった「客体」として捉えられるからであり、信仰という人間の主体的行為についても恵みや恩寵という言葉の前で極小化されてしまいがちだからである。神学は主体としての人間を論ずることに不慣れであるし、神学は主体としての人間の探求には不向きな学問と言うべきかもしれない。その中でわれわれは、「歴史の主人としての民衆」という安炳茂の主張は神学の歴史において重要な位置を占めている、と考えたいのである。こうした民衆神学の主張を手がかりにしつつ、おぼつかない足取りではあるが未踏の領域に踏み出してみたいと思う。

第一章「神学的概観」では、救いをめぐる概念そのものの不明確さを中心にわれわれの問題意識を再確認することから出発する。聖書における「救い」、「救済」概念の検討をもとに、原罪論に基づく贖罪論を批判的に考察し、贖罪論的ではない救済論の可能性を探ってみたい。救いをめぐる神学的再解釈作業としては、内村鑑三や賀川豊彦の他現代日本の神学者たち、またユルゲン・モルトマン、エドワード・スヒレベークス、グスタボ・グティエレス等の神学を検討する。第二章「主体化とは何か」では、われわれの主題である「主体化」の意味について検討する。そのために「主体」を巡ってなされた議論をキリスト教神学に限定せずに検討してみたいと思う。その際、既存のキリスト教に批判的であった思想家キェルケゴールを手がかりとするが、それは安炳茂が強い影響を受けた思想家だからでもある。哲学において主体を巡る問題は哲学史そのものと言うべき膨大な議論の蓄積を有しているが、われわれはここで日本におけるいわゆる「主体性論争」と哲学者であり実践家であるパウロ・フレイレの「意識化」の思想を参考に議論を進めてみたいと思う。われわれが取り組もうとする主体化の問題を、実存的な思弁の問題としてではなく社会変革の過程において生じる実に動的な出来事として論じるためにも、これらの議論は意味を持つはずである。第三章「民衆神学における救済と主体性」では、安炳茂の救済理解と主体理解に関する論文の解読を中心に行うが、「民衆メシア論」批判や救済理解と主体化を巡る他の神学者たちの議論を加えることで民衆神学的救済論の射程を明らかにしようと思う。第四章では、以上の検討を踏まえ、新約聖書における主体化の物語を読み解くことにする。ここでは特にフェミニスト神学が重要な導き手となる。以上の研究成果をふまえ、救済論の民衆神学的再解釈としての「主体化の神学」の輪郭を提示できればと思う。

参考文献

【邦語】
ロナルド・イングルハート『静かなる革命―政治意識と行動様式の変化』(三宅一郎訳、東洋経済新報社、一九七八年)
小口偉一、堀一郎(監修)『宗教学辞典』(東京大学出版会、一九八七年)
心園記念事業会編『安炳茂著作選集一　民衆神学を語る』(金忠一訳、かんよう出版、二〇一六年)
沼尻正之「近代社会における『宗教』の位置:世俗化論・再考」《ソシオロジ》四〇(京都大学文学部社会学研究会、一九九五年)
真鍋一史「欧米社会学における宗教理論と宗教調査:宗教研究における『他者性』の問題」《関西学院大学先端社会研究所紀要》四(関西学院大学先端社会研究所、二〇一〇年)
トーマス・ルックマン『見えない宗教』(赤池憲昭訳、ヨルダン社、一九七六年)

【英語】
A. Richardson ed., A New Dictionary of Christian Theology, SCM, 1983.

注

（1）「われわれ」とは論文上の主語だが、一義的にそれは執筆者のことである。二義的にその趣旨に共感する読者を想定するが、各々の立場性を捨象しているわけではない。
（2）この問題を巡っては多くの議論があるが、ここでは真鍋一史「欧米社会学における宗教理論と宗教調査」、沼尻正之「近代社会における『宗教』の位置」を参照している。
（3）キリスト教に限らずユダヤ教やイスラームの宗教意識に対し、「神仏・かみやほとけ・寺社」などと表現可能な宗教意識を対比させることは困難であろう。また、日本における組織宗教としては天皇を中心とした神道や伝統仏教があるが、それが教会同様の権威や社会規範として機能した時期は限定的かつ断片的である。
（4）ルックマン『見えない宗教』参照。
（5）イングルハート『静かなる革命』参照。
（6）「〝神の国〟はイエスの教えの中心概念でありながらその解釈は定まっておらず、神学的意味内容はこれまで聖書によってではなく社会学的、政治的な要素によって様々な広がりを持ってきた」（'The Kingdom of God', A New Dictionary of Christian Theology, pp.317-318）。「神の国」も現代的再解釈が必要な主題であることは間違いない。
（7）今後断りのない限り「韓国」は「大韓民国」の略称として用いる。
（8）安炳茂『民衆神学を語る』三三三～三六六頁。
（9）本書では「민중신학 minjung-sinhak」は「民衆神学」と表記する。
（10）民衆神学において神学者自身が自らを民衆と考えることはないし民衆自身の言葉をそのまま神学と呼ぶこともない、というのが本書の立場である。かつて徐南同は「民衆による、民衆のための、民衆の神学」と語ったが、「民衆による神学」いう表現は曖昧に過ぎるだろう。本書は、「民衆事件を神学する」作業としての民衆神学ではなく「民衆神学を神学する」民衆神学研究の一環である。

第一章　救いに対する神学的接近

一、はじめに　―問題はどこにあるのか

ここでは、あらためてわれわれの出発点、すなわち救いを巡る神学的な状況を明らかにした上で、今後の議論の基礎として、聖書における救いに関する記述の検討から始めることにしよう。この作業はいわゆる釈義ではなく聖書のテクストにおいて救いの実相はどう捉えられているのか、聖書の人々にとってそれはどのような体験であったのかを一瞥する作業となる。続く古代信条に対する検討も同様である。次に、神学者によるいわゆる「救済論」を検討するが、これは網羅的あるいは研究史的なアプローチではなく、われわれの関心に合わせて抽出されたものである。そして、この作業の最後に解放の神学を取り上げわれわれの主題である民衆神学へと接近しよう。

1　救済概念の再検討の必要性

キリスト教は「救い主イエス」を中心とした救済宗教である。救済宗教とは、人は苦難などの危機的状況あるいは「限界状況」といった救いを必要とする苦境に生きており、それらを直視することを通して人間の限界の劇的突破の可能性を示す宗教のことだと考えられている。[1] ジョン・ヒックは「すべての偉大な世界宗教には救済論的構造がある」と指摘したが、[2] 救済宗教であることが「偉大な世界宗教」の条件であるという認識自体、ユダヤ=キリスト教を基準とした宗教観であり再検討の余地があるかもしれない。この点を踏まえた上ではあるが、たしかに多くの宗教が何らかの欠乏に対する充足への渇望に根ざしていることは事実であり、それぞれの宗教は欠乏に対する充足の道を示すメッセージを語ってきたことは否定できない。それが抽象的なものであれ具体的なものであれ、人間の欲求とその解決が宗教にとって重要な主題であることが事実だとしても、しかし、ここから導き出される解決を救済と捉えその実相を明らかにすることは容易な作業ではない。特にわれわれが生きる脱宗教的社会において、救いの実相を説得力のある言葉で表現することには多くの困難が伴う。何を救いと捉えるかは主観的であるばかりか、一人ひとりの世界観とその背景にある文化や言語感覚などに深く関わっていることだけが理由ではない。満ち足りない状態にあって切実な充足を願うというような心性それ自体、われわれが生きる世界の中ではもはや一般的ではないのかもしれない。複雑かつ個的な価値が乱立する不確定かつ液状化した社会において、人々は批判的かつ本質的な問いを回避する傾向があるからである。[3]

こうした状況の中、伝統的な宗教が自明のこととして捉えてきた救済、あるいは救いという主題は、限定的な条件のもとでしか語り得ないはずである。にもかかわらずキリスト教神学における救いを巡る言説は、現代的な状況との折衝の中で十分批判的な検討がなされてきたとは思えない。教会が語る救いを巡る言説は人々にどのように受け止められているのか。それは脱宗教的な人々の経験と共鳴可能な内容か。「救い主イエス」を中心とする教えの中で当然のように語られてきた救いを巡る諸概念に対する再解釈、再構築は焦眉の急を要する課題だと思えるのである。

マックス・ウェーバーは様々な宗教が語る救済の要点は「苦難からの解放」であると捉えていた。彼の分類によればそれは、政治的・社会的奴隷状態からの解放、汚れた魂と肉体による束縛からの解放、人間的激情と欲望からの解放、根本悪と罪からの解放、人間の有限性と地獄の刑罰からの解放、因果応報からの解放、煩悩や有為転変からの解放などを意味している。そして解放された結果として想定されているのは、此岸的メシア王国の樹立、魂と肉体の浄化によって霊的存在となること、神的な清浄さと観想という無限の休息、父なる神の懐における永遠の自由と和らぎ、来世における永遠の至福、永遠の休息、夢さえない眠り、などであった(4)。このように、苦難からの政治的あるいは主観的解放を目指すことが宗教の機能だとウェーバーは考えていた。

一方、ヨアヒム・ワッハにとって「苦難からの解放」という視点はあまりに消極的であり、ウェーバー的救済欲求は人間の現実に対する合理化でしかないとみなされている。ワッハにとって救済の思想とは、苦しみから逃れたいという欲求にとどまらないより積極的な側面において、すなわち自己否定や禁欲的理想の実現などを通じて「神との合一、再生」を目指すものであったという(5)。たしかに、苦難や困難からの解放を願うことが救済欲求のすべてではないし、超越的、絶対的なものとの関係で追求される自己成長が宗教的救済において重視されてきたことは事実だろう。しかし、こうした実存主義的な救済理解こそが人間の現実に対する合理化であり現実逃避に他ならないと指摘したのは若きカール・マルクスであった。マルクスは「幻想的な幸福」を語るばかりで解放的機能を果たさず民衆を奴隷化する種々の機能の一つである宗教を批判している(6)。宗教が語る救いが構造的悪を合理化したり現実逃避へと向かわせるものであり、あるいはそれがあまりに主観的で抽象的なものである限り、宗教が語る救いのメッセージは批判の対象とならざるを得ない。われわれは救いの問題を別の角度から捉え直したいのである。

もちろん、歴史的に変遷するキリスト教的救済思想の背景にも現実的苦難からの解放、限界状況の突破の願いがあり、超越的、絶対的な存在との合一や再生への願いも含まれていた。しかし問題は、その願いを体系的、実践的な思想として展開する際の背景となる世界像が、われわれにとってもはや単一ではなく実に多元的であり混淆的ですらあるという点にある。近代において世界の諸宗教を研究したウェーバーやワッハであっても、彼らにとってのキリスト教は西洋文化圏の宗教でしかなく、キリスト教自体が多様な世界像を背景とした宗教として多様な機能を展開しているという認識は無かったに違いない。同様にマルクスも、フォイエルバッハを引き継ぎながら当時のヨーロッパのキリスト教を前提に語っているのであって、有名な「宗教は民衆のアヘンである」という言葉も、宗教一般を断ずる言葉としてはいささか説得力に欠けると言わざるを得ない。彼らにとっての近代はヨーロッパの近代であってわれわれが生きる世界はそれとは異なる新たな文脈を提供しているのである。

学問の領域に関わりなく文脈や語り手の立ち位置を巡る問題は今や常識化している。[7] そして植民地支配に限らずジェンダーやマイノリティなどの文脈性と語り手の立ち位置の問題はあらゆる学知にとっての生命線と言っても過言ではない。[8] われわれの関心はまさにこの点にある。旧来の西洋的キリスト教理解に基づく救済観、あるいはヨーロッパ・男性中心の視点から行われた諸宗教との比較によって構築された固定的救済観は問われなければならない。単一の世界像を背景とした西洋中心のキリスト教世界はすでに崩壊しているからである。[9]

たしかに救済を巡る議論はユダヤ＝キリスト教の中心的関心であった。しかし、古代人の日常性において救いは自明な概念であり、救われるか救われないかが問題なのであって、「救いとは何か」「救われた状態とは何か」という説明、救いの実相を探求することは不必要であったに違いない。初代教会の関心の中心は「信じて洗礼を受ける者は救われるが、信じない者は滅びの宣告を受ける」（マルコ十六：十六）に代表される排他的救済論である。[10] この思想は「教会の他に救いなし」、「信仰の他に救いなし」（信仰義認）という教理として結実する。ウェーバーの言葉を借りて、キリスト教はこれまで「教権制的な統制」によって「救済的宗教財の授与を自らの手に独占」する社会制度として機能してきたのだとしても、[11] 教会の制度的統制が機能しているのは地球上のごく一部の地域であり、たとえかつてのような暴力的改宗が行われたとしても、教会が提供する救いが全人類に及ぶ見込は無いことをわれわれは熟知している。救いとはキリスト教信仰のことだという前提は、多くの人々にとってすでに失笑の対象であり、キリスト教徒自身にとってもすでに違和感があるに違いない。[12] キリスト教が多数派である社会が構築した世界観が崩壊するとともに、楽観的で教会中心主義的な救済論は有名無実なものとなっている。これまでの神学が前提としてきたキリスト教世界はもはや崩壊したからである。

2　ポストキリスト教世界からの問い

ボンヘッファーが神を「作業仮説」と呼んだ状況は既に半世紀以上前のことである。彼が「成人した世界」と名付けたものについてここではすこし角度を変えて捉え直してみよう。ある統計によれば、世界のキリスト教人口の地域別分布においてヨーロッパが占める割合は、一九〇〇年は六八％であり、北米を合わせれば全体の八二％に達していた。つまり、前世紀初頭においてキリスト教は欧米の宗教だったのである。[13] しかしこの統計によれば、ヨーロッパのキリスト教徒の絶対数は減少しないと考えた場合でも、今後全世界のキリスト教人口分布に占める割合は次第に減少し、二〇五〇年にはアフリカ三八％、ラテンアメリカ二三％、アジア十三％となり、キリスト教はアフリカ、アジア、ラテンアメリカの宗教とみなされることが予測されている。時代とともにキリスト教は南、そして東へとシフトしているのである。[14] 従来の「キリスト教世界」という枠組みは捉え直しを迫られている。われわれの世界には、キリスト教の他にも救いを主題とする様々な宗教伝統があり、救いを主題としない宗教伝統が存在する。キリスト教は自らが語ってきた独占的で排他的な救いを再定義する必要に迫られているのではなかろうか。そして神学はあらためて救いとは何か、救いの実相を巡る問題に正面から取り組む必要があるはずである。

（1）ポストコロニアリズム

こうした変化は植民地主義の終焉、すなわち被植民地の解放と独立の運動とも深くつながっている。脱植民地主義（post colonialism）によって新たな課題が提起されたのである。キリスト教にとって二十世紀は、欧米からアフリカ、ラテンアメリカ、アジアへと量的中心が移動する時代であり、ジェンキンスの予測の通り本当の意味でのキリスト教のグローバル化が実現すると考えれば、今はちょうど過渡期と言えよう。キリスト教史上、最初のパラダイムシフトはローマ帝国による国教化であり、これを機にキリスト教は自己の正体を明確なものとする必要に迫られ、努力を積み重ねてきた。ギリシャ・ローマ中心のこの作業はその後のキリスト教に絶大な影響を与えている。そして今日、キリスト教は第二のパラダイムシフト、すなわち脱ヨーロッパ化、グローバル化を経験しているが、[15]これは従来のキリスト教がアイデンティティの危機に直面したことを意味している。これまで、キリスト教内の議論でしかなかった多くの問いが、いまや他宗教、他文化との交渉の中で行われなければならないからである。

脱植民地主義は、それまで自明であった種々の価値を相対化した。いまやヨーロッパは世界の中心ではなく一地方となった。[16]この流れを押し戻すことは不可能である。量的に見て、キリスト教がヨーロッパからアメリカ大陸へと展開して以来、アフリカ、ラテンアメリカ、そしてアジアにおいて徐々に独自のキリスト教が生まれつつある。[17]ローマ帝国以来の長きに渡るヨーロッパ中心の時代を顧みれば、キリスト教は新たな画期を迎えたのであり、これはやはりパラダイムシフトと言うべきであろう。[18]

（2）諸宗教と脱宗教化

ヨーロッパの被植民地であった地域では植民地からの独立の流れとともに宗主国的世界観の根底をなすキリスト教が批判され、その結果キリスト教は、従来の「異教との対決」から宗教間対話へと方向の転換を迫られた。もはやキリスト教以外の宗教伝統に属する人びとは征服の対象としての「異教徒」ではなく、共に生きる隣人となったのである。ヨーロッパにおける啓蒙主義思想の台頭は脱宗教的価値の成長を促してきた。人間は教会に教えられるだけの存在ではなく自ら問い自ら答えることのできる自由で自律的な存在であると自覚し始めたのである。十九世紀に入り史的唯物論とマルクス主義が拡大し、これに世界各地の反欧米主義、脱植民地主義の思潮が呼応することで、思想や哲学の次元を遥かに越えた脱宗教化現象がグローバル化している。封建的政体が次々と解体され、既存の権威に対する批判の思潮が広がる中で脱宗教化が進行しているのである。欧米的近代主義に対抗する原理主義的宗教の政治化の問題は無視できないとはいえ、少なくともキリスト教西洋の政治的版図に属する多くの人びとにとって宗教はもはや一つの選択肢でしかない。

このように、キリスト教が直面するパラダイムシフトは、植民地主義に対する批判と自己批判、他宗教や他文化、そして脱宗教的世界観との交渉によって再構築されながら促進される必要がある。現代の神学はこのような揺さぶりを経ながら、これまでは自明であった諸問題についての再検討を迫られてきた。救いを巡る問題はその中で重要性と緊急性において際立った領域であると言えるのではなかろうか。

3　主体化の神学に向けて

現実の苦難と切り離された救いの言説は、預言書、福音書、特にヤコブ書のような聖書諸文書において厳しい批判の対象となっている。こうした救済観の伝統は、救いとは何かを考える際の重要な基盤である。たしかに、キリスト教が保持してきた苦難の合理化や来世の約束、諸典礼による救いは内面的な解決をもたらす「救済財」であり、個人的な苦境からの劇的突破を内面的に可能とするものとして重要性を無視することはできない。しかしそれらは「門前のラザロ」（ルカ十六章）とは無縁の救いであることは明らかだろう。人類の大多数が直面している貧困や暴力、不正義の現状とは無縁のことがらとして語られる救いは非聖書的であり、道徳的な欺瞞として批判されなければならない。それだけではない。こうした歪んだ救済観をいまだに宣布し続けることで、キリスト教自身が自らに対する信頼を失墜させているのである。

われわれの課題はこうした状況をふまえた上で救済論を再解釈し、脱宗教的な世界に対して説得力のあるメッセージとして提示することである。「主体化としての救い」が目指すのは、いわゆる彼岸的救いに対する反省であると同時に、宗教的権威と権力システムとしてのキリスト教のあり方についての批判的考察でもある。われわれにとって民衆神学は、ポストキリスト教世界の課題を担おうとする諸神学の中で、特にこれらの点について重要な貢献が期待される神学であり、新しい状況の中でさらに自らを深化させる可能性を秘めた神学なのである。われわれの目標は、現代社会におけるキリスト教の意義を再確認すること、すなわち既存の表現にとらわれずに現代人の生の現実に応答し問いかける福音的言葉を新たに手にすることにある。われわれはそのために貢献し得る民衆神学的アプローチ、分析、話法などを検討することで、そこから得られたアイディアを「主体化の神学」として提示したいのである。

二、聖書は救いをどう捉えたか

救いとは何か。それはキリスト教にとって自明であるだけに教会によって定義され公認されたことはなかった。

マクグラスが、キリスト教にはこれまで公認された救済論は存在しなかったのであり[19]、あったとすれば、それは救いに関する概念とイメージのネットワークと言うべきものであった、と指摘する通りである[20]。キリスト教が持ち続けてきた概念、あるいはイメージはもちろん聖書解釈の所産である。しかし、解釈とはある特定の立場から特定の目的のために行われる作業であって、状況の変化は解釈の変化を要請するはずである。テクストの読み手はすべて解釈者であり、その解釈は読み手一人ひとりにとって意味を持つものでなければならず、そこには多様な解釈が存在する。キリスト教信仰全体に絶大な影響を与え続けてきたのは、特定の状況を前提として権威によって公認されることで説得力を与えられた解釈、組織によって正統性を与えられた解釈なのであって、読み手がそれに同意するかどうかは別問題なのである。

ここではわれわれの意図に従い、聖書が語る救いは当時の人々のどのような体験を指しているのかについて再検討することから始めてみたい。

1　旧約聖書における救い

旧約聖書において救いは常に具体的な状況に置かれていた言葉である。詩編作者にとってそれは死の危険から逃れること、病の癒し、抑圧からの解放、奴隷からの自由、告発に対する弁護、戦勝、政治的和解などを意味していたが、その内容は個人的体験を超えてイスラエル国家としての体験、すなわち敵対する国家からの解放体験として共有されるものでもあった。これは奴隷状態からの解放、捕囚からの「イスラエルの残りの者」の帰還といった具体的な状況に基づくものであったが、第二イザヤにおいてそれは「地の果てのすべての人々」（四五：二二）が享受すべき体験へと展開され、ヨエル書においては「すべての民」が裁きと祝福の座に引き出されるというように普遍化が行われている（三：一〜四：二）。[21]

新約聖書とは異なり旧約聖書における救いは罪の赦しや贖罪の思想ではなく、人間の存在、生命を支え祝福するための活力に結びつけられる概念である。すなわち旧約聖書の人びとにとって救いとは神による祝福であり、それは土地の保全、子孫の繁栄、奴隷からの解放、神との同盟関係、収穫、家族の安定などと結びついている（申命記七：一二～一五）。これらが具体化するために必要なのは神の義（正義）であり、それは神による祝福と正義の成就として経験されるのであり、預言者はそれを「新しい天と新しい地」と表現している（イザヤ六五：一七～二五）。[22]

イスラエルの信仰において救いの原体験はエジプトからの脱出であった。もちろん「出エジプト」は史実に基づくものではないし、ダビデ王国のアイデンティティ確立のために「語られた」物語と言えよう。しかし、イスラエルにとって「出エジプト」が重要な共同体的原体験と承認され伝承されてきたことは異論の余地がない。[23]彼らはあらゆる場面において神を「イスラエルをエジプトから導き出した神」と語り続けている。[24]「出エジプト」よりさらに直接的にイスラエルの信仰と世界観に決定的な影響を与えた「バビロン捕囚」からの解放についても、第二イザヤはそれを「新しい出エジプト」のイメージで語っている（四三：一九～二〇）。[25]イスラエルの歴史の中で救いのイメージの変遷があることは否めないが、しかし旧約聖書における救いは総じて「外的危害による生命や身体に対する危機からの救済」を意味しており、それは明らかに「此岸的、現実的」なものであり、その多くは政治的、軍事的な状況を背景に語られている。実際、第二イザヤがバビロンからの解放を国際政治の文脈で語る場合、そこにおける救いは神による「安全保障」だったのであり（四一：九～一三）、奴隷からの解放、敵の攻撃から逃れること、破壊されたエルサレムの復興など、イスラエルにとって救いは神に向けて祈願されると同時に政治的指導者に向けられる人々の要求でもあった。イスラエルにとって神の歴史介入はモーセのような指導者、預言者、士師、あるいはキュロスのような異邦の王によって実現する、と考えられており、それは正義の実現、善政あるいは失政に対する懲罰という形で具体化されることが期待されている。救いは人間の手を通して共同体に具体化されるのである。

人々の生活や命の危機は外敵によるものばかりではなく、干ばつや飢饉、地震、暴風雨のような自然災害（あるいは自然悪）によってももたらされる。しかし創世記四一章以下の「ヨセフ物語」が示すように、人々が飢饉の中を生き延びるかどうかは政治的指導者が持つ知恵にかかっていた。[26] 避けることのできない自然災害に対しどのように対処し共同体を守るのか。それこそが指導者の役割であり政治の主題なのである。一方、社会的弱者にとっての危機は、これらに加え自分たちの権利を侵害しようとする悪政、権力の濫用でもある（列王記上二一章など）。それらの危機からの解放、すなわち救いの実現を求めるならば、そこでは当然権力者の悔い改めや社会構造の変革が伴わなければならないはずである。言い換えれば、それは政治的、経済的、社会的諸側面と深く結びつく救い、あるいは解放の神学が「統合的解放 integral liberation」と呼ぶものでなければならない。[27] すなわちイスラエルにおいて救いは、具体的現実的な危機からの脱出と捉えられていたのであり、それは責任あるもの、指導者、権力者が正義を行うことと密接につながっていた。こうした具体的救いの思想が彼岸化（精神化、宗教化）するのは後期ユダヤ教における復活信仰の台頭と関係していると考えられているが、[28] この復活信仰こそがキリスト教がユダヤ教から継承した最大の遺産の一つであった。われわれの関心からは、後のキリスト教が彼岸的（精神的、宗教的）復活信仰とともに出エジプト的な具体的救済観を正しく継承できたのかどうかが大きな問題のように思えるのである。

敵の攻撃、自然災害、病気などあらゆる次元に及ぶ危機とそれによる苦難は、人間の過失に対する神による懲罰であるという考えがある。ヨブの友人たちが主張したような神義論的解釈、すなわち公正な神は義人を苦しませないという命題は、道徳的教育の動機に基づくものであることを理解する必要がある。危機や苦難が神による懲罰であるならば、そこからの救いは正しさへの回帰をおいて他には無い。イスラエルの過失に対して悔い改めを要求する預言者、あるいは自己の過失を悔い改める詩編作者の救済観は、苦難の原因を最初の人間アダムとエバの過失に見いだす創世記に最も顕著に現れている。そしてこの問題は神の創造と悪の関係を巡る教義学的迷宮へとつながっている。しかしわれわれは、神への離反という「アダムとエバの罪」とその裁きとしての「楽園追放」から罪と救済の神学を論じようとするものではないし、神義論に立脚した救済論を論じようとも考えていない。むしろわれわれにとって「楽園追放」は、人間の自由と主体性に関する神学的素材として再解釈される必要がある。[29] われわれの課題は、すべての命を肯定する神の祝福という創造論的主題に基づく救済論であり、悪の現実の中で神の善性と全能性を弁護するような護教論的神義論に立脚するものではないからである。

2 新約聖書における救い

(1) 用例

新約聖書において「救済[30]」あるいは「助け」に対応する言葉は σῴζω（sozo）とその主な派生語 σωτηρία（soteria）、そして ῥύομαι（rhuomai）、ἐξαιρέω（exaireo）、βοηθέω（boetheo）である。[31]

『新約聖書神学事典』（キッテル）は σῴζω および σωτηρία の新約聖書における用法を身体的救いと神学的用法とに分類し、共観福音書の治癒物語をすべて神学的用法に分類している。[32] しかし、身体的か神学的かの分類自体が既に一つの神学的解釈の結果である。われわれの課題に照らした場合、重要なことは当事者にとってそれがどのような経験かということである。したがって σῴζω とその派生語の用例分類上重要なことは身体（此岸）的か神学（彼岸）的かの違いだけではなく、それによって当事者にもたらされたものについても注目する必要がある。

σῴζω が具体的な助けの意味として用いられるのは四四例であり、その中で、マルコ五章二八節「この方の服にでも触れればいやしていただける」のように病気の治癒、癒しの用例が福音書に一七例、マルコ一五章三〇節「十字架から降りて自分を救ってみろ」のように危機からの救助、保護の用例が福音書に二〇例あり、治癒、救助としての用例のほとんどが福音書に集中している。一方、神学（彼岸）的救済の意味として用いられる例が福音書と使徒言行録に一九例あるのに対しパウロ書簡などには三七例あり、こうした用例の多くは福音書以外の文書に見られることが分かる。

σωτηρία（及び σωτήριος）は敵の攻撃や危機からの救助といった具体的救いと神学的救済、両方の意味で使われ、福音書においてはマルコとマタイには無くヨハネの一例を除きすべてがルカ文書で用いられている。福音書以外の文書ではほぼすべてが神学的救済、あるいは滅びの対概念として用いられている。旧約聖書七十人訳においてσωτηρία は、「戦勝」を意味するおおよそ三〇例の他は、おおよそ八〇例の「裁きの座における救い、世界の終末論的救済」の意味で用いられている。[33] 一方 σωτήρ は、新約聖書ではすべてイエスを指す定型句（救い主）として用いられている。

ῥύομαι は主に具体的な困難からの救出を意味しており、想定されている主語は神または自分である。福音書においてそれは「悪や死の危機からの救出[34]」、「敵や悪からの救出[35]」を意味している。パウロ文書では「死、闇の力、来るべき怒り」などからの救出の他、より具体的な「不従順な者、悪人、迫害と苦難、ライオン、悪い業、悪人や試練」からの救出の意味で用いられている。

ἐξαιρέω は「引き抜く、選抜する」という意味から、具体的な苦境からの救出を意味している。ガラテヤ書では「悪の世からの救出」の意味で用いられている。[36]

βοηθέω は「悪霊から助ける[37]」、「超越的に救済する[38]」、「困難、試練や危機から助ける[39]」の意味で用いられている。

（2）二つの救済思想、パウロと共観福音書

以上の分析から、新約聖書において救済の思想をもっとも明確に展開した人物はパウロであったことがわかる。「自分の口でイエスが主であると告白し、自分の心で、神が彼を死人の中から甦らせたのだ、と信じるならば、救われる（σῴζω）。なぜなら、心で信じられて義にいたり、口で告白されて救い（σωτηρία）にいたるのである」（ローマ一〇：九～一〇）[40]に代表される用法がそれである。パウロにとって、自ら制御不能な悪の力がもたらすものが「罪」であり（ローマ七：一七、二〇、二三）、それは神による裁きの対象であった。人間を捕らえる超越的な悪の力、すなわち「罪の法」からの解放が救いであり、それは「義にいたること」と考えられている。人間が罪から解放されて義にいたるために必要なものがキリストによる解放、すなわち「ἀπολύτρωσις」（「贖い」あるいは「買い取り」）であった。[41]したがって救済とは「罪から解放されて義にいたること」であり、それはイエスの代理死によって超越的悪の力が超越的に打破された状態、本来有罪であるにも関わらず無罪判決がくだされた状態、と考えられている。パウロにとって救いは贖い、贖罪であり、すなわちそれは観念上、信仰上のものであった。[42]

ルカ福音書の「罪の赦しによる救い」（一：七七）という表現はパウロの救済論を継承するものと言えよう。預言者ザカリアは洗礼者ヨハネを「救いの知識[43]」を知らせる存在と捉え、それは「人々の罪が赦されること[44]」に関する知識の告知を意味していた。すなわち、救いとは罪の赦しであり、当然、救いの条件は赦しの条件でもある。ルカにとって洗礼者ヨハネのメッセージは「悔い改めてふさわしい実をむすぶこと」（三：八[45]）であるから、悔い改めて正しく実践しそれによって赦されること、これが救いなのである。すなわち、救われた状態とは罪が赦されて義と認められた状態だというパウロの救済論がザカリアの讃歌に引き継がれていることがわかる。

ヨハネ福音書には独特の表現によって贖罪の思想が示されている。「見よ、世の罪を取り除く神の小羊だ」（一：二九）は救済者イエスによって何が行われたのかを具体的に示す語句である。イエスは「世の罪」を取り除いた。

人間の力では打ち勝つことの出来ない超越的な悪の力を、救い主イエスが「除去した」のである。[46] 救いとは罪が取り除かれることだが、そのためには「自分の罪を公に言い表す」（ヨハネの第一の手紙一：九）ことが必要だ、というのである。

一方、共観福音書にはこれと異なる救済論が展開されている。「中風の人の癒し」においてイエスは、治癒行為に先立って罪の赦しを告げる。[47] マルコとマタイが予告であるのに対しルカは宣言である。[48] ここには正しい行為[49]と罪の赦しとの密接なつながりが示されている。イエスは彼らの信仰を見て罪の赦しを告げたが、彼らは信仰によって義とされたのではない。彼らが義とされたのは正しく実践したからだが、それを可能とした何かを信仰と捉えたとして、信仰に基づく実践がすべての鍵を握っている。イエスに対する信頼（信仰）が必ず実践に結びつくとは限らないからである。

ルカは「中風の人の癒し」のイエスの言葉を罪の赦しの宣言と考えているが、それはルカが好む「あなたの信仰があなたを救った[50]」という宣言同様、赦された結果としての正しい実践という理解、すなわち正しい実践ができることがすなわち救われた状態であると捉える救済論に立脚している。[51] ルカ神学によれば、正しい実践（ここではイエスに信頼し行動したこと）は「罪」に囚われた状態では不可能なのであり、ここから敷衍すれば正しい実践が伴わなければ、たとえ祭儀的あるいは教理的な諸条件を備えていたとしても赦された状態とは認められない、とも言い換えられるはずである。われわれの文脈において「赦し」を「救い」と読み替えることに異議はないだろう。救いとは人間の生と無関係な観念的、あるいは霊的な何かではなく、人間が人々との関係の中で実践する事柄と密接に関係しているのであり、救いの実相とは正しい生き方を意味していることになる。重要なことは、その正しい生き方を可能ならしめたのは何かである。それは「中風の人」自身であり、イエスではなかった。

この物語においてイエスは治癒者ではなく宣言者である。イエスの宣言が指し示すものは、社会的排除を伴う断罪の無効（ルカ七：三六以下、八：四三以下、一七：一一以下）、社会的排除の原因となる障害を取り除くことによる疎外からの解放（一八：三五以下）である。そこに見られる現象それ自体は病の癒しと尊厳の回復であったが、それは単なる治癒行為と捉えられるだけでなく社会的命の回復であることが認識されなければならない。「中風の人の癒やし」におけるイエスは、目の前の現実に意味を付与しあるいは祝福したのであって、イエスが能動的にその現実をもたらしたのではなかった。イエスに対する信頼も救いへの希求も当事者自身に属している。つまり、それらはすべて当事者の主体性の発露なのである。ルカは罪の赦しの宣言が治癒だけでなく社会的に排除された状態の人々に対する解放の宣言でもあることを伝えている。癒し、あるいは解放それ自体は治癒者、解放者イエスの超越的力によるものであるとしても、イエスに信頼して治癒と解放を願いそのために行動した主体は苦難の渦中にある人々であった。苦難に圧倒されながらも正しい実践に立ち上がることで解放が開始されたのであり、このような主体的な実践が生じたこと自体に救いの事実を認めたのがイエスの宣言だったのである。抑圧された状態から解放へと至る過程が「主体化の過程」である。聖書は、拘束され疎外された状態から主体的実践へと転じる過程それ自体を赦されること、救われることと呼んでいるのである。

「あなたの罪は赦される」（マルコ、マタイ）とは解放の事件が開始された状態を指しており、そこにはすでに解放の成就が前提とされている。そしてルカによる「あなたの罪は赦された」とは、困難の渦中から開始された実践が解放へと至ること、囚われた人が解放を目指す主体となったことに対する祝福の言葉と言えるだろう。彼らはいまだ自由になっているわけではないが、自ら自由への第一歩を踏み出したのであり、神はそれを喜び祝福を与えるという確信を示すのが「赦された」という宣言ではなかろうか。

（3）赦しの宣言とは何か

イエスの行為そのものは治癒であり、罪の赦しはあえて行われた宣言である。[52] 赦しの宣言によって生じるのは病者や被差別者の身体的変化ではない。したがって、イエスが身体的治癒だけを行う者であったなら神殿体制との対立をもたらす罪の赦しの宣言は必要ない。にもかかわらず、罪の赦しが宣言されるのはなぜか。イエスにとって必要なのは肉体の治癒だけではなく魂の救済だったのか。そうではない。赦しの宣言が必要だったのは、それが疾病や社会的排除を罪の問題として解釈する神殿体制下における出来事であったからである。

人々の救いに解放と救済の両側面が必要であるのは、苦難の原因が疾病などの具体的問題であると同時に宗教的断罪によるものでもあったからである。人間の苦しみや悪などの諸問題の核心を罪と捉える論理は、人間を苦しめる加害者を不問にし、構造として維持されている悪の現実を無視し、その構造によって権益が保たれている人々がいることを隠蔽する論理でもある。仮にそれらの構造悪が問題視されるとしても、解決されるべきは加害者たちの内面の問題、すなわち各自の罪であるとするならば、結局の所すべては人間存在にとって避けがたい罪性、心の闇、「原罪」の問題に還元されてしまう。こうした理解に立つならば、恐ろしいことに罪の次元においては加害者と被害者は同じ裁きの座に立たされることになる。そして、誰も避けることのできない罪の問題に焦点を当てることが宗教の役割、専権事項と考えられてきたのである。こうしてイエスの時代において断罪と赦罪の権威である宗教的権威と権力（教権）として構築されてきたのが神殿体制であり、これが神殿体制の宗教的権力を支える神学的論理の核心であり、その後のキリスト教にも引き継がれる教権主義（hierocracy）の原型と言えよう。

しかし問題は救いを必要とする人々が実際に救われることであり、それは内面の問題にとどまらない社会的政治的次元における解放を無視して考えることはできない。こうした意味で、神殿体制下を生きるイエスにとって罪の赦しの宣言は欠くことのできないものであった。すなわち、罪の赦しの宣言は神殿体制の要となる「断罪する権威」に対する無効宣言である。この時律法学者が「神おひとりのほかに、いったいだれが、罪を赦すことができるだろうか」(マコ二：七)と反駁するが、神殿体制自体は罪の赦しを神に仲介する独占的システムであるから、イエスの行為は神への冒涜ではなく神殿の権威に対する冒涜であった。こうして自分たちの権威を否定された人々はイエスによる攻撃を神への冒涜とすり替えて死罪を宣告したのである。イエスは神殿体制に対する無効を宣言した。こうした事件を通して人々は、神殿よりもイエスに対し神的権威を承認したのである。[53] 人々がイエスの教えに権威を認めたことと、イエスが実際に治癒や奇跡を行ったこととは相関関係にあるが、イエスの行いがその教えに権威を与えたことで神殿体制に対する無効宣言の威力は増加し、神殿体制を支えていた「罪の論理」に対する打撃は決定的になったのである。イエスの登場は神殿の権威を失墜させた。そして民衆によるイエスに対する支持は神殿体制の根幹を揺るがす一大事件だったのである。

同様の救済論はルカ福音書七章三六節以下の女性の物語にも見られる。「この人が多くの罪を赦されたことは、わたしに示した愛の大きさでわかる」(四七節)には、赦しと正しい実践の関係が示されている。「赦されることの少ない者は、愛することも少ない」(同)という反語が可能なように、正しい実践を可能とする条件は赦されていることであり、赦された状態とは正しい実践が可能な状態を意味している。そして赦しと救いを同義語と考えるなら、救われた状態とはすなわち正しい実践が可能な状態なのである。この場合、罪の所在や悔い改め、赦罪の宣言などの諸要素が介入する余地は見当たらない。先述のようにイエスにとって赦しの宣言が神殿体制に対する無効宣言を意味していたのであれば、ここで注目を促されているのは、困難な状況に打ち負かされず立ちあがる人間の自由で主体的な姿であり、それを全的に肯定するイエスの姿である。ここでの主眼は、罪やその赦しを種々の要素によって規定してもてあそぶ断罪と赦罪の論理ではない。

イエスが出会った人々は、こうした断罪と赦罪の権威によって成立する神殿体制のもとで苦しんでいたのであり、神殿体制を無力化することこそ、社会的排除を伴う宗教的断罪に苦しむ人々の解放にとって不可欠の要素なのであった。イエスは神殿的権威を凌駕する超越的権威を行使した。それが福音記者が語る「預言者イエス、奇跡行者イエス、治癒者イエス」の姿に他ならない。こうして救いを求める人々が体験したのは治癒だけにとどまらず、社会的スティグマの無化、すなわち解放だったのである。イエスは、当時の支配的言説構造に対する最も有効な対抗言説で立ち向かった。それが「罪の赦し」の宣言であった。人々がイエスとともに体験した救いの事件はこのような構造を持っていたのであり、治癒に続いて罪の赦しが宣言されることから福音書は肉体だけではなく魂の救いを重視していた、と考えるのは間違いである。

新約聖書において救いがもたらすものとは、第一に、病が癒されて苦しみから解放されるようになること、病が癒されたり障害が取り除かれることで社会的排除が解かれること、人災・天災・刑罰を逃れて生き延びられるようになること、苦しみや奴隷生活から自由になることである。これら治癒、尊厳の回復、救助などは、聖書的環境に色濃く影響された表現をとりながらもその内実は時代を超えた人間的欲求に対する応答だと言えよう。救いがもたらすもう一つの側面は、神の裁きを逃れること、神の国に入ることなど、超越的、終末論的至福を意味している。この点は聖書特有の世界観が生み出す切迫した救済欲求だと言っていいだろう。イエスの先駆者であり預言者の系譜に立つ洗礼者ヨハネは、切迫した裁きの到来を主題とし、イエス自身もこれを継承して差し迫った裁きを前にした悔い改めを要求している。身体的、社会的、精神的苦痛からの解放が意味するものはそれらの苦痛によって制約されない自由な生である。もちろんこのようにして可能となった自由は一時的かつ部分的なものであり、新たな苦痛からの自由は何ら保障されてはいない。しかし重要なことは、二度と苦しまない存在になることでも二度と差別されない人間になることでもない。身体的条件によって加えられた差別や疎外からの自由を経験したものは、そこから新たな生を手に入れる可能性が開かれるのである。[54]

第二の終末論的、超越的救済は、神との契約への離反に対する裁きという図式を前提としているが、人道的律法に代表されるように神の民イスラエルは正しく生きることが義務づけられており、それは正義と人権の尊重に関わるものであった。ここでの救済欲求は悔い改めて正しい生き方へと立ち返ること、すなわち社会正義の実現と深く関連している。一方、それが表面的な宗教的規範の問題にとどまる場合、終末論的救済欲求は神による懲罰への恐れを生み出すのであり、そこからさらに宗教的葛藤からの自由が必要となる。しかし終末論的、超越的救済とは宗教的葛藤からの解放をも含んでいるのであり、これらは他律的制約からの自由であると同時に、罪責感による自己制裁からの自由でもある。われわれの観察によれば、新約聖書における救いとは此岸的か彼岸的かを問わず自由の実現と深く関係している。われわれはこの自由に至る過程を「主体化」の過程と考えているのである。

3　聖書において救いとは

旧約聖書における救いの概念は具体的な状況下において悪の力から救出されることであり、超越的な悪の力に対抗し得るのは同じく超越的な神の力であり、それが神による救いの内実となる。救いと超越的な神の力の関係は新約聖書においてもおおよそ継承されていることはすでに見てきた通りである。人間の力では制御不可能な苦難（敵、災害、貧困、病苦など）を人間の背信に対する神の懲罰と考える場合、苦しみからの解放に必要なものは人間の側の変化、悔い改めでなければならない。出エジプト記における苦難はファラオの暴政、歴史的無知や民族差別に起因しており、イスラエルの過失には言及がなかった。一方、バビロン捕囚以降、人間に降り掛かる災難は相変わらず政治的軍事的様相を呈してはいるが、人間の背信に対する懲罰という神学的解釈によって苦難の意味あるいは目的が明らかにされている。ヨブ記において、それはさらに不条理な物語として描かれており、ここにおいて苦難は、肉体的な痛みではなくむしろ精神的な苦しみとして襲いかかる。すなわちそれは、不条理に対する憤り、絶望の縁に立たされた人間の内面的苦しみ、そこから生ずる信仰的葛藤、いわゆる神義論的問いへと変化しているのである。

一方パウロは肉体的苦痛や精神的葛藤に常に苛まれていたというが（コリント後一一：一六以下他）、彼が望んでいたのは葛藤からの解放ではなくむしろ「キリストへの信仰によって義とされる」[55]（ガラ二：一六）ことであった。しかし福音書では救いの概念が大いに異なっている。共観福音書はパウロ的救済観をイエスの物語に導入することには消極的で、もっぱら外的危害からの救い、すなわち癒し、救助、保護の概念でこれを語ろうとした。しかし重要なのは、福音書において際立っているのは救済に必要な人間の側の変化、悔い改めの評価基準が宗教的、社会的規範に依拠するものではないと考えた点である。違反者が神の懲罰を避けるには悔い改めて宗教的規範に準拠しなければならないという図式はそこには無い。福音書が考える「悔い改めた新しい生き方」とは、神殿体制に束縛されない新しい生き方のことであり、「神の国」の到来を前提にそれまでの価値体系から脱却し、伝統や権威ではなく「福音を信じる」ことであった。そして福音書においてこのような生き方は固定的なライフスタイルとして提示されるのではなく、当事者自身にゆだねられている。「あなたの信仰があなたを救った」に見られるように、福音書のイエスは当事者自身が解放の主体であることへの自覚を促す存在として描かれているのである。

「贖罪論」は、自力では脱出不可能な束縛の下にある人間がキリストの十字架の死によって解放されるという主張であり、そのような行為全体は「わたしたちの罪のため」の神自身の行為と考えられている。[56]新約聖書では、人間の束縛の原因は何か、束縛からの解放（＝救済）は誰によるどのような行為であったか、という問いが中心であり、われわれの課題である、束縛から解放された状態とは何か、救いとは人間にとってどういう体験か、あるいは救いが実現する過程で当事者に何が起こっているのかなど、人間主体の問題系は見いだせない。人間を束縛するのは社会的要素ではなく宗教的概念としての罪であると考えるなら、解放の条件は罪の赦しとなる。しかし罪の赦しが悪の現実を主観的に合理化すること（神による試練、信仰的訓練）でしかないならば、そこから構造の変革は生じないのである。こうした彼岸的救いは共観福音書の救済理解とは整合性がないことはすでに見てきた通りである。「罪の赦し」はイエス当時の神殿体制における支配的価値体系に対して語られた挑戦だったのであって、異なる状況においては新たな解釈が必要となろう。

聖書における救いの概念は多様であり、そこからまとまったイメージを描き出すことは容易ではない[57]。しかし、疾病、寿命、自然災害、強大な軍事力、自分の無力さなど、あらがうことのできない圧倒的な現実に直面した人間の切なる願いは聖書の物語の共通した基盤と言えるだろう。したがって、聖書にとって救いとは人間の生全体に関するものであり精神的、霊的、社会的などいずれかの一領域だけを本質と捉えて他を軽視することでは満たされない何かである。

人は自らと隣人の自由が制限される現実を前にして沈黙し続けることはできない。奴隷たちの叫び、沈黙を強いられた声は必ずや解放の実践として結実するというのが聖書の物語であった。神による創造とアブラハムに対する祝福の約束に立脚する宗教伝統は、人間社会に対する根源的な肯定の思想でもある。しかし祝福された生とは信仰者自身の主観的次元において成就するのではなく、具体的な「人道的な社会秩序」の実現を伴う必要がある[58]。聖書的信仰伝統において、構造悪の変革による正しい秩序の実現を願うのは悪の構造の渦中にある人間でありそれは神の願いでもある、と考えられている。そして構造変革の実践の主体は現実には苦難の渦中を生きる人間自身であるが神もその過程に介入する、と人々は信じていた。これは正義と解放を願い実践することは正しいことである、という伝統宗教的な主張に他ならないが、正義に基づく平和、自由、すなわち祝福された生に対する渇望は宗教を問わずすべての人間に共通するものであり、そのために行動する主体は宗教を問わないすべての人間自身であり、こうした渇望と行動は誰にとっても共感可能なものと言えよう。

三、古代信条

聖書以降の救済論の変遷は、当初は救いがいかにしてキリストの出来事に結び合わされているか、すなわち「いかにして救われるか」という一連の議論と、救いとは何か、救いの内容を巡る議論とに二分されてきたが、[59]その後は「いかにして救われるか」を巡る議論が中心となり、救いとは何かについての議論が深められることはなかったと考えていいだろう。ここでは、初代教会による救いに対する理解を、その神学的到達点である「古代信条」を通して検討してみたい。

最古の信仰箇条といわれる「使徒信条」（使徒信経）は救いに言及しない。そこにあるのは、裁きのためのキリストの再臨と「永遠の命」への言及であり、これが信者の命運についての唯一の言及である。つまり使徒信条にとって信仰の目標は「永遠の命」に至ることなのである。

「ニカイア信条」（三八一年、ニケア信経）の場合、「救い主イエス」は「わたしたちを救うために天から降り、聖霊によっておとめマリヤから肉体を受け、人となり、～十字架につけられ、苦しみを受け、死んで葬られ、聖書にある通り三日目によみがえり、天に昇り、父の右に座して」いる。[60]初代教会が定式化した救済論は受肉から昇天に至るキリストの出来事全体の贖罪的目的による説明である。「わたしたちを救うため」のキリストの降臨、受難、死、復活という解釈はパウロ書簡、[61]マルコ福音書、[62]ペトロ前書[63]にみられる思想だが、主にパウロ書簡の思想であったことはわれわれが確認した通りである。

「アタナシウス信条」（五世紀中頃、アタナシオ信経）は、「救われることを願うもの」すべてが奉ずべき「公会の信仰」（catholicam fidem）をまとめたものである[64]。末尾に「これが公会の信仰であり、これを心から忠実に信じなければ救われることはあり得ない」という排斥条項を含んでいる。ここで「公会の信仰」と呼ばれているものの中心は「三位一体論」であり救いとは「永遠の命に入る」こと、救われないとは「永遠の火に入る」ことである[65]。

「カルケドン信条」（四五一年）は、ニカイア信条と同じ表現を使って「（イエスは）人間性においては終わりの時代に、われわれのため、われわれの救いのために、神の母、処女マリアから生まれた」と言っているが、イエスの受難、死、復活などには言及していない。ニカイア信条では言及されなかったキリストの属性の問題を明確化し「異端」を排斥することを目的とするカルケドン信条にとって[66]、これらの要件に従わないものは滅びの道をたどる他はなかった。すなわち救われるとは滅びの運命から逃れることであった。「公会の信仰」は論敵（異端）に対して正統信仰を提示し正と邪とを峻別するための道具として示されたのである。もちろんここにも救いとは何かについての言及は無いが、「使徒信条」「アタナシオ信条」同様、「永遠の命」に至ることが想定されていると言えるだろう。

「カルタゴ教会会議」（四一八年〜）や「オランジュ教会会議」（五二六年〜）ではさらに「義認」の問題へと議論が広がっているが[67]、義とされるとは何か、すなわち救いの実相については当時の教会の関心事ではなかったようである。マクグラスによれば、教会はこれ以降「救われるためにはどうすればいいか」についての公的な権威ある見解を示さないまま一千年を過ごしたが、それは当時この問題についての過剰と言えるほど多くの見解が流布されていたからだという[68]。救われるために必要なことは「公会の信仰」を身につけることであり、それは「公同の教会」の一員になることを意味していた。すなわち、教会のメンバーであることが救われた状態、救いの実相を意味していたのであり、そうすれば永遠の命に至ることが確かである以上、それ以上の説明は不要だったのであろう。

明示的ではないにせよ、これらの救済論には「完全社会」としての教会論が含まれている。この立場は「教会の他に救いなし」という教理として結実する。[69]十九世紀に国家と教会の関係を規定した教皇レオ十三世の回勅「Immortale Dei」は、教会と国家を「二つの社会」と呼び、霊と肉の関係のように不可分な調和によって結び合わされていると考えた。その中で教会は神に関することがらを、国家は人間に関することがらを司るのだが、「教会の目的は、人々の永遠の救いである」とされ、公共の福祉を目的とする国家との違いが明らかにされている。[70]教会のメンバーであることが救われた状態であるという考えはローマ・カトリック教会の教理に限らず教会の歴史に一貫して存在する一つの楽観的教会論だが、こうした楽観論はキリスト教世界が強固なものと思われていた時代にその利益を享受していた人々によって維持されていたものに過ぎない。しかしこうした楽観論により救いの実相についての議論は一切封殺されてしまったのである。その後たびたび訪れたキリスト教世界の揺らぎは救いに関する新たな説明を要求したはずだが、古代信条以来の楽観的救済論からは説得力のある新たな見解を導き出すことは難しいように思われる。

スヒレベークスによれば、初期キリスト教はイエスの死に対して三通りの解釈を行っている。第一は「終末論的預言者、殉教者」としてのイエスの死であり、これはイエスを殺した勢力とのコントラストによってイエスの預言者的殉教者的特質を描き出そうとする意図に基づいている。第二は「救済史的図式」によるものであり、これは初期キリスト教会の信仰教育の中で形成され、神による救いの計画を基調とした解釈である。第三は「救済論的図式」に基づくもので、これは贖罪死、和解をもたらす死という理解に基づいているが、これは旧約の伝統からの二次的展開であり、初期キリスト教独自の「イエスの死」解釈とみなすべきだという。[71]これらの解釈は、自分たちは何者であるかという自己規定であり教育的目的によって発展したものだが、同時に組織論的必要、すなわち「異端」を含む教会内外の論敵に対する神学的宣言でもあった。こうして、「われわれはイエスの受肉と死、復活によって裁きを逃れて永遠の命に入る」という「古代信条」の宣言と同様、教育的目的における自己規定と、対外的な自己規定の必要においてイエスの死に対する多様な解釈が生み出されていった。いわゆる贖罪論が多様な類型として展開されたように[72]、贖罪論それ自体もイエスの死に関する多様な解釈の一つである点を忘れてはならないのである。

新約聖書と古代信条を通して明らかなように、初代教会には、「信じて洗礼を受ける者は救われるが、信じない者は滅びの宣告を受ける」（マルコ一六章一六節）のような排他的命題がたしかに存在する。しかし、これらは信者の教育や「異端」との闘い、すなわち組織論的目的によって語り継がれてきたことに注目する必要がある。神の裁きを回避する条件とは何か、滅びではなく永遠の命に入るためにはどうすればいいかという救済論は、いわゆる「救済史」を前提とした初代教会の自己規定の命題であって、全人類の上に等しく当てはまるものとして宣言されたのではない[73]。

キリスト教世界崩壊後の今、救済史に立つ贖いと救いの教理はキリスト教にとって不安定な土台の一つと化しているように思われる。現代のキリスト教神学にとって重要なことは、聖書や教会の伝統の中に含まれている排他的概念や教理を神学的解釈によって救出、延命することではない。われわれが目指しているのは新たな状況にふさわしい表現を生み出すための新たな挑戦なのである[74]。

四、救いを巡る神学的考察

「救済論」が固定的な教理ではなく救いに関する概念とイメージのネットワークと言うべきものであるという場合、そこに含まれる多様なイメージには、例えば「勝利、法的地位変更、新しい人格的関係、解放、完全性への復帰」などのテーマが含まれている。そしてこれらはそれぞれ、「勝利、義認、和解、贖い、救い」といった諸概念と結びつくことで独自の神学的言説となり教理を構成してきた。しかしここから生み出された教理的主題は救いという総体的体験を描写するための手段であって単独に完結した立論ではなく、常に互いを参照しながら語られてきたのである。しかし救済論に限らず教理的説明の多くはキリスト教内の論敵に対する弁証的意図によるものであって、ここから開かれた議論を抽出することは困難と言わざるを得ない。さらに、これらの議論の背景にあるのは「異端」と「正統」を巡る組織論的関心であって人間の現実に対する実践的応答の動機は二次的にならざるを得ない。救いという言葉に共通かつ自明の理解を失ったポストキリスト教時代における議論とは嚙み合ないのは当然なのである。

神的、超越的存在に完全性、善性、永遠性などを認めることは、それとは相反する有限な人間的現実を直視する経験の反映だろう。人間の不完全性、悪、有限性への認識とそれ故の苦悩が深まれば深まるほど、完全なものへの憧憬と同時に完全性とは遥かに隔たる自己の現実克服への願いが切なるものとなる。すべての救済宗教が、人間の苦難に思いをこらし「限界状況」からの劇的な突破を目指すものであるならば、苦難の原因に議論が集中することは避けられないだろう。たしかにキリスト教はこの点において独自の解決策を提案し、歴史的な状況の変化にそれを対応させ今日に至っている。しかし一方で、理念としての罪論とその解決策である救済論が人間の生の現場にもたらしてきた様々なつまずきについても無関心ではいられない。トレルチは救済論を他宗教をも含む文脈で捉えた上で、たとえキリスト教の救済の理念は独自のものでも個々の生の次元においては他宗教の人びとの実践と大きく隔たってはいないと認めている。[75] われわれにとって重要なことは「正しい教え」ではなくむしろ「正しい実践[76]」であり、問題は神学が具体的な生の次元における正しい実践からの省察を重視しているのか、そして正しい実践を導き出すために有効に機能しているかどうかなのである。

キリスト教の救済論の背景にある世界像が原罪を起点とする救済史観であるならば、苦難の原因究明と解決の糸口は彼岸的、道徳的な領域を超え出ることはない。そして神義論を背景とした救済論が、悪の現実と神の正しさを調停するだけの議論である限り、不条理かつ苦痛に満ちた現実の渦中から絞り出される自由への渇望、救いの待望に対する応答は彼岸的な希望、「永遠の命」にならざるを得ないだろう。かつて教会が「二つの社会」論によって実際的解放と魂の救いを二分したのも、神の善性と全能性、そして教会の権威を守ることに関心の中心が置かれていたからであった。そしてこの問題は太古から続いている。善にして全能なる神を前提とした古代イスラエルの人びとにとって「義人の苦しみ」は重要な問題であり、[77] この問題はイエスの真正性に対する問いとしても表明されている。[78]

神義論の重要なテクストである「ヨブ記」は、結論において極めて通俗的と思えるような「幸福の神義論[79]」を展開している。これ以上苦難の原因を問わない代償としてヨブが手にしたのは、祈りを聞き入れてもらえる保証、富と長寿、そして家庭の幸福であった（四二：七〜一七）。それまで友人たちが展開する「苦難の神義論」を批判し続けたヨブだったが、自分自身の知識や経験、理性の限界を知って自己主張を放棄する。その結果与えられたのは地上の繁栄であり、それは地上でもっとも無垢で正しく、神を畏れ、悪を避けて暮らした人間（一：八）に与えられる繁栄の二倍に相当する、という。不条理な苦難に抵抗せずに耐え抜くことで報償は倍加したのである。[80]

このように、神の前に沈黙したヨブの人生は族長たち同様「高齢のうちに満ち足りて死ぬ」人生であった（創世記二五：八、三五：二九）。われわれの関心に引き寄せれば、神の前での沈黙の代償は永遠の命であったと読み替えるべきかもしれないが、結果はどうであれ、これがキリスト教的救済理解の一典型である受動的救済の姿だろう。ヨブが経験した苦難は人間の限界と神の経綸の不可知性を強調する宗教的教材として提示されたものとしてはあまりに現実的であり、それゆえこの物語は読み手の関心をひきつけてやまない。不条理な現実に対する徹底的な抗議は読み手の共感を呼ぶものであるし、諦念とも思えるヨブの境地も読み手の感動を呼ぶものと言っていいだろう。しかし、聖書はこの物語を受動的救済についての教育的テクストとして保存し伝承したのである。救いは神によって一方的に与えられるのであり、人間にとっての徳目は信仰的沈黙でしかない。もちろん無垢の人ヨブを苦しめた加害者や構造悪は問われることはない。主体は全能の神なのであり、それ故ヨブを苦しめる一切の問題を解決したのは神の超越的介入以外には無かったのである。

少なくともヨブ記の結語において、神への従順に対する報賞としての救いは永遠の繁栄であった[81]。しかしイエスは富める人びとの自己正当化に奉仕する「幸福の神義論」を批判したのであり、神の国は因果応報的ではないし人間の苦しみは神による懲罰でも信仰教育の教材でもない、と福音書は考えているのではなかろうか。われわれにとって苦難の問題を論ずることは、その神学的意味の探求だけでなく、社会学的、経済学的、政治学的原因の探求と解決策の模索をも含むものでなければならないだろう。イエスの立場は「幸福の神義論」ではなく、第二イザヤの「苦難の僕」を継承する立場であった。「苦難の僕」は無力な犠牲者の物語のようでありながら、抑圧的社会構造の中を生きる人間の生がもたらす一つの現実的帰結としての苦難を表現している。イエスの十字架刑も不正な社会の中を正しく生きた人間が受けるべき当然の帰結であり、イエスを死に至らしめた原因への探求は、同じように不正な構造の中で苦しみ続ける人びととの連帯を考える上で必要不可欠な問いとなるはずである。

自ら極限状況を生き抜いた精神科医フランクルが明らかにしたように、極限状況に置かれた人間にとって無意味さこそが死であった。苦難の渦中に置かれた人間にとって重要なことは根源的な意味を発見することである。[82]しかしそれが現実逃避を目的とした空想的意味付与や自己弁護的な第三者による説得や調停である限り、意味の発見は真の人間解放には至らないことを「ヨブ記」は教えている。神学的命題としての救いが何であれ、すべての人間が直面せざるを得ない自己疎外感、剥奪感、孤独などの精神的あるいは実存的危機について、キリスト教は空想的な意味付与によって現実を合理化してはならないはずである。もちろん司牧的な現場において意味の解明は避けられない課題であるとしても、それが神の善性と全能性、あるいは教会の権威を擁護するための護教的神義論になってはならない。キリスト教は実存的危機や精神的苦悩だけでなく、災害、貧困、暴力、差別などに起因する肉体的精神的苦痛からの解放についても語る必要があるが、それが現状を肯定する彼岸的合理化にとどまる限り、宗教は再び「アヘン」とならざるを得ない。それは刹那的な逃避ではあっても問題の解決にはつながらないのである。われわれは、現状を解釈しながらも変革を目指そうとしない神学ではなく、臨床知、実践知としての神学を再構築する必要があるのではなかろうか。ポストキリスト教世界においてこれは焦眉の急と言うべき課題である。

既存の社会制度や道徳が問題を解決できないような疎外感や苦痛、「限界状況」に対し、一時的に感覚を麻痺させ苦痛を和らげる麻薬として機能するものは宗教だけではない。ヒトラーの第三帝国に代表されるナショナリズムも同様の機能を果たしてきたのであり、それが宗教的色彩を帯びた時、その機能が遺憾なく発揮されることは大日本帝国の事例を通して明らかである。苦痛に喘ぐ人びとにとってたしかにそれは一時的な効果をもたらすことは事実であっても、深刻な後遺症や依存症を伴う危険な「劇薬」であることを見過ごしてはならない。[83]われわれの課題である救済論の現代的解釈はそのように機能する「宗教的救い」に依存する人びとの解放をも射程に入れる必要があるはずである。救済論の現代的解釈とはキリスト教の実践的価値を問う作業である。救いを巡る諸概念、諸教理によって構成されるネットワークの全体像とそれを実践する共同体の姿が、「救済宗教」としてのキリスト教の全体像を表現しているのであり、神学は、組織論的にではなく開かれた学知として公的言説空間に対する弁証神学として再構成されなければならないのである。[84]

1　日本の神学者たちの救済論

ではこれまでの神学は救いの問題をどのように考えてきたのだろうか。ポストキリスト教社会を課題とするわれわれにとって、伝統的キリスト教社会ではない文脈でそれがどう語られてきたかを参考にすることは有効なはずである。そこではキリスト教的な意味での救いは自明の事柄ではなく、人々にとって全く新しいメッセージとして受け止められたに違いない。はじめに、日本の最初期キリスト教徒たちの救済理解を検討してみよう。

日本人によるキリスト教受容は十六世紀の「キリシタン信仰」に始まる。イエズス会の最初期宣教においてキリスト教は「後生を助かるまことの道[85]」として広められた。禅宗の僧侶から改宗した不干斎ハビアン（一五六五〜一六二一年）はこれを受けて「キリシタンでなければ後生における救いは得られない」と記している。[86]ハビアンによれば救いとは、「現世は安らかに後の世は善所に生まれる」ことであり、[87]またそれは「現世・後世の安楽」であり、[88]肉体を離れた「アニマ・ラショナル」として後の世の善所、すなわちパライゾ（天国）で永遠に生きることである。[89]そのためにキリスト教の教えを学び、洗礼を受け、十戒を守って神を敬えばこの世においても後の世においても安らかに過ごすことができるのである。[90]救いとは安らかさ、安楽、平安のことであるという。戦国末期の混乱した世相において、武士にとっても農民にとっても安らかであることへの希求は限りなく大きかっただろう。

カトリックの初期宣教時代、数少ない司祭によって多くの改宗者が生じたことは、彼らの伝えた使信が人々の心を動かしたことを意味している。しかしその後始まる弾圧は、日本人初期キリスト教徒たちが迫害の中にあっても平安を保ち、来世の平安を信じて苦境を耐え忍ぶ道を強いることとなった。入信することで日常の平安や繁栄がもたらされるという功利主義的な期待はなかったにもかかわらず、その後数百年に渡り「後生を助かるまことの道」を歩む人は絶えることがなかった。それは一つの民衆宗教として権力と対峙する社会構造を生み出しもしたが、[91]代々受け継いできた信仰への忠誠心と来世への希望が内的エネルギーの源泉だったと言えるだろう。

「アニマ・ラショナル」はペドロ・ゴメスの手による教科書[92]に基づくもので、ゴメスはアリストテレスの『霊魂について』をトマス・アクイナスに従って解読し、死後の魂としての理性的魂、すなわち霊魂の不滅について説き起こしている。[93]こうした救済観は浄土信仰的な言葉によって語られている。これが、聞く人びとにとって馴染みのある表現が選ばれた結果だとしても、キリスト教の救済論に独自の解釈が施されたと考えられる要素は見当たらない。宣教師は救済論や贖罪論を重視していなかったという指摘もあるが、[94]禅僧から医師となった当代随一の知識人であった曲直瀬道三（まなせどうさん）は「霊魂の健康」、すなわち霊魂不滅の教理を受け入れることで入信し、殉教者の書簡には「レデンサン」（贖罪）、「魂の扶かり」（救霊）、「不退のアニマ」（永遠の魂）などの表現があることなどから、キリシタン信仰における救済論および贖罪論の重要性が指摘されている。救済論的信仰理解なくして後の殉教史はありえないからである。[95]

イエズス会の初期宣教以来、日本のキリスト教はキリスト教世界である西洋とは異なる発展を遂げる可能性を持っていたはずである。弾圧が激化する中、信仰共同体は聖職者なしの信徒集団として二五〇年以上潜伏しながら信仰を継承することとなる。司祭による秘跡を必要不可欠な要素と考えるカトリックの信仰共同体にとってこれは特異な事例であり、「キリシタン宗門」は独自の典礼を創出しながら民衆宗教としての命脈を保ったのである。弾圧という外的な力によるものであったとしても、そこには日本独自のキリスト教の発展があったと考えるべきである。しかし管見では、初期あるいは潜伏キリシタンの中に日本独自の救済論の展開を見ることは困難と言わざるを得ない。

キリスト教になじみのない日本において、救いをめぐる問題を自分たちの世界観の中で受け止め咀嚼して発信する作業はすべてのキリスト者、神学者にとって必要不可欠な作業と言えよう。日本には既存の宗教があり救済観があるのだから、キリスト教が語る救いとそれらがどのような関係にあるのか、意識せざるを得ないのではなかろうか。日本の神学はこの点に対して自覚的であったのか。日本の神学者たちは自分たちの状況に対してどのような取り組みを行ってきたのか。次に、プロテスタント以降の日本の神学者たちの救済論を一瞥してみたい。

（1）内村鑑三

西洋宣教師的キリスト教にとらわれず独自のキリスト教理解を展開した内村鑑三の救済論はカルヴァン的予定説に立っていた[96]。内村にとって救いは、「徹頭徹尾神の聖業[97]」であり、神への信頼、すなわち「まかし奉る」という姿勢であった[98]。救いは義認、聖化、栄化であるとい理解はウェスレーによるものだろう。そこに内村独自の救済論があるとは思えない。彼にとっての救いの確信は、自分が排他的に神に選ばれることへの確信というよりは「普遍的救済」に基づいていたが、彼の出発点はあくまでも個人的救済であった。すなわち内村によれば、キリスト者の中には国家救済、社会改良を重視する声もあるがそれらはすべて個人が救われた後の話であって、「個人的ならざる信仰は根拠の無き信仰」であり「己が霊魂の深き所に根拠を据えざる信仰は、以て社会をも、国家をも救うことはできない[99]」のであった。しかし内村にとって個人の救いへの集中は他者との関係断絶を意味してはいなかった。もし神によって救われない人間がいるとすればそれは「罪人の頭」である自分であり、「余が救に漏れざらんがためには、すべての人が救われなければならない、万人救済は余一人のために必要である、余は普遍的救済を信ずるが由てのみ、余自身の救済を確かめることができる」[100]、と内村は考えている。内村は、キリスト教の救いは自己の福祉を求めることではなく自己犠牲的に他者の救いを求めることだと考えているが、最後の一人である自分自身の救いの条件は万人が救いに至ることのほかはないという思想は、個人主義的、敬虔主義的信仰を建前としつつ、実践的には社会改良を排除しない立場であったと言えるかもしれない。

普遍的救済を到達目標とする内村は予定説と万人救済説の矛盾を解く鍵として「救いの内容」を再検討している。もし救いが安直な意味での「滅びに対する救い」であるならば善人と悪人がともに救われるという万人救済説は理不尽なものとなる。しかし内村にとって救いとは「自己から救われること」、つまり、自分に死ぬこと（ヨハネ福音書一二章二五節）であった[101]。このような自我（罪責感）からの救いは自分の内面で完結するものではなく、他者の救いと直接的につながっている。なぜならば、救われていない他者の存在は自分自身にとっての堪え難い苦しみだからである。神の愛を知ったものは悔い改めずにはおられず、悔い改めたものは隣人の救いを切望せざるを得ず、そのために神の愛を語らざるを得ないのである。社会における少数者の視点から「予定説」を捉え直した内村は、敬虔主義的な罪論に立脚しながらも「悪人正機説」を彷彿とさせる万人救済論を展開した。信仰者だけがこの世（日本）から切り離されて救済されるという個人主義的思想は、内村にはなかった。このようにして内村は、「私の救い」と「人類全体の救い」は同時に生ずべきものと考えていたのである。内村にとって宗教は、「私的に始まって公的に終るべきもの」であり、「自と他との二点を中心として描かれた」楕円形こそが完全な信仰の姿であった。内村にとって、それゆえ伝道が必要なのであり、それは隣人への義務ではなく「我が霊魂の救済上の必要」によるものであった[102]。

内村の生涯は実に波乱に満ちたものであった。内村自身、国家も天皇制も否定しない立場であり文字通りの愛国者だったが、その心情はなかなか理解されることはなかった。一方、彼の日本的キリスト教は国家主義や民族主義との関係を疑われることによって今も理解されにくい立場だと言えるかもしれない。彼が主張した楕円形の信仰はそれぞれの立場からの攻撃に身を晒す危険な姿勢であり、不安定な主張と言わざるを得ないだろう。内村は「救われるとは救われないことである[103]」という苦渋に満ちた言葉によって自らの孤独な状況を表現していたように思われる。しかし、唯一絶対を至上命題とする同心円的西洋キリスト教に対し、二つの中心が描き出す楕円形を理想とする彼のキリスト教に、われわれは非西洋社会における新しいキリスト教の姿を垣間見ることができる。それは日本という自己自身が置かれた文脈を踏まえ、その価値を認めながらキリスト教を受容することで新たなものを生み出そうとする産みの苦しみと言える。「二つのJ」が出会うことによって、実は欧米的文脈で培われたキリスト教も、キリスト教の新たな生の座である日本も、ともに変容する可能性が開かれていた。内村はその実践として「無教会主義」という日本独自の教会論を展開した。これは制度的教会を克服する試みとして実に重要な意味を持っているはずである[104]。しかし、内村自身が救いに対する彼独自の理解を創出したようには思えないのである。

（２）北森嘉蔵

海外にその名を知られた日本の神学者北森嘉蔵は、「神の痛みの神学」の視点から救済論を展開する[105]。人間は神の愛から脱落した存在であり、愛に背いた人間は神の怒りの対象であり、この分析が「救済の前提」である。「救済とは、神の愛の外に脱落せる人間を神がなおも愛するということである[106]」。北森はこれを「外を内に含む」構造と呼ぶが、『神の痛みの神学』の中心構造もこれであった。神の愛の外に脱落した人間を愛するために神は自らの外に出ざるを得ないが、これがイエス・キリストである。神の外部にあるキリストもやはり神の怒りの対象だが、一人子に怒りを下さなければならないところに「神の痛み」がある。これが贖罪愛であり、この愛によってのみ人間は愛され得る。北森神学の特徴は、神の愛ではなく神の痛みを中心とするところにあるが、人は愛を裏切ることはできても痛みを裏切ることはできないという論理がそこにある。人間が神の痛みという救済愛に包まれる事態とは、本来そこにいることのできない場にいることを意味している。このとき神の愛は信仰の次元ではなく事実として感知される。神の痛みによって包まれているという現実によって脱落存在である人間の脱落性が除去されて行く。いわば「聖化」が起こる。これが聖霊の働きである、と北森は考えている。北森にとって福音とは脱落存在である人間を下から支える力だが、救済に関して言えば、物質的経済的救済、すなわち相対者でしかない力による解放が真の救済に取って代わろうとするとき、福音は「相対者」に対して闘いを挑むものとして立ち上がると言う。北森は「不信仰者」の救済に関するカルヴァンの予定性とウェスレーの普遍説とに不満を述べた後、信仰の実践的側面である隣人愛の戒めこそが神の普遍的愛と不信仰者の存在という神学的アポリアを解く鍵であると述べている。神は真実なる愛の責任において不信仰者をも顧みているのであり、この論理によって神の愛の内と外というカルヴァンやウェスレーの論理矛盾が解決を見た、と北森は考えている。

北森がルターに依拠していることはよく知られているが、自身は救済論の展開においてフォーサイスの贖罪論を下敷きにしたと言っている[107]。人間の罪と贖罪愛という構造は何ら独特のものではないが、愛を拒むことはできても痛む神を拒むことはできないという命題は、独特の情緒的発想であり「義理人情」の世界に通ずる日本的な概念であると言えるだろう。もちろん北森神学に対する従来の批判が明らかにしてきたように、ここで語られている贖罪愛はあまりに抽象的かつ思弁的であり、北森自身が重視した「史的イエス」の問題や「人間の痛みの象徴としての神の痛み」という主題の可能性[108]とは大きくかけ離れている点については批判の余地はある。しかし、神学化された「神の愛」を日本的感性に訴えかける「情＝人間の情」として解読しようとした試みは西洋神学的枠組みにとらわれない創造力豊かな発想であったと言えるだろう。しかし、北森も救いに対する彼独自の理解を創出したようには思えないのである。

（3）山本和

バルト主義者と呼ばれる神学者は少なくないが山本和はその典型の一人と言えよう。彼は一九四四年三月の「日本基督教団より大東亜共栄圏にある基督教徒に送る書翰」の主筆者として知られている。この書簡は日本の侵略と植民地支配をキリスト教信仰に基づいて全面的に肯定する内容であり、朝鮮のキリスト教徒、特に日本の植民地支配に抵抗する人々、神社参拝を受け入れない人々を説得する際にも用いられている。書簡は日本におけるキリスト教弾圧を背景に総力戦下における自らの立場を擁護し権威を主張しようとする日本基督教団指導部によって企画された。公募による選考の結果最高得点となった山本和と鮫島盛隆二名に文案の整理が委託されたが、主筆は山本であり山本の文案は基本的にバルト神学に基づいたものであり、聖書的内容については山本自身が翻訳した『ピリピ書注解』から抜粋されたものがそのまま利用されているという[109]。

山本の救済論は「聖化論」として展開される[110]。山本によれば、日本の神学史において未だに救済論が定着を見ていない原因は三つの誤謬が原因であり、それは、カトリック主義、新プロテスタント自由主義神学、敬虔主義だという。しかし必要なのは「バルト的啓示実証主義」とも言うべき救済の客観的側面であった。これまでの救済論は贖罪論に偏向し、しかも「キリスト者中心的」に展開されてきた。その理由は先人たちが十分にバルトを知らなかったからである[111]。このように考える山本にとって救済は分ちがたくまた混同することの無い義認と聖化の出来事であり、そのための行動的主体は人間ではなくどこまでも神である。聖化を中心とする場合その前提となるのは罪責論だが、ここで問題となるのは「英雄的高慢」の罪と「凡庸な怠惰」の罪であり、義認と聖化はそれぞれの罪に対する神の義の働きと考えられている。聖化を中心に据える山本にとって「人間の救いは、召命に基づく回心と新生」にすべて括られている[112]。悔い改めて新たな人間として生きる生とは「自己を否定してイエスを告白」するキリストへの追随（Die Nachfolge Christi）[113]であるという。山本はバルトの立場に立ち、ボンヘッファーを認めつつ、実存主義的神学、特に新自由主義的立場を否定する。新自由主義は神の恵みによる救いの出来事を人間の自己実現とすり替える過ちをおかしている、と山本は考えていたからである。

山本はバルトを紹介することで救済論を示している。彼のバルト解釈が妥当であるかどうかについては十分検討の余地があろう。バルト受容史研究が示す通り、日本におけるバルト受容史はバルトに対する誤解と曲解の連続から始まったことを考えれば当然の推論であり、山本がバルトの引用で植民地主義を擁護しようとしたことを考えれば妥当な解釈が行われているとは言い難いのである。しかしこの点についての検討はわれわれの主題ではない。われわれは、神学の規範である聖書とその模範的な解釈としての権威ある神学者を紹介することで自らの立論とする教科書的神学を問題にしたいのである。これは山本に限らず多くの日本の神学者が採用してきた立場であり、キリスト教受容の歴史が浅い段階においては一定の意味を持つ作業であったとも言えるが、規範とする神学の聞き手は誰かという視点を欠いている限りここには発展の余地がないばかりか大きな危険が含まれている。第一に山本はバルトを規範としてそれを解読するが、解読者である山本には独自の状況があり、それはバルトが置かれた状況とは全く異なっている点が考慮されなければならない。第二にその解読は一定の価値に基づく解釈であるのだから、紹介された内容と規範とされる神学との整合性は必ずしも保証されていはいない。第三に、この点がわれわれにとっての関心事となるが、解釈者は聞き手に対して自らの解釈を発言するのだが、教科書的神学の問題は聖書解釈に対する理想化された規範を設定することで聞き手の価値世界あるいは状況を捨象することで現状を否定しまうのである。こうした方法論は実に植民地主義的である。それは大航海時代を通して西洋キリスト教が宣教の名によって行ってきた世界侵略の構図をも想起させるものであって、自らの状況に対して誠実な態度とは言えないのである。

戦後、山本が執筆した救済論の中に彼自身の独自の解釈が生み出されているかどうかは定かではない。一方、ナチズムとの闘争の渦中から生み出されたバルトの神学が日本の植民地支配を肯定する神学として用いられた事実は、ある意味で、神学の日本的変容の事例であることは確かである。日本が後発帝国主義国としての歩みを開始した時、国粋主義的な機運の中で疑いの目を持たれた日本の主流キリスト教会は国策に迎合した。そして「日本の神学、日本的キリスト教」を掲げることで保身を図ろうとしたのである。もちろんこれも日本独自の神学創出の事実であり、その中では聖書も教会の伝統も植民地支配と戦争遂行を擁護するテキストとなった。もちろんわれわれの進むべき道筋がこのようなものであってはならないという戒めとしてこの問題を提示したのである。

（4）佐藤敏夫

山本の次世代にあたる佐藤敏夫はバルト自伝の翻訳者としても知られているがブルンナーやティリッヒ等の訳書もあり、いわゆるバルト主義者ではない。佐藤は「救済の個人主義的偏向の修正を、世界の救済ないし宇宙的救済の強調、および両者のインテグレーションの方向」に求めようとしている。[114] ここで注目されるのが「神の国」である。佐藤は、アルブレヒト・リッチュルがキリスト教を、倫理的側面としての「神の国」と宗教的側面としての「救済」という二つの焦点をもつ楕円と捉えた点に注目する。リッチュルが「神の国」という目的達成のためにイエスによる救済を手段と捉えた点を批判し、「神の国」を倫理的なものとしてではなく終末論的、「上から到来する超越的なもの」と捉え直すことを提案する（四四）。終末論の強調は一連の聖書学的研究成果をふまえたものであり、したがって佐藤はモルトマンやパネンベルクを援用するが、あえてリッチュルから議論を始めた意図は、二つの焦点をもつ楕円というイメージから一つの焦点をもつ三つの円のイメージを導き出す点にある（五一）。

われわれの言葉に置き換えれば、リッチュルは解放と救済の関係について、救済は神の国の実現（解放）に必要な手段と考えたということになる。これに満足しない佐藤は、キリスト教の焦点は一つであり、終末論的神の国は救済（実存的、超越的次元）を内縁に、解放（倫理的側面）を外縁に持つ同心円の関係と捉え、「堕落と救済、創造と完成」という構造によって、贖い、和解、聖化、新生などの諸概念を万物の完成において統合している。このような展開の中で、われわれの関心である「救われた状態」は極めて抽象的な概念とならざるを得ないが、興味深いのは個人主義的救済観克服の理論である。佐藤によれば、救済が個人主義にならないために重要なのが「団体的救済」概念であり、それは神の国に対する理解と関係する。救済とは神の国の一員となることだが、神はそのために民を招集したのであり、こうして集められた民が教会である。すなわちこれは個人的救済ではなく団体的救済である（五二）。「神の国と教会は密接な関係にある」と考える佐藤の立場は、論理構造は異なるものの「教会の外に救いなし」という教会論と言えよう。もちろん佐藤にとって制度としての教会は「完全社会」ではないだろう。しかし、佐藤にとって教会は神の招集によって立ち上げられた新しいイスラエルなのであり、神の民の一員となることが救済であり、神による招集に応じて新しいイスラエルの一員となることで団体的に救われる教会こそが団体的救済の場になるのである。神は自らの民を神の国へと招集するが、その妨げとなる力が罪であり、救済論は必然的に罪論、そして贖罪論を経て論じられることになる。佐藤にとって救済とは神による主体的行為であり、彼の救済論は救済における主体的行為者としての神に集中する。ここで検討されるのは「神のケノーシス」「苦しむ神」など現代神学の重要課題であり、解放の神学や民衆神学とも共通する内容であるにもかかわらず、議論の方向性はまったく異なっている。佐藤にとっての関心は、救いの主体としての神を論じることだからである。

リッチュルが提案した「二つの焦点を持つ楕円」は内村鑑三の思想とも酷似しているが佐藤は二つの焦点を一つにすることを目指している。ここには、真理とは静的なものであるという大前提が見て取れる。しかし内村は論理的統合を批判し、むしろ実践的な真理は二つの焦点を持つのであり、論理的に「円満に解決する」ことよりも二つの焦点を巡って葛藤することで得られたものにより高い価値を見いだしていた。[115]もちろんリッチュルは救済と解放という二つの焦点を想定しながらそれを解放において統合する見通しを立てていたのであり、緊張を解くことを目的としない「楕円の真理」とは異なる立場だが、両者の緊張を描き出した点において、内村的楕円の真理を展開する道はここにもあったはずではなかろうか。リッチュルを否定し説明的で円満な結論を見いだしたところに伝統的教義学者佐藤敏夫の姿がある。われわれにとってこれは内村が提示した「楕円の真理」からの後退であり、これでは「実践的真理」探求の道筋から大きくそれてしまうように思われる。

佐藤は自著について、救済論については日本の神学者による取り組みが不十分な中で「外国神学者についての研究ではなく、それを参考にしつつ曲りなりにも自分なりの考えをまとめた」（二九七）作品と言っている。われわれが考えている日本独自の救済論の創出は佐藤の念頭にもあったのかもしれないが、この作品は文化神学として日本の状況との折衝を意図したものではあるとしても文字通り教義学であり、われわれの視点とは異なっているのである。

（5）芳賀力

羽賀力はドイツで学位を取得した教義学者であり、バルト神学に依拠する日本の主流プロテスタント神学を代表する人物の一人と言えるだろう。様々な現代神学をも射程に入れているが、欧米的神学に準拠した伝統的プロテスタント神学である。しかし、解放の神学を批判する羽賀の論述はある意味でわれわれの議論と噛み合うものであり興味深い。

救済論を巡って羽賀が憂慮するのは、現代神学においては、本来、超越的神との関係における問題であるはずの救済論（soteriology）と現世的幸福の追求とも言うべき幸福論（salutology）とが混同されている点である。[116]羽賀はシュッツの議論を紹介しながら、本来「罪からの解放」であった救済が、現世志向的、人間主義的に理解され、政治的概念としての解放へと翻訳されてきたことへの危惧を表明する。羽賀にとってヒューマニズムや解放は救済論的主題であることは確かだが、それらは「福音の産物」であり、「救済の主たる内容から付随的に生み出された救済論的果実」(一七)であって救済においては二次的なものなのである。したがって解放が語られる際は「救済の最も中心的な生命的内実」(一七)との結びつきを確かめる必要がある。羽賀は、キリストの贖罪死に対する人間の主体的参与の必要性を語るゼレに対するゴルビッツァーの反論に共感しながら、「大事なことは、私たちの時代の問題関心に由来する救済論的モティーフ(救済願望)から出発するのではなく、新約聖書が提供する救済そのものから出発すべき」(二五)ことである、と主張する。芳賀にとって神学者のつとめとは、新約聖書の提供する救済概念をわれわれの時代の表現によってこの時代にもたらすことである。そのように考える彼にとって、ゼレのような立場、あるいは解放の神学や民衆神学などの立場は、現代的救済概念を聖書的言語によって表現する誤った帰納法とみなされているようである。[117] 芳賀にとって解放の神学のような主張は人間の期待に答えようとする誤ったものとみなされている。芳賀は自身の立場を、人間の期待に縛られない態度と考えている。これは、イエスが弟子たちの救済願望を打ち砕いたのと同じ態度であって、キリスト者に求められる世に妥協しない厳格な姿勢なのだという。

羽賀は新約聖書の提供する救済論は物語として語られたものであるから、それを現代にもたらすのは救いを物語として語り継ぐ作業だと考えている(三八〜三九)。そのために羽賀は、神学者たちの著作だけではなく古今東西の文学を素材に人間の苦悩と救いへの渇望、それに対するキリスト教的応答の筋道を示しているが、やはりここでは贖罪論が重要な位置を占めている。羽賀は文化人類学者の知見を参考にしながら、イエスの犠牲死は「いけにえ」を必要とする人間の残虐性と利己性に対する犠牲的闘いであり、イエスは神への献身と人間への愛によって自ら進んで最後の唯一の「いけにえ」となったと解釈する(四二〜五七)。犠牲の脈絡で羽賀は、アブラハムによるイサク奉献を素材に神と人間の自己犠牲の物語を描き出すが、その着地点は「神にささげられた教会」、「礼拝共同体としての教会」である。被造物である人間の本質は神に対する自己奉献であり、礼拝において感謝と賛美を捧げることがその本質の成就である。こうして「礼拝し、自己を捧げる教会は、キリストの救いの業に参与する」（六九）と芳賀は考えている。

苦痛と流血を伴う犠牲が儀式としての奉献にすり替えられている点に羽賀の脱政治化の立場が現れている。アブラハムにとってイサクは自分の命そのものであり、その点で「苦難の僕」やイエスの十字架刑の祖形であると見るのは自然だろう。しかし、教会が礼拝で捧げる犠牲はすべて象徴化されており人間にとっての犠牲の内実が不明瞭である。実際にそこで捧げられるのは僅かな金銭と労働（奉仕）などでしかない。羽賀は、聖餐式のたびごとにイエスが犠牲になるようなカトリック的犠牲の奉献を明確に否定するが、しかし、プロテスタントの伝統が聖餐式における犠牲の主題を軽視してきたことは問題であると考えている。羽賀にとって礼拝する教会の行為そのものが犠牲の奉献であり、そこでささげられるのは祈りと賛美と感謝の〈いけにえ〉なのである。

芳賀は十字架の物語を中心に〈あがないの物語〉を種々展開したが、そこに示された人間の苦難に比して、教会の礼拝こそが犠牲の行為であるという帰結はあまりに抽象化、精神化されていて論旨の一貫性を疑わざるを得ない。こうした抽象化、神学的思弁を批判し具体的現実、苦難に着目する立場がゼレであり解放の神学なのだが、羽賀にとってそれらはあまりに即物的な幸福の追求であって、「救済の最も中心的な生命的内実との結びつき」が不明瞭だと考えられているようである。しかしわれわれにとって、その結びつきが破綻しているのはむしろ芳賀の救済論なのである

羽賀はキリスト教の本質である救済論と幸福論とを混同してはならないと考えている。ここで羽賀が幸福論をEudemonicsではなくSalutologyとしている点は興味深い。一般に知られているサルトロジーは、アメリカの社会

学者アントノフスキー（Aaron Antonovsky）が提唱する「健康生成 salutogenesis」仮説に由来しているという。これは主に人間の健康、病理、死といったプロセスに対する医学研究の分野で用いられる仮説であり、「疾病生成モデル」のような病理学的アプローチの対概念と考えられている[118]。世界保健機構の健康の定義に見られるように、人間を身体的のみならず精神的、霊的、社会的などの諸側面から捉えることはすでに一般的理解と言えるだろう。人間の健康を捉える上で病理学的概念では不十分であると考えるサルトロジーの立場は、人間を社会的かつ主体的存在として捉える立場であり、われわれには親和的立場である。したがって芳賀がサルトロジー的幸福論に不満を感じているのは当然と言えよう。

羽賀はハービー・コックスを批判するシュッツの論文を参考に、「多少極端に」（一五）、幸福論化する現代神学批判を展開しているが、その前提には「超越者なしにも実現可能な幸福」（一五）と、イエス・キリスト告白によってのみ排他的に実現可能となる救済との区別がある。羽賀は両者の混同を警戒し救済の重要性を強調するが、その結果福音書が示す救いが真実なものとして浮かび上がるのではなく、むしろ矮小化される結果を招いてはいないだろうか。羽賀にとって、病人、ゲラサの狂人、長血を患う女、異邦人など「見捨てられた人間」の問題は霊的な次元において解決されなければならず、イエスはそれらの人びとの「孤独な魂」に向かう「柔和な王」である（二六四）。このメシアは民衆の幸福への願望を裏切る苦難のメシアであり、受難と死をもって民を救うために自己を献げる永遠の大祭司である（二六七）。

解放（羽賀にとっては神なしに実現可能な幸福）の追求を裏切るメシアという主題は、羽賀自身による現代神学への批判と言えよう。教義学者である羽賀の努力は「見捨てられた人間」を救済する神の行為を説明するために費やされているのだが、彼が注目している遺棄された状態とは言うならば「疎外された魂」であって「社会的な疎外」ではない。芳賀の目には疎外された魂の痛みは見えているのかもしれないが、社会的に見捨てられた人々の苦境、人々を見捨てた勢力に立ち向かう人間の動態は見えてはいない。羽賀にとって真に重要な解放とは罪からの自由であって、解放を人間的な次元に留め置いてはならないのだろう。もちろん羽賀はキリスト者が社会的責任を果たすべきであることを知ってはいるが、「本当の自由と解放」は超越的霊的次元を指すのであって、それはキリストの贖罪死と復活への信仰によって初めて可能となるのである。このような理解において、独裁者と民衆は贖罪愛の前で平等となり、富者と貧者は等しく「疎外された魂」を持つ存在とみなされるがゆえに、彼らの権力や富が神学的課題にならないのと同様に蹂躙された人権も貧困の苦しみも神学的には周辺的な課題となる他はない。キリスト教信仰なしに実現可能な解放あるいは幸福は彼にとって神学的課題とは言えないのだろう。

（6）賀川豊彦

これらの神学者たちとは明らかに異なる視点から救済の問題を捉えたのが賀川豊彦である。賀川は二十世紀日本を代表するキリスト者として世界に知られた存在であり、著述家として驚くべき広範囲に渡る作品を残しているばかりでなく、社会事業家としても多岐に渡る実績をあげた希有な人物である。これまで賀川に対する評価は主に労働運動、農民運動などキリスト教社会事業家としての評価でありその神学に対する研究は十分とは言えないが、彼の原点はキリスト教信仰であり、その生涯は実践的神学の結実と言うべきものであった。われわれの主題との関連において賀川は日本神学史の中で重要な位置を占める人物と言えるだろう。[119]

これまで社会事業家としての評価とは異なり賀川豊彦の神学に対する評価は高いとはいえない。賀川の神学は贖罪愛に突き動かされた詩的想念としての「詩的キリスト教」と評され、「その理論は神学でもなければ、いわんや教理の解説でもない、説教とも言いがたく、やはり切なる詩」にすぎないと断じられている。[120]一九六〇年代、竹中正夫や武田清子は信仰を社会的実践に転化した希有な思想家としての評価を試みてはいるが、その後これに続く研究は見いだせないという。倉橋克人によれば、総じてこれまでの賀川研究は「伝統主義神学の教理、ないしは信条からの発想の枠組みに基づいてなされた裁断的な見解」であり、肯定的評価も顕彰の意図が如実であって学問的研究としては不十分だったという[121]。これに対し、栗林輝夫は、賀川の神学を「イエスの愛に基づいた神の国の信仰に立つ反貧困の大胆な神学プロジェクト」と捉えた上で、現代のキリスト教が継承すべき点が多いと評価する[122]。

たしかに賀川の信仰的原点は代理説的贖罪論であったかもしれない[123]。しかし「罪からの解放」としての福音を論ずる際、賀川は罪を精神的次元に限定せず、「精神的罪、心理的罪、経済的罪、肉体的罪、社会的罪」と規定している点にユニークさがある[124]。このような賀川の罪理解に対し、教会と社会を切り離す二元論的立場との批判が上がり、あるいはバルト的新正統主義神学的視点に立つ人々からは「ヒューマニズムに過ぎない」との批判が生じる。それはたしかに「正統プロテスタント主義の通念とは合致せぬ部分が少なくない[125]」が、しかし自由神学（Liberal Theology）の視点に立てば賀川の立場は合理的であり、そればかりか解放の神学、エコロジー神学などの現代神学、エキュメニカル神学を先取りしたものとして評価されなければならないはずである。栗林はこのように自由神学者としての賀川を高く評価した上で、賀川がさらに「貧しい者、当時の社会で『他者』とされた人びとへの関わり」を重視していた点に注目する。これによって賀川は「自由神学の袋小路」を突き抜けることができたのだという[126]。加山久夫も、賀川に対する不当な評価の低さについて、日本のキリスト教が近代的リベラリズムの観点を欠いたこと、バルトの影響によって自然神学的取り組みの道を閉ざしたことにあると見ている。しかし、問題はバルトではなく日本におけるバルト受容の素地にある、と加山は考えている。バルトがナチズムとの対決に向かった「危機神学」であったのに対し、バルトを受容した日本の神学は神学と政治とを人間論的に分離する「危機回避神学」になってしまったからである[127]。

神学者としての賀川が注目を受けてこなかったもう一つの理由に部落差別の問題があるように思われる。貧困の問題と深く関わった賀川は被差別部落について「人種起源説」に基づく誤った認識を示している（『貧民心理の研究』）が、彼の認識の背景には社会に蔓延していた差別があり、彼はそれを無批判に再生産していた。[128]日本のキリスト教会は、部落差別と闘ってきた歴史があるが、同時にそれは自らの差別体質に対する取り組みの歴史でもあった。日本を代表する著名なキリスト教徒である賀川の著作に現れていた差別性は、時代の制約という言葉だけでは看過することのできないものであった。賀川は考え方においては差別的でも生き方においてはそうではなかった、[129]という言葉では解決できない問題の深さがそこにはある。賀川のテクストを解読する際に、差別者賀川という消すことのできない刻印が作用してきた歴史があるのではなかろうか。しかし、こうした刻印によって賀川の神学全体が何の検討もなく見過ごしにされるとすれば、それは問題回避だけを意図した隠蔽の論理に他ならず、反差別の取り組みとしても正しい姿勢とは言えないのではなかろうか。

賀川の思想と実践は、魂の救済と生活の解放とが一体のものとして実現されなければならないという主張であった。[130]救いを統合的な解放と捉える賀川の神学から日本的解放の神学、解放の救済論が発展する可能性があるはずである。栗林は神学者としての賀川の特徴を「自由神学、解放の神学」に、加山は「自然神学、公共の神学、実践神学」に見いだそうとしている。われわれの課題である救済論の現代的再解釈にも賀川神学の再評価は重要な意味を持つと言えよう。

2　現代西洋神学の救済論

次にわれわれは現代西洋神学が考える救済論についての検討に入るが、その前に、既存の救済論を成立させてきた「原罪」、また解放のイメージとして語られてきた「神の国／支配」についての問題意識を整理しておきたい。マクグラスによれば、キリスト教における救いのメッセージとは、キリストの十字架と復活がわれわれ人間の傷（病い）を癒し「完全性と霊的健康を回復させること」であった。それは例えば、「自分自身を存在の根底から分離しようとする力に打ち勝つこと」への願いであり、それは「最高の価値に身を任せること」を通して実現する「神の恵みとしての救い」のように説明されて来た[131]。救済が「罪の赦しによる救い」である限り、罪論と贖罪論によって方向性が定められる他はない。しかし、霊的健康を回復させるはずの救いの原点である原罪の教理が、かえって人びとの自己疎外や不安を増長させてきたという問題を見逃すことはできない。それはキリスト教の家父長制的偏向への批判、植民地主義的偏向への批判として提起されている。

フェミニスト神学は、原罪の教理が創世記に依存しており、その結果キリスト教世界において女性の本質をゆがめる言説が繰り返し再生産されてきたことを問題視する[132]。軽率さ、非理性的性質、誘惑への弱さ、性的放埓などがおおむね女性の本質につながりがあるとみなされてきたのである。テルトゥリアヌスはエバを「悪魔の門」と呼び神の似姿である男性を破壊した責任を追求しているし、こうした女性観は「魔女狩り」のような残虐な暴力を正当化する論理として機能したのである[133]。これらの問題を指摘し是正へと向かう運動が開始されたのは一九七〇年代だが、この中で取り組まれたのが罪論の再検討であった。従来、罪論は集団的か個人的かに関わらずすべて神に対する反抗の問題として論じられて来た。しかしフェミニスト神学の洞察によれば、罪はより構造的であり人間や自然に対する暴力、搾取の問題から理解される必要がある。従来の罪論がセクシュアリティと罪とを結びつけ、理性によって肉体を従わせることを救いの条件としたのに対し、フェミニスト神学は人間の幸福を被造世界におけるあらゆる事物との関係性、すなわち身体性を伴なうものとして捉え直している。罪とは女性のセクシャリティに起因する諸々のものではなく、性差別のことなのである。

原罪の教理と贖罪論を前提とするキリスト教の救済思想は、健康な人間を病人と見立てて治療を強いるような誤りに陥る危険性を持っている。教会とキリスト教徒の日常的実践において、「罪の自覚」を促す手段が、時に一方的で暴力的ですらあるのは事実である。救済論の前提が神に対する反抗としての罪であり、罪の赦しが救いであるとするならば、救済論は構造的に再検討される必要がある。なぜなら、「地上における神の代理者」である教会が「罪深い人間とすべての被造物」の救済の鍵を握る支配者として君臨するかのような独善的世界観を成り立たせるキリスト教世界はすでに崩壊しているからである。問題は教理的主題としての罪ではなく人間共同体の運命に関わる悪であるだろう。ユングは原罪の教理が悪の実態を過小評価するものであることを批判し、キリスト教はむしろ悪の問題に対して真正面から向き合わなければならないと考えた[134]。ユングは、キリスト教の教理が神の善性の弁護にとらわれるあまり悪の恐ろしさに対する現実的感覚を見失ったと考え、悪の実態を認め善で悪を飼いならすことが必要であるとして、「父・子・聖霊・悪」の四位一体論という一見奇怪な提案をしている。これは原罪の教理と贖罪論に立脚する既存の救済論の限界を見つめる上で重要な視点と言えよう。すなわち悪を排除の対象とするのではなく必ずや直面し続けなければならない現実とする視点、あるいは否定し得ない人間の本性として受け止め現実を直視する視点を提供しているからである。

問題は「神的完全性」という出発点にあるのではなかろうか。偶像化された男性性の投影としての完全な神が想定され、不完全な罪人である人間がこれに対置される構造において、精神的抑圧感と負い目だけが神へと向かう唯一の動機となる。それが自覚的なものであれ、他律的な脅迫によるものであれ、すべての被造物は原罪という取り返しのつかない負債を押し付けられており、この負債の清算はイエス・キリストによる贖罪的救済という唯一の方法によってのみ可能となる、と教会は繰り返し語ってきた。しかしこれは、人間の精神の自由で健全な働きを疎外するマゾヒズムであり、帝国主義的な独占欲の現れとも言い得るのではなかろうか。実際、男性主義的な原罪の教理は女性に対する暴力であるとともに男性の人間性の歪曲でもある[135]。このように既存の宗教に対して批判的な視点を持つ人びと、脱宗教的現代人にとって「完全性と霊的健康の回復」という言葉は「楽園を一人で生きるアダム」を理想像とするような奇異な寓話を想起させるものであり、それを自分たちの現実に意味のある指針として理解することは不可能だろう。既存の制度的宗教に対する批判言説であるはずのいわゆる「スピリチュアリズム」も、構造的に罪論を土台とする救済思想に立つ限り、個人的あるいは組織的権力構造に絡めとられる危険性から自由ではないはずである。長年に渡ってキリスト教が、救いの実相あるいは救われた状態そのものについて語る努力を怠ってきたことの結果として、古代的世界観、キリスト教社会Christendom的世界観が解毒されないまま現代に持ち込まれたのである。キリスト教にとって「完全性と霊的健康の回復」のモデルがナザレのイエスであるとして、イエスを「完全であり、かつ霊的に健全な人物」と描き出すことで何かを語ったことにはならない時代をわれわれは生きているのである。神学が脱宗教的状況において救いを語ることは、救済宗教としての自己理解を再検討する作業でもあり、同時にわれわれが救い主と呼ぶイエスはどのような存在だったのかを既成概念にとらわれることなく大胆に語り直す作業でもあるはずである。

福音書のイエスにとって中心テーマは救いではなく「神の国／支配」の到来であったという。救いを巡る聖書的概念は「解放」あるいは「支配」（神の国）を意味しており、二律背反的な二つの概念を結びつける問いは、「何から、いかにして、何へと解放されるか」であり、両者は「誰による、誰に対する、どのような支配か」によって結びつけられる必要がある。[136] しかしこれらは人間の具体的状況に当てはめて語られなければ説得力を持つことはない。これを例えば、「神が、イエスを主と告白する人間を、洗礼によって罪の支配から解放し、永遠の命へと至らせる」と表現しただけではもはや不十分なのである。聖書の救済概念の背後にはそれぞれ具体的な苦しみや悪の現実があり、その実体験が人々をして具体的救済への欲求を抱かせたのである。同様に、現代社会のそれぞれの場で束縛や抑圧からの解放を願う無数の人びとに対し、神の支配に置かれた状態、すなわち救済の内実を語る言葉をそれぞれの状況にふさわしいものとして語ることが現代神学の使命ではなかろうか。

聖書は、救いの実相についてのまとまった見解を示してきたとはいえないし、キリスト教もそれについて十分語って来たとは言いがたい。したがって、われわれは従来の神学的作法と言説にもとづいて「神の国／支配」が「誰に対する、どのような」支配であり、それが「誰にとって、何からの」救済なのか、つまり、神に支配された人間、救われた人間はどのような状態で存在するのか、を説明することはできないのである。初期キリスト教の人々にとって間近に迫っていたはずの「神の国／支配」はすぐには到来しなかった。その結果キリスト教神学は「神の国／支配」について解釈を加え、霊的、国家的、教会的、政治的などの諸次元でそれを語ってきた。[137]そしてキリスト教世界崩壊後の今、欧米的な近代化、そして脱宗教化が地球規模で広がっているこの時代、この問題はさらに複雑さを増している。教会が語る救いが抽象的かつ彼岸的であればあるほど、教会の中からも解放としての救いを求める声があがることはごく自然なことだろう。

初期キリスト教思想には贖罪論的救済論、すなわちイエスの死には目的があり、それはわれわれの救いであったという考えが含まれており、救いとはわれわれの罪を無化すること、罪の対価である刑罰を逃れさせるためのものであったという展開を含んでいる。その結果われわれは「義」とされる（ローマ四：二五）が、「義によって生きる」（一ペト二：二四）ことの内実を示す表現は多種多様であり、多くの神学者が語るように、集約的表現としてわれわれが知り得るのは「神の国、神の支配」という言葉だけである。一方、福音書の初期伝承に基づく限りイエスの十字架刑は彼の活動がもたらした当然の帰結であり、贖罪論的、救済論的解釈を必要としない一つの明確な現実である。イエスの受難と死に対する神学的解釈としての救済論とそのイメージネットワークの一部を構成する贖罪論は、キリスト教信仰内部の自己理解を助けるものではあっても、外部の人間にとっていかなる説得力をも持ち得ないだろう。贖罪論は「堕罪と救済」「罪の自覚と赦しの切望」という構図によって成り立っているのであり、ユダヤ＝キリスト教文化圏の世界観を前提としなければ理解不可能な理論でしかない。イメージネットワークとしての救済論はユダヤ＝キリスト教文化圏、あるいはキリスト教世界で構築された価値世界であって、それらを共有していない非キリスト教的、脱宗教的世界に対しては無力な言説でしかない。「神の国／支配」もそうしたイメージネットワーク上の概念である限り無力な言説であるばかりか、文字通り帝国主義的、暴力的言説として批判と嫌悪の対象とならざるを得ないのである。

（1）モルトマン：終末論的視点

現代神学は従来のキリスト教世界を自明なものとしない神学である。ユルゲン・モルトマンはその中の代表的神学者の一人と言えよう。モルトマンは終末論をキリスト教的希望についての教えとして再解釈し、それゆえキリスト者の実存も宣教も神学も全ては終末論的に方向付けられていなければならず、それは特定の歴史的現実から出発するものでなければならないと語っている。[138] モルトマンが描き出す「希望」の表象は「もはや困窮がない彼方、自由と歓喜を望み見る」ことである（一〇）。もちろんそれは空虚なユートピアではなく生身の人間の身体を生かし、破壊された大地を柔和に包み込む「大地の希望」である（一二）。モルトマンにとって終末論的希望は、正義・自由・人間性の実現に直結するものであると同時に（一三）、それは地上的・身体的・社会的闘争と苦難を通して実現すべきものである。そのようにしてもたらされるのは、「生の更新への自由と、この世界の姿を変えようとする自由」である（一八）。これは貧しい人々が幸福を享受する確信であり和解の確信とも言えるが（二七〜三二）、それだけでは不十分だろう。

モルトマンは最終的に何を望み、どうなることが人類の希望だというのだろうか。「御国」の到来がもたらすのは「万人の復活への待望」（八七）、「死の終焉と新しい創造」（九四）である。つまり終末論とは約束の成就だが、イスラエルにとって成就すべき約束とは、民族の繁栄、自分たちの土地に定住し、外敵に脅かされず豊かに暮らすことであり（創世記一七章）、彼らが待ち望んでいたのは神による導き、守護、支え、祝福、生の充実などであった（一四五）。この待望は初期キリスト教によって現存する権力を打破するキリストの支配の到来への待望として受け継がれる（一七七）。しかしこれらは「終末的安息」の予形であるだけではなかった。モルトマンは「希望」が単なる抽象に陥らないために、人格的であるだけでなく歴史的かつ即事的な神の主権、平和と義が地上において実現すること、ただし歴史の思弁としてではなく「神の自由」を侵害しないような待望を含むものでなければならないと考えている（一三二）。これらは結局、「総括的生命・義・真理の新しい世界」の到来を意味しているという（一八四）。それは、黙示文学的終末論的聖書の表象を通して「キリストによる勝利」と呼ばれる。それは具体的に近代の科学的、技術的世界の合理的宇宙の深い不合理性に対抗する〈究極的に新しいもの〉の実現を意味している（二〇二〜二〇四）。

モルトマンはこれらを「神の義の約束」「生命の約束」「神の国の約束」と表現する（二三三以下）。言い換えればこれらは、正義の実践であり、苦難と死の現実に取り込まれることのない希望の生であり、「万物がそこにおいて義・生命・平和・自由・真理に達する」こと（二五八）を意味している。モルトマンにとって宣教とは、「終末論的出来事の告知・明示・宣言」であり、「世界に対する復活者の主権を明らかにし、人間を来るべき救いへの信仰と希望において自由にする」ことである（三五一）。しかし現実にキリスト教は「私的祭儀」の世界へと引きこもり、疎外された人々の「私事の避難所」および「人格の守護者」としての機能を果たすか（三四六〜三六五）、「ノアの箱舟的」共同体として一種の慰めを提供することにとどまっている（三七二〜三七七）。しかし社会の中で人間が蝕まれる厳しい現実を変革すること無く人間を自由へと導くことは不可能である。必要なことは、神が欲する場所で神が期待する方法によって世界に仕え、正義と平和、人間の自由と尊厳実現のために世界の中で働く「世のための教会」となることである（三八五〜三八六）。

モルトマンは終末論を、キリスト論を含むあらゆる神学的課題の基礎として再構築しただけでなく、教会の宣教課題の中心に据えようとした。彼によれば教会の使命は「世のための教会」になること、すなわち社会の変革のために働くことであると考えている。またモルトマンは「キリスト論」における、神の義とは「人間の不義と暴力が地上から消え去ること」だと述べ[139]、来臨待望とは「身体的救済」のことであり、それは現実逃避の信仰ではなく「身体に栄光をもたらす用意をする」ことだと述べている[140]。われわれの関心に即していえば、モルトマンにとって救いとは神の義と平和の実現によって人間が自由となり尊厳を回復することだと言えるだろう。そして次なる課題は、人間を束縛し尊厳を踏みにじる力の正体を暴き、闘いを挑む方法を身につけることになるはずである。

（2）スヒレベークス：経験としての救い

二十世紀を代表するカトリック神学者の一人であるエドワード・スヒレベークスが集大成とも言える三部作において取り組んだテーマの一つは救済論の再検討であった[141]。われわれがスヒレベークスに注目するのは、彼が現代世界においてキリスト教が置かれた状況を批判的に受け止めており、脱宗教的で合理化した世界において、宗教批判的あるいは脱宗教的人々と共に生きる経験を念頭に神学を再構築しようと試みているからである。スヒレベークスの関心は「人間に救いをもたらすものは何か[142]」だが、三部作それぞれの副題が示すように、彼は聖書を人間の経験から語り直そうと努めている。彼の神学の中心はキリスト者の過去の経験（伝統）と現代における経験であり、伝統も現代の経験もそれぞれ啓示の源泉と捉えられているのである[143]。人間は歴史の中で「救いと幸福」を得るために闘う存在である。宗教にとってこの世界の意味は常に歴史の中で「人間的に意味のあること」として現れる。すなわちそれは、人間の解放のプロセスの中で悲惨と苦しみを否定する形において神は自らを顕すという意味である[144]。彼のイエス研究は「現代的問いである贖い redemption と解放 emancipation あるいは人間の自己救済 man's self-liberation についての総合的俯瞰図を提供すること」を意図しているが、そこでは当然「解放の神学」も念頭に置かれている(145)。

われわれはここで膨大な彼の作品全体を研究しようとしているのではないし(146)、主著と言うべき三部作全体を検討することも断念せざるを得ない。ここでは岩島忠彦(147)、デレク・シモン(148)の研究を参考に、彼の救いを巡る神学的考察を中心に検討してみたい。われわれはスヒレベークスの立場に対し手放しで賛同しているわけではない。特に初代教会における復活伝承の男性中心主義批判に対し使徒的証言の特性の観点からこれを擁護するような立場に対してはそうである。しかし、ローマ・カトリックのみならず世界の神学界に強い影響を与えた現代神学者スヒレベークスが語る救済論は、西洋神学的枠組みにおいて語り得る救済論の一つの限界点を示すものであり傾聴に値すると考えるのである。

岩島によれば、スヒレベークスの問題設定は次の通りである。「現代人の救いの理解と必要は過去のものとは異なる、キリストに由来しない救いが存在する、世界化の中でキリストは世界の救い主とは言えない、キリスト教の救いは現実的に無価値と処断されている、教会内にも伝統的救済論は共有されていない、イエス・キリストについての知識も未だ十分ではない、現実の歴史には溢れんばかりの災いがある(149)」。こうした問題設定に立つスヒレベークスにとって救いとは人間によって経験されるべきものであるから、「救いの経験は主体である人間が変化することによって変化する(150)」のは当然である。したがって神学は従来の言葉を繰り返すだけではなく今を生きる人間の経験に即した言葉を生み出すことが急務となる。スヒレベークスは、キリストにおける救いの約束が終末論的であるということは、ただ言葉によって約束されているということではなく断片的に実現する救いの諸経験の中で初めて本物の約束であることが告げられると考えている。すなわちそれは、聖書に記された救いの本質を現実の状況に適応することによってではなく、現代人が「何から何へ」の救いを望んでいるかが重要となる(151)。聖書の時代とは異なり現代の人間は能動的なのであり、人々の望みは「あらゆる苦しみ」から「真に幸福な全き人間性へ」の救いを望んでおり、それは聖書が語る「義人の苦しみ」のようなものではなく、自然的、社会的、経済的等々多岐に渡っており、「今日の人間はあらゆる悪、無意味、疎外、災から救われたいと望んでいる」[152]のである。

現代人にとっての救いは、言い換えれば「出来得る限り公正な社会での幸福な人間存在、健やかな生」だが、これが単なる理想像に終わらないためには、次の「救いに必要な諸次元」を座標軸としなければならない。すなわち、「人間の身体・自然・生態学的環境との関わり、人間間の人格的交わり、社会とその諸制度や諸機関との関わり、人間と文明の歴史や地理的特殊性、人間生活における理論と実践の健全な相互関係、人間の広義での宗教的意義あるいは超越的指向性」である。これらが満足すべき状態にあれば救いは充全なものとなり、これらは「人間の自己解放」とも言い得るものなのである。[153]こうした「救い」がイエス・キリストにおいて現実的なものであることを証明すべき教会は、非人間性や疎外を生み出す全体主義や教条主義と戦うことが必要だが、それが非暴力的で、憎しみや復讐によってではなく人道的な戦いとなるよう働きかけることこそが教会固有の使命であり、また教会はイエス・キリストにつながる固有の使命として苦難と隷属に抵抗し、弱者や圧迫を受けるものを無視する政治的、社会的力に抵抗し、差別や人格無視の風潮に戦いを挑む必要がある。そして教会はそれらの戦いをキリスト教にこだわらずに行う必要がある。[154]スヒレベークスにとって信仰とは神の恵みへの応答としての隣人への奉仕という形で具体化される。それは同時に、人間は隣人愛の実践において神と出会うことを意味している、と岩島は理解しているのである。[155]

シモンによれば、スヒレベークスの主題は「救い」と「解放」を二律背反的にではなく弁証法的な交流として捉え直すことにある。しかしこの主張の意図は、宗教的救いと社会的政治的解放との緊張関係を調停し解消することではなく、むしろ両者の緊張を創造的に維持しようとする立場なのである。スヒレベークスは既存の救済論を、手段instrumental、信仰主義fdeistic、相互作用interactiveの観点から三分類し、それぞれを「水平的未来志向的救済論」horizontal and futurist soteriology、「垂直的救済論」vertical soteriology、「宗教的政治的救済論」religious and political soteriology、と捉えた上で、宗教と政治の相互作用による救済論を展開している。それは彼が「救いか解放か」の二元論ではなく、人間にとっての救いの経験に本来的に備わっているのは政治的なものの変容、すなわち社会的政治的解放であると考えているからである。スヒレベークスはさらに救済論を聖書釈義的に再構成しようと試みたが、それによりイエスの生が社会的政治的解放運動と密接につながっていることが明らかになった。こうした分析によって確かめられたことは、救済論的契機とはイエスの十字架上の死による贖罪論的救済ではないということであった。すなわち、十字架は贖罪愛のシンボルではなくイエスの実践活動の結果としての「処刑」(「死」ではなく「殺されたこと」)であり、それ自体は救済論的出来事ではないからである。むしろ十字架刑の救済論的意味が明らかになるのは、イエスが当時の支配者である社会文化的、政治経済的エリートによって拒絶された出来事それ自体であった。十字架刑の救済論的意味は、神がその支配者たちに排斥され殺されたイエスに自己を重ね合わせた点にこそ見いだされるべきだとスヒレベークスは考えた。これがシモンによる要約である。

スヒレベークスは救いの具体性に着目する。彼にとってはイエス自身が「神の生きたたとえ話living parable of God」であった。イエスは「罪人、貧しい人、抑圧された人」などに関わったのだが、それは、神は人間の苦難の歴史とその中で苦しむ人々に配慮しているという具体的なたとえ話であり[156]、他の目的を示すための「しるし」ではなかったのである。イエスが語った「神の国」とは彼岸のことではなく、今ここにおいて貧しい人々が幸いを得ることであった。ここで実現しているのは「平和、笑い、満足」としての救いであり、それは死を否定し人間が生きることでもあった[157]。スヒレベークスはマルコ福音書の分析を通し、イエスの行った不思議な業は「しるしや奇跡」ではなく、「困窮と不安のうちにいる同胞と一体化して彼らを自己疎外から解放し、自己を取り戻させ、再び他者と神に対して自由にすること」だった、と結論づけている。[158]イエスが「生き方」で示した救いを弟子たちは直接体験し、その体験がいわゆる回心の契機となったのである。すなわちイエスは「生きたように死に、死んだように生きた」のであった。聖書にとってイエスの死は愛による連帯の帰結であり、それは将来における救いの約束ではなく、「その時その場で提供された救い」としてのイエスの生涯の帰結であった。[159]

スヒレベークスにとっての救いは、人間が生活の中で具体的に経験するものと切り離すことはできないのである。彼は「教会の外に救いなし」を「この世界の外に救いなし」と言い換えている。[160]このように考える彼の関心が「解放の神学」へと向かったのは当然であった。もちろん彼にとって救いは政治的次元のものだけではないが、それは人間が自己と他者に対して自由を得ることと切断されてはならず、重要なのは救いに関する知識ではなく救いの現実なのである。その意味において「世俗、この世」と信仰とを切断する考えは厳しく批判される必要があるし、教会は神が人間の具体的現実の中に実現する救いのサクラメントではあっても救いそのものではないのである。[161]

五、解放の神学にとって救いとは

モルトマンが求めていた解放の希望には、その実現のための具体的な手段が必要であり、それは必然的に社会運動や政治闘争が含まれる必要がある。モルトマンはこの時代を生きる誠実なキリスト者、神学者として様々な社会問題に関心を示している。しかし解放の神学、民衆神学に共感した彼ではあったが、モルトマンはテクストに生きる教義学者であって人間の生活の座（コンテクスト）に立つことはなかったと言わざるを得ないだろう。同様に、伝統的教義ではなく人間の経験を出発点に神学を再構築するスヒレベークスにとって、ローマ教皇庁の意向を伺うよりは目の前の現実に向き合うことの方が重要だったのはもっともである。自分と同じ神学者、修道者であるラテンアメリカの同僚は、独裁者による抑圧と暴力、貧困と飢餓に直面する人びとと共に闘い、文字通り命を捧げている。スヒレベークスが、神学者として解放の神学に共感していたことは当然だったが、彼の現場もやはり書斎であったと言えるだろう。

本論の導入にあたる神学的概観の最後に、われわれは解放の神学に対する若干の検討を行いたいと思う。解放の神学はフェミニスト神学、クイア神学、黒人神学、民衆神学などとともに「解放の諸神学」と呼ばれることが多いが、民衆神学を主題とした救済論の再解釈の予備的作業の最後に解放の神学にとっての救いについて考えてみたい。

解放の神学は貧しい人々の経験の上に立ったキリスト教の解釈であり、貧しい人々の目で聖書を読み、キリスト教の教義について考えようとする試みである。それは同時に貧しい人々自らが信仰を捉え直すのを助ける試みでもある[162]。解放の神学はラテンアメリカの民衆と共に生きるキリスト者による実践神学であり、解放を求める信徒と構造的暴力によって権力を維持する信徒とを擁する教会の責任者による司牧神学でもある。解放の神学はローマ・カトリックの神学であり、神学的論述の枠組みや方法、背景とする教会観など、ローマ・カトリック教会の諸制度や組織の影響下にあることは明らかである。われわれの関心に即して見れば、解放の神学はキリスト教がマジョリティである伝統的社会を舞台とした神学であり、旧来のキリスト教社会を背景に生み出された神学とも言える。しかし解放の神学は、被植民地であるラテンアメリカにおいて抑圧された民衆の解放を目指す教会の神学として生まれた政治神学であり、従来の神学流儀に固執することなく、貧困と暴力という目前の状況を改善することを目的に現場から生み出された状況神学でもある。

1　グティエレスにとっての救い

解放の神学にとって信仰的言語としての救いは歴史的解放と密接につながったものと理解されている。解放の神学は個人の営為ではなく、メデジン会議（一九六八年）[163]に代表される教会指導者たちの共通認識に立脚した神学でもある。著作としての解放の神学を代表するのはグスタボ・グティエレスであり、その他にも多くの神学者たちが登場して一つの学派を形成するに至っている。今や解放の神学はラテンアメリカにとどまらず、世界各地の主要な大学や神学校で学ぶことができる現代を代表する神学の一つである。

グティエレスは救いを巡るこれまでの議論を振り返りながら、それが量的理解から質的理解へと転換しなければならない点を指摘する。[164]かつて救いは信者の数、教会が支配する領域の広さなどの指標によって語られていた。キリスト教世界と非キリスト教世界との分離の現実を前提に、救われるものの数を増し「異教徒」の世界に福音を伝搬することがすなわち救いをもたらすことであった。ここで救いは来世の生であり、終末時の裁きを逃れるために道徳的な暮らしを送ることに注意が払われていた。しかし本来の救いは普遍的であり、特定の集団や地域を超えた人間と神との交わりの回復、人間同士の交わりの回復を意味している。このことを自覚させたのは「無神論的チャレンジ」であったが、ここからキリスト教は、救いは本来歴史における現実でなければならず、宗教的分野に限定してはならないことを学んだのだ、という。

グティエレスが前提とするのはラテンアメリカにおける貧困と暴力の現実であり、この現実の前では、悲惨さや搾取と闘い平和に満ちた社会を建設すること、つまり解放こそが重要なのであり、それらは救いの業の一部でなければならなかった。「救いはすべての人を全人的に包摂する。キリストは、人間の真の生にとって付け足しにすぎないような歴史にではなく、まさにこの歴史の内に人間となった。そのキリストの救いの業は、人類の歴史の流れのまさにその核心に位置している。公正な社会のための闘いは、まさにこの固有の権利としてその歴史の一部分なのである」（一七七）。具体的な救いには、政治的、歴史的次元が不可欠だが、さらに罪からの解放と神と隣人との交わりの回復の次元、つまり「赦し」が不可欠である。グティエレスにとって罪とは「愛を否定する利己主義」のことであり、搾取や疎外に対する闘いはすべて結局のところ利己主義との闘いなのである（一八八）。

グティエレスにとって「解放無しの救い」は、福音が語る救いの概念を狭めてしまうものである。したがって、正義の実現を教会とは無縁の政治課題とみなして救いから切り離し、救いをもっぱら宗教的な次元に限定しようとする人びとは、あらゆる悲惨、略奪、疎外などの根本的解決はキリストのもたらした普遍的救いとは無関係であると宣言してしまっているのであり、このような人びとはキリストの業をイデオロギーから守ろうとしているつもりでも、逆にキリストの救いの業を矮小化しているのである（一八九）。グティエレスにとって解放は福音と同義語であり、解放は伝統的な神学用語としての救い（救済）を補う概念として不可欠なのである。キリスト教信仰にとって必要なことは「人間を非人間化し、父なる神の意志に従って生きることを妨げるあらゆるものからの解放の闘いに参加すること」であって、それ以上のものではないと考えられている（三〇八）。

2　ボフ、救いと解放

レオナルド・ボフはグティエレスとは異なるアプローチで解放の神学における救いの問題を述べている。[165]

ボフの問いは、救いと解放の関係である。われわれはこれまで彼岸的超越的救いとしての救済と政治的社会的な解放とを区別して用いてきたが、ここではボフの用語に従い「救い salvation」と「解放 liberation」を用いることとする。イエスによる救いは歴史的現実の中で実現するものでなければならない。福音書において救いは終末論的な概念だが、それが歴史の中で実現する過程が解放である。終末論的救いと歴史的解放との関係を考えるための大前提は、神と人間それぞれの歴史と現実があるのではなく一つであり、宗教と政治とは一つの世界の問題を扱うのであり、あるのは一つの現実の複数の次元であり、例えば「神の国」と「正義に基づく社会」とは一つの現実の異なる次元なのである。いわば彼岸的救いと此岸的救いの分離は存在しないということである。このように述べるボフは四つのモデルを通して救いと解放の関係を整理している。

（1）カルケドンモデル

救いと解放の関係はイエス・キリストの人格において最も十全にあらわれている。キリスト論を巡る古代信条をモデルにボフは救いと解放の関係を説明する。カルケドン会議はイエス・キリストの人性と神性との関係を「混同されず、変化せず、分割されず、分離されない」と定式化した。神性と人性、二つの性質は一人の人格において統一されたのである。両性の結合を明らかにするのが受肉の概念であり、位格の教理に限らずすべての神学はこの理解の上に成り立っている。

このモデルに従えば、救いと解放とは異なっており、両者は決して混同されてはならないものである。しかし両者は分たれること無く結びついている。したがって、歴史的な解放抜きの救いを主張することは「単性論的」誤りであり、終末論的救い抜きの歴史的解放だけを主張することは「ネストリウス的」誤りなのである。「救済は本質的に歴史的解放を含んでいる。われわれの救い主イエスはわれわれの解放者でもある。彼において解放と救いとは結び合わされているのである」。

福音書は、目の見えない人の治癒などそれ自体宗教的ではない行為によって「神の国」の現臨を描き出しているが、同様に歴史的解放を通し、しかしそれを越えたところに救いの出来事が存在する。歴史的解放は「先取りされた救い」であって未完成ではあるが、この解放なくして救いは実現しないし、神は解放の業抜きに突如終末論的な救いをもたらすことができないのである。完全な解放が救いであるとしても、両者の間には序列がない。

解放と救いの間に区分は無く、分離されず、しかし混同されず、互いに変化を及ぼさないのである。[166]

（2）サクラメントモデル

カトリック神学者であるボフは秘跡論を重視するが、ここでもサクラメントがモデルとなる。サクラメントの原型はやはり受肉した神の子イエスであり、イエスこそは神と人とが完全に一体となったことを示す究極のサクラメントである。サクラメントとは、目に見えない神の救いの業を可視的に示すものだが、ボフはこれを特定の事象に限定したり排他的な道筋によってのみ説明することはできないと強調する。神の恵みの現れがサクラメントであるならば、それは教会が定めたものに限定されるのではなく社会的歴史的事件の中にも見いだし得るものである。神の恵みは常に自由でありそれを媒介する何者かによって制限されることはあり得ないからである。神の恵みは歴史的社会的現実の渦中に現れるとして、しかしいわゆる社会的発展が神の恵みの結果であると考えることは危険である。社会の発展は自己本位な欲望や権力志向の結果としてもたらされることもあるし、時にそれは神の国の到来を妨げる力にもなり得るからだ、とボフは考えている。このような論述によって、楽観的な進歩史観、マルクス主義的社会思想と一線を画すことが意識されているに違いない。

歴史の進展、あるいは発展それ自体が神の恵みなのではない。必要なのは悔い改めであり、それは、ヨハネ的意味における「世」に対する抵抗であり、「世」の力によって苦しむ人びとと運命をともにする覚悟を意味している。正義の実現は人間の愛を強め、神へと向かう力をも深める。その意味では地上における「神の国」の実現と直接的につながる要素と言えるだろう。したがって正義は、歴史的な制約を受けながらも神の愛のサクラメントとなり得るのである。もちろんサクラメントはもろさを持っており、それ自体常に危険にさらされていることを知っておく必要がある。重要なことは、サクラメントと神の恵みとを単純に結びつけてはならないということである。恵みは歴史的解放から離れて存在することはあり得ないが、歴史的解放が常に神の恵みのサクラメントとはいえない。神の恵みは特定のしるしから独立したものなのである。[167]

（3）アガペーモデル

このモデルはマタイ福音書二五章の「諸国民への裁き」をベースに展開されている。神を愛することと隣人、しかも「小さくされた」人びとを愛することとは同一である。神が抑圧された人びとに連帯しているからではなく、抑圧された人びとと同一化しているからである。神への愛と隣人への愛の不可分な関係性が、救いと解放の不可分さを現すモデルとなる。[168]

（4）人間学的モデル

ここでは肉体と霊との不可分の関係から救いと解放の関係が論じられる。人は肉体と霊とを併せ持っているのではなく、肉体と霊とからなる一つの存在なのである。霊は肉体のうちに存在するが、それは肉体に従属しているのではない。霊は肉体を超え人間存在を完成、そして神へと導くのである。人間学的モデルは一体感と差異性とを示すためのモデルであり、一人の人間が終末的救済と歴史的解放とを共に生きていることを知るためのモデルである。終末論的救済は歴史的解放の枠組みによって制限されるものではない。それは、霊が肉体によって形作られたのではないことと同じである。霊が肉体を超越するように、救いは解放を超越する。そして両者は一つの歴史において人間の二元性の統一を表現しているのである。[169]

ボフは四つのモデルを示したあと、このような主知主義的なモデルは終末論的救いと歴史的解放の関係における神秘的な特徴を妨げるものではないと付言している。救いと解放は深くつながったものでありながらそれぞれが異なるアイデンティティを持っていることを否定し合うものではなく、この緊張関係こそが神の国へと向かう旅路の原動力である、とボフは考えている。この時点でボフは解放と救いの分離を厳しく警戒するが、解放と救いとはそれぞれ異なる内容を持つ二つのことがらであることを前提としている。此岸と彼岸、社会に関する問題と教会に関する問題という二分法は相変わらず存在しているようにも思える。しかし彼にとって、イエス・キリストによって明らかにされた永遠の救いはこの世の歴史のただ中で解放という形で実現するものである[170]。解放無しの救済、正しい実践無しの正統な教理は存在しない。その意味で解放は救済実現のための必要条件だが、救済が解放の十分条件とはいえないのである。

カトリック神学としての解放の神学は、構造的暴力と闘う現場の働きとそれに連帯する教会、聖職者、信徒たちを神学的に正当化することに注力してきた。したがって彼らの著作には聖書とともに多数の教皇庁の文書、教父たちの著作が引用されている。「救い」と「解放」を切り離そうとする立場に対し、ボフが伝統的な主題を通して反論を構築するのもそうした理由によるものと考えられる。解放の神学は一つの学派として組織神学の構築をも試みているが、キリスト教文化を背景とした南米大陸のカトリック神学として、ローマ教皇庁という巨大な権威に対抗する構えとして、当然の戦術だと言えるのかもしれない。少数者の側に立って闘う神学であるにも関わらず、解放の神学の立ち位置としてはマジョリティーとしてのキリスト教によるマジョリティーに対する語りとなっていることは見逃せない。解放の神学は正統的カトリック神学の枠組みを堅持しようとしているように思われる。

教会が専念すべき「救い」は、政治の領域と考えられてきた「解放」抜きにはありえないのであり、「救い」を至上命題とする教会にとって「解放」は真っ先に取り組まなければならない主題である、と解放の神学は主張する。しかしわれわれはこの地点からさらに先へと進みたいのである。

六、有機的神学に向けて

以上、救いを巡る神学的議論の観察を通して明らかになったことは、聖書は解放と救済の両方に関心があったということである。それは両者が共に人間の生において欠くことのできない重要な要素だからである。しかもそれは救済者による一方的な運動だけではなく人間の主体的行動、実践と深く結びついたものでもあった。人間は自らが直面した苦境から脱することを願い、苦闘しながら希望を見出し、あるいは絶望するが、それは決して孤独な闘いではなく連帯を呼び覚ますものでもある。イエスと民衆がともに経験した解放の出来事はこのようにして生じたのである。伝承者はこれを超越者による救済の働きとして解釈し、初代教会はそれを永遠の命という表象で言語化した。このことは、教会の一員となることが救済であるという完全社会論へと発展するが、教会が自らの領域を彼岸的なものへと限定する過程の中で解放の次元は次第に欠落していったのであった。神学者たちはこの問題を様々に論じてきたが、それは彼岸的救済を中心とする思想と社会的解放をも重視する立場とに大別されている。モルトマンは人間にとっての救いはその実現のための闘争を含んでいると考えたし、スヒレベークスは、救いは教会が語る教説ではなく人間の経験でなければならないと語った。そして解放の神学は「解放なしの救い」を批判する立場を明確にすることで聖書のメッセージを回復し、救済論の発展に大きな貢献を果たしたのである。キリスト教世界の崩壊と同時に他宗教との交渉のみならず脱宗教的人びとからの問いかけに直面するキリスト教にとって、解放の次元を正しく位置づけることのできない救済論は説得力を持ち得ないからである。

神学的議論において救済の問題はそれぞれの論者によって明らかな特徴を示している。それは信仰的世界観において救いの問題は核心に触れる要素であり、神学者自身の、そして神学の文脈としての教会が置かれたそれぞれの状況が直接的に反映することになるからである。われわれは、伝統の刷新を試みる神学、西洋中心のキリスト教世界を背景としない日本の神学、そして解放の神学の見解を学んできたが、もちろんこれが救済の神学のすべてではない。

インド出身の聖公会神学者ペルムバラスは、「救い」を巡る神学的アプローチを次のように分類する。(171) ブルトマンに代表される実存主義神学によれば、「救い」とは過去に行われた客観的出来事ではなく、人間一人ひとりの自由として自覚される実存的出来事である。キリストの出来事（十字架）とは人間の自由の可能性そのものであったが、われわれがそれを認めることにより死から自由になり真実の自己と出会うことが可能となる。重要なことは、史的事実としてのキリストの十字架ではなく、十字架のシンボリズムが示すことがらに対するわれわれの決断である。しかしこの立場はあまりに個人主義的であって聖書の価値を著しくおとしめる欠点がある。グティエレスに代表される解放の神学によれば、「救い」とは政治的、社会的、経済的解放である。ここでは旧約聖書の物語やイエスの生涯を歴史的解放の諸事件とみなしており、福音の本質はかつて二次的な扱いを受けていた被抑圧者によって判断されることになる。ここでは「救い」とは分断を克服するもの、魂と肉体のような二元論を乗り越えるものと考えられている。しかしこの立場は福音を倫理の次元にとどめてしまい、信仰の超越的次元を拒絶する欠点がある。ホワイトヘッドに代表されるプロセス神学によれば、「救い」は創造的な自己実現と革新である。ここでは利己的愛 selfish love ではない自己愛 self-love としてのエロスが重視され、イエスは究極的な自己実現を遂げたモデルと解釈される。これは聖書が理想とする自己犠牲と私的充足としての幸福の追求との関係を問うアプローチだが、ここからは他者のために自らを与える動機が見いだせないという欠点がある。福音主義神学によれば、「救い」は人間の罪によって破壊された神との関係の回復である。この立場はキリストによる和解の働き、贖罪死に強調点がある。これらは伝統的な教義学主題と密接につながっているが、実際の人間的感覚とのずれにおいて弱点がある。

たしかに彼が言うように、これらの立場にはそれぞれの長所と短所とがあるだろう。したがって、救いを巡る神学を論じる上で単一の神学的主張だけを取り上げることは偏りであるという慎重な立場も選択可能ではある。しかし、既存の神学的見解を横並びに論じ、それぞれの長所と短所とを並べ、あるいは接合することが神学的作業なのではない。なぜならば、これらはそれぞれの具体的状況が生み出した神学であり、救いを巡る捉え方や強調点が異なることは当然と言えよう。したがってわれわれの課題は、既存の言説の中に何かを求めようとするのではなく、われわれ自身の状況と立ち位置とに敏感になりながら、自分たちにとっての信仰と救いの問題、すなわちキリスト教理解そのものを新たに論じることとなる。グティエレスもボフもヨーロッパで学位を取った知識人でありエリートだが、しかし彼らは同時にペルーのスラムやアマゾンの奥地で働く司牧者でもある。ベリマンはグラムシの言葉を借りて彼らを「有機的知識人」と呼ぶが[172]、われわれはこれに深く同意し、人々の生の現実との有機的な関連の中で生み出される神学こそが生きた力を持つ公共的言説となると考えたい。われわれが目指すのは人々の現実との有機的つながりを持つ「有機的神学」としての「主体化の神学」なのである。われわれの課題は救いを巡るキリスト教の過去の言葉を論じることではなく、キリスト教が語ってきた救いを巡る言説とわれわれ自身が体験している救いの出来事とについて、現代の脱宗教的社会とも共有可能な言葉として表現し直すことである。われわれが目標とする救済論の現代的再解釈を主体化という言葉を中心にさらに進めてみよう。

参考文献

【邦語】
グスターフ・アウレン『勝利者キリスト』（佐藤敏夫、内海革訳、教文館、一九八二年）
ヴィンセンテ・アリバス「スヒレベークス思想の変遷」E・スヒレベークス『イエス　第三巻』（新世社、一九九九年）
一條英俊「大東亜書翰と『バルト神学』上・下」《福音と世界》（新教出版社、二〇〇五年）
岩井淳、山崎喜比古「健康生成モデルと中心概念 Sense of Coherence」《保健医療社会学論集》八（日本保健医療社会学会、一九九七年）
岩島忠彦「キリストの救いを、今日どのように理解するか：E・スキレベークスの場合」《カトリック研究》四二（上智大学神学会、一九八二年）
岩野祐介「内村鑑三における万人救済」《神学研究》五六（関西学院大学、二〇〇九年）
魚木忠一『日本基督教の精神的伝統』（原著：基督教思想叢書刊行会、一九四一年。復刻：大空社、一九九六年）
マックス・ウェーバー『宗教社会学論選』（大塚久雄、生松敬三訳、みすず書房、一九七二年）
内村鑑三「戦場ヶ原に友人と語る　神の無窮の愛について」『内村鑑三全集』十六巻（岩波書店、一九八二年）
――――「救済の事実」『内村鑑三全集』十七巻（岩波書店、一九八二年）
――――「人類の救拯」『内村鑑三全集』十九巻（岩波書店、一九八二年）
――――「救済の確信」『内村鑑三全集』二二巻（岩波書店、一九八二年）
――――「救わるるとは」『内村鑑三全集』二二巻（岩波書店、一九八二年）
――――「再び万人救済説について」『内村鑑三全集』三〇巻（岩波書店、一九八二年）
大木英夫「教会と国家の分離」《神学》五四（東京神学大学、一九九二年）
大橋幸泰『キリシタン民衆史の研究』（東京堂出版、二〇〇一年）
賀川豊彦記念松沢資料館（編）『日本キリスト教史における賀川豊彦』（新教出版社、二〇一一年）

資料集「賀川豊彦全集」と部落差別―『賀川豊彦全集』第八巻の補遺として―（キリスト新聞社、一九九一年）
香山洋人「あなたはどこにいるのか」《キリスト教学》五二号（立教大学キリスト教学会、二〇一〇年）
――「パラダイム転換としての民衆神学　上・下」《キリスト教学》四八号、四九号（立教大学キリスト教学会、二〇〇六年、二〇〇七年）
川合恵生「キリシタン時代における『魂の不滅性』についてーペドロ・ゴメスの『デ・アニマ注解』研究―」《東京女子大学紀要論集》七〇（東京女子大学、二〇一九年）
北川直利「ワッハの『救済の人間学』の構造　ウェーバー批判との関連において」『解脱と救済』（楠正弘編、平楽寺書店、一九八三年）
北森嘉蔵『救済の論理』（教文館、一九六二年）
――『神の痛みの神学』（講談社学術文庫、一九八六年）
ハンス・キュンク『教会論　上・下』（石脇慶總、里野泰昭訳、新教出版社、一九七六年）
J・C・L・ギブソン『ヨブ記』（滝沢陽一訳、新教出版社、一九九六年）
グスタボ・グティエレス『ヨブ記：神をめぐる論議と無垢の民の苦難』（山田経三訳、教文館、一九九〇年）
倉橋克人「日本キリスト教史における賀川豊彦」『日本キリスト教史における賀川豊彦』（新教出版社、二〇一一年）
ラルフ・クライン『バビロン捕囚とイスラエル』（山我哲雄訳、リトン、一九九七年）
クリフォード、マーカス編『文化を書く』（春日直樹他訳、紀伊国屋書店、一九九六年）
小幡藤子『出エジプト記　レビ記』（岩波書店、二〇〇〇年）
佐藤敏夫『救済の神学』（新教出版社、一九八七年）
佐藤敏夫、高尾利数編『教義学講座I　教義学要綱』（日本基督教団出版局、一九七〇年）
島薗進『現代救済宗教論』（青弓社、二〇〇六年）
J・G・ジャンセン『ヨブ記』（飯謙訳、日本基督教団出版局、一九八九年）
田川建三『新約聖書　訳と註四　パウロ書簡　その二／疑似パウロ書簡』（作品社、二〇〇九年）

デイヴィッド・チデスター『サベッジ・システム』（沈善瑛、西村明訳、青木書店、二〇一〇年）
デンツィンガー（編）『カトリック教会文書資料集：信経および信仰と道徳に関する定義集』（浜寛五郎訳、エンデルレ出版、一九八二年）
エルンスト・トレルチ『トレルチ著作集　二』（高森昭訳、ヨルダン社、一九八六年）
鳥飼慶陽『賀川豊彦と現代』（兵庫部落問題研究所、一九八八年）
『どちりなきりしたん』（海老沢有道校註、岩波文庫、一九五〇年）
ジグムンド・バウマン『リキッド・モダニティ』（森田典正訳、大月書店、二〇〇一年）
羽賀力『救済の物語』（日本基督教団出版局、一九九七年）
狭間芳樹「近世日本のキリシタン信仰と救贖思想」《アジア・キリスト教・多元性》七（京都大学、二〇〇九年）
ハビアン『妙貞問答、下』（海老沢有道訳、平凡社、一九六四年）
バルト神学受容史研究会編『日本におけるカール・バルト：敗戦までの受容史の諸断面』（新教出版社、二〇〇九年）
E・S・フィオレンツァ『石ではなくパンを』（山口里子訳、新教出版社、一九九二年）
ヴィクトール・フランクル『意味による癒し　ロゴセラピー』（山田邦男監訳、春秋社、二〇〇四年）
E・ベートゲ編『ボンヘッファー獄中書簡集　抵抗と信従』（村上伸訳、新教出版社、一九八八年）
フィリップ・ベリマン『解放の神学とラテンアメリカ』（後藤政子訳、同文館出版、一九八九年）
レオナルド・ボフ、クロドビス・ボフ『入門解放の神学』（大倉一郎、高橋弘訳、新教出版社、一九九九年）
レオナルド・ボフ『教会　カリスマと権力』（石井研吾、伊能哲大訳、エンデルレ書房、一九八七年）
W・E・ホーダン『現代キリスト教神学入門』（布施涛雄訳、日本基督教団出版局、一九六九年）
アリスター・マクグラス『宗教改革の思想』（高柳俊一訳、教文館、二〇〇〇年）
アリスター・マクグラス編『現代キリスト教神学思想事典』（新教出版社、二〇〇一年）
カール・マルクス『ヘーゲル法哲学批判―序説』（的場昭弘訳、作品社、二〇一三年）
宮下聡子『ユングにおける悪と宗教的倫理』（教文館、二〇〇九年）

ユルゲン・モルトマン『希望の神学：キリスト教的終末論の基礎づけと帰結の研究』（高尾利数訳、新教出版社、一九六九年）
――――『イエス・キリストの道：メシア的次元におけるキリスト論』（蓮見和男訳、新教出版社、一九九二年）
山口里子「新しい聖書の学び　第四回『出エジプトの物語』」《福音と世界》二〇〇八年七月号（新教出版社、二〇〇八年）
アーニャ・ルーンバ『ポストコロニアル理論入門』（吉原ゆかり訳、松柏社、二〇〇一年）
マシュー・ラム『社会変革を目指す解放の神学：被抑圧者との連帯』（山田敬三訳、明石書店、一九八七年）
R＝R・リューサー『性差別と神の語りかけ』（小檜山ルイ訳、新教出版社、一九九六年）
ルーテル／ローマ・カトリック共同委員会「義認の教理の基本的諸真理に関する合意」『義認の教理に関する共同宣言』（ルーテル／ローマ・カトリック共同委員会訳、教文館、二〇〇四年）
A・ワイザー『ヨブ記：私訳と註解』（松田伊作訳、ATD・NTD聖書註解刊行会、一九九二年）
日本聖公会『祈祷書』（日本聖公会管区事務所、一九九〇年）

【韓国語】＊著者、書名等の漢字表記、邦訳
香山洋人「民衆神学の教会理解」（未公刊修士論文、聖公会大学神学大学院、一九九八年）

【英語】
Boff, Leonardo., Church : Charism and Power, Diercksmeier（trans.）, SCM Press, 1985.
Boff, L. & C., Salvation and Liberation : In Search of a Balance between Faith and Politics, Robert Barr（trans.）, Orbis, 1984（1979）.
Bosch, D.J., Transforming mission : paradigm shifts in theology of mission, Orbis, 1991.
Ellacuria, I., The Church of the Poor, Historical Sacrament of Liberation, Ellacuria, Sobrino, ed., Mysterium Liberationis, Orbis, 1993.
Fabella, Sugirtharajah, ed., The Dictionary of Third World Theologies, Orbis, 2003.

Hatch, ed., A Concordance to the Septuagint, 2nd Edition, Baker Books, 1983.
Hick, J., Philosophy of religion, 4th edition, Pearson, 1989.
Jenkins, P., The Next Christendom, The Coming of Global Christianity, Oxford Univ Press, 2011.
Kittel, G. ed., Theological dictionary of the New Testament, G. W. Bromiley（trans.）, W.B. Eerdmans, 1987.
Küng, H. and Tracy, D. ed., Paradigm Change in Theology, Köhl, M.（trans.）, T.T. Clark, 1989.
Rahner, K., ed., The Encyclopedia of Theology, The Sacramentum Mundi, Crossroad, 1991.
Richardson, A. ed., A New Dictionary of Christian Theology, SCM, 1983.
Russell, Clarkson, ed., Dictionary of Feminist Theologies, Westminster John Knox Press, 1996.
Schillebeeckx, E., Jesus : An Experiment in Christology, Hubert Hoskins（trans.）, New York : Seabury Press, 1979.
Schillebeeckx, E., Christ : The Experience of Jesus as Lord, John Bowden（trans.）, Crossroad, 1980.
Schillebeeckx, E., Church : Human story of God, John Bowden（trans.）, Crossroad, 1990.
Simon, D. J., Salvation and Liberation in the Practical-Critical Soteriology of Schillebeeckx, Theological Studies, 63, 2002.
Stanley, D., Salvation and Hearing, The WAY, vol.10, No4, 1970.
Watt, J.G. ed., Salvation in the New Testament : Perspectives on Soteriology, Leiden, Boston : Brill, 2005.

注

（1）島薗進『現代救済宗教論』七～九頁。
（2）ヒック『宗教の哲学』五頁。
（3）バウマン『リキッド・モダニティ』。
（4）ウェーバー『宗教社会学論選』五八～五九頁。
（5）北川直利「ワッハの『救済の人間学』の構造」三六～三七頁。

（6）マルクス『ヘーゲル法哲学批判―序説』二三八～二四〇頁。マルクスにとって宗教批判は人間の理性の回復であり「天動説」から「地動説」への転換を意味するものであった（同、二四一頁参照）。この時点でマルクスは「ドイツ国民」の解放を語っているのであって批判されているのは当時のドイツ社会におけるキリスト教のあり方であった。マルクスはここで具体的な状況を捨象し抽象化された宗教一般を批判しているのではない。

（7）この点に最も敏感なのは文化人類学だろう。クリフォード、マーカス編『文化を書く』で論じられているのは植民地主義的価値の提供者であった文化人類学による自己批判であり、チデスターの『サベッジ・システム』は植民地主義との共犯関係を明らかにすることで比較宗教学の新たな方向性を示そうとしている。神学においては「黒人神学」「解放の神学」「フェミニスト神学」「クイア神学」「民衆神学」などが状況と語り手、聞き手の関係に注目する姿勢を重視しているが、他の学問領域に比べ取り組みは不十分だと言わざるを得ない。

（8）拙稿「あなたはどこにいるのか」。

（9）いわゆるコルプス・クリスチアヌム的世界の崩壊については宗教改革期にその端緒を見ることも可能だという（大木英夫「教会と国家の分離」十七頁）。政教分離の考えから、教会は社会組織の一部であるとする立場は本研究の脱宗教的世界に通ずるものと言えよう。

（10）多くの新約学者はマルコ福音書十六章を後代の付加と考えている。しかし、この排他的命題がマルコ本来の伝承でないとしても、それゆえ編集加筆の必要を感じた初代教会指導者の思想を明確に反映したものであることは間違いない。断りのない限り聖書からの引用は『新共同訳』（日本聖書協会）による。

（11）ウェーバー、前掲書、六二頁。

（12）ある統計によれば地球総人口に対するキリスト教徒の割合は三割程度であり、教理的原則に照らせば人類の七割は救いから除外された状態に置かれていることになる。

（13）World Christian Database（http://www.worldchristiandatabase.org）, Philip Jenkins, The Next Christendom, p.3, Pew Reseach Center "Religious Composition by Country, 2010-2050"（https://www.pewforum.org.）

（14）もちろん信者数の比率だけでは実態はつかめない。例えばローマカトリック教会において枢機卿の出身地域分布は、二〇〇九年時点でヨーロッパ五四％、北米十三％であり教会政治の主導権は相変わらず欧米にあることが分かる（Chatholic Almanac, Jenkins, p.242）。とはいえ二〇一三年に南米大陸から初めての教皇が選出されたことは大きな変化の兆しと言えるだろう。

(15) 神学のパラダイムシフトを巡っては多様な分析が可能である。キュンクは歴史の推移から、初代教会、正教会、ローマカトリック教会、プロテスタント教会、リベラル神学、現代神学のようにパラダイムが変わってきたと分析し、一方モルトマンは、教派神学時代からエキュメニカル神学時代、西欧中心の時代から全人類の時代、機械主義からエコロジカルな世界観への移行（モルトマンは paradigm change ではなく transition という）をあげている（Hans Küng and David Tracy, Paradigm Change in Theology, pp.212～225.）しかしこれらはキリスト教世界内の変化を論じたものでしかない。

(16) ルーンバ『ポストコロニアル理論入門』三〇五頁。

(17) キリスト教は、仏教、イスラーム、ヒンドゥーとともにアジア生まれの宗教であり、アフリカやアジアへの展開は初代教会にさかのぼる古い現象である。したがって、アフリカやアジアへの重点の移動は驚くべき現象ではないとも言えるだろう。

(18) 拙稿「パラダイム転換としての民衆神学」。

(19) 「救済論」マクグラス編『現代キリスト教神学思想事典』。

(20) マクグラス『宗教改革の思想』一三五～一三六頁。

(21) ‘Salvation’, The Encyclopedia of Theology, pp.1504～1506.による。

(22) ‘Salvation’, The Dictionary of Third World Theologies, pp.180～182.による。

(23) フォン・ラートが「歴史的小信仰告白」と呼んだ申命記二六章五～一〇節は救いの原体験としての「出エジプト」を想起させている。もちろん「出エジプト」体験を「逃亡奴隷と難民合流による新天地での開拓農民共同体形成」の物語（山口里子「新しい聖書の学び」六七頁）と捉えた場合でも、「救い・解放体験の原型」としての意義は変わらないだろう。

(24) 小幡藤子『出エジプト記　レビ記』四一六頁。

(25) クライン『バビロン捕囚とイスラエル』一八五頁以下。

(26) 飢饉に限らず地震や津波、火山噴火のような大規模自然災害が引き起こす被害は政治的経済的条件によって大きく左右される。気象予報、地震や噴火の予知と避難勧告を巡る問題、防災に対する行政（国家）の責任はもちろんのこと、豪雨や干ばつを引き起こす気候変動における人的要素の問題を加えるならば、自然災害の被害には少なからず「人災」によるものが含まれる現実を想起する必要がある。

(27) 例えば、Leonardo & Clodovis Boff, Salvation and Liberation, p.57.

(28) Stanley, Salvation and Hearing, pp.298～299.

(29) この点については後述する。

(30) 本章では引用を除き、身体的救い以外の彼岸的、超自然的、終末論的意味の救いを「救済」と表現する。

(31) 「新共同訳」における「救い」の類語は原文に無い言葉を補う例（2Co2 : 16, Eph1 : 10, 1Tm1 : 4）の他、「贖い」（Lc2 : 38）、「満ち足りる」を「救い」としている例（Rm11 : 12, 25, 26）がある。

(32) Theological Dictionary of New Testament, p.990.

(33) Hatch, Redpath, A Concordance to the Septuagint, 2nd ed.

(34) Mt6 : 13, 27 : 43.

(35) Lc1 : 74, 11 : 4.

(36) Ga1 : 4.

(37) Mt15 : 25, Mc9 : 22, 24.

(38) Ac16 : 9, 2Co6 : 2.

(39) Ac21 : 28, Heb2 : 18, Rev12 : 16.

(40) 田川建三『パウロ書簡／疑似パウロ書簡』二九頁。

(41) Rm3 : 24 他。

(42) 後にルター派は信仰による「義認」は神によってのみ生じるとし、ローマ・カトリック教会もそれに同意している。両教会は、義とされることは「罪の赦し、罪と死の力による支配からの解放、律法の呪いからの自由、神との交わり、復活、聖霊授与、教会に受け入れられること」を含んでいると語っているが、これがパウロ的救済観における救いの実像と考えていいだろう。「義認の教理の基本的諸真理に関する合意」参照。

(43) γνῶσιν σωτηρίας.

(44) λαῷ αὐτοῦ ἐν ἀφέσει ἁμαρτιῶν αὐτῶν.

(45) ルカ二四章四七節「罪の赦しを得させる悔い改め」参照。

(46)「除去する」と訳される αἴρω は「担う、受け取る」の意味でも用いられている（Mc2 : 3, 6 : 8, 29, 8 : 34, 15 : 21, Mt27 : 32, Lc5 : 24, 9 : 23, Jh5 : 8, 19 : 15, 38 など）。イエスが「世の罪」をどのように除去するのか、贖罪論的イメージを構成する重要な概念と言えるだろう。

(47) Mc2 : 5, Mt9 : 2 は「あなたの罪は赦される」、Lc5 : 20 は「人よ、あなたの罪は赦された」。

(48) ルカ七章四八節においても「あなたの罪は赦された」。

(49)「正しい行為、正しい実践」は解放の神学が提唱する ortho-praxis によっている。ここでいう正しさは必ずしも道徳的正しさではないし現代の視点から見た倫理的正しさでもない。ラム『社会変革を目指す解放の神学』。

(50) ἡ πίστις σου σέσωκέν（Mc5 : 34, 10 : 52, Mt9 : 22, Lc7 : 50, 8 : 48, 17 : 19, 18 : 42）。

(51) 結果としての現象から原因が証明されると考えるのは、ルカ六章四四節「木は、それぞれ、その結ぶ実によって分かる」、マタイ七章一六節「あなた方は、その実で彼らを見分ける」、ヤコブ二章一八節「わたしは行いによって、自分の信仰を見せましょう」など。

(52)「中風の人に『あなたの罪は赦される』と言うのと、『起きて、床を担いで歩け』と言うのと、どちらが易しいか」（マルコ二章九節）。イエスは当事者の身体的健康の回復にとって不要な罪の赦しの宣言をあえて行っている。

(53) マルコ一章二七節、「人々は皆驚いて、論じ合った。『これはいったいどういうことなのだ。権威ある新しい教えだ。』」。あるいはマタイにはファリサイ派やサドカイ派がイエスにしるしを要求する記事がある（一二章三八節、一六章一五節）。

(54) この点についてはマルコ福音書五章を例にあらためて論じる。

(55) 新共同訳による。「キリストへの信仰による義」という伝統的な解釈に反し田川建三は「キリストの信による」義、「キリストの信から義とされる」という訳を提案している。釈義上の新しい可能性はいわゆる「信仰義認論」の再検討を促す試みとなる。いわゆる「信仰のみ sola fide」の立場は救いが神の側からの一方的な働きであることを強調するが、「信(仰)」と「義(とされること)」との関係について多様な解釈が可能であることは重要な論点となる。本研究はこの問題についてはパウロ文書に対する釈義的アプローチによってではなくイエスのたとえ話に対する物語的解釈によって検討した。

(56) Gal : 4, Rm4 : 25, 5 : 8, 8 : 32, Eph5 : 2, 1Co15 : 3.

(57) G. van der Watt, "Salvation in the Gospel according to John", p.101.

(58) そこには、仕事や雇用の確保、労働者の団結権、農民が土地を持つこと、女性とこどもが抑圧されないこと、先住民の権利が保護されること、地球環境の保全、新自由主義に変わる新しい経済システムの構築などの具体的な課題が含まれている必要がある。

(59) 「救済論」マクグラス編『現代キリスト教神学思想事典』九九～一一一頁。'Salvation', The Dictionary of Third World Theologies, p.181.

(60) 日本聖公会『祈祷書』による。

(61) Gal : 4, Rm4 : 25, 5 : 8, 8 : 32, Eph5 : 2, 1Co15 : 3.

(62) 10 : 45, 14 : 24.

(63) 2 : 21.

(64) 日本聖公会『祈祷書』による。日本聖公会は一八九五年祈祷書に「アタナシオ信経」を含んでおり「使徒信経」に代えてこれを唱える日を定めていたが、その後削除された。しかし、第四二(一九九〇年)および第四五(一九九二年)定期総会の決議により「アタナシオ信経」を「歴史的文書」として祈祷書に添付することを定めた。

(65) 四一節。

(66) 'creeds', Richardson and Bowden, A New Dictionary of Christian Theology.

(67) デンツィンガー、二二二～二三〇(「カルタゴ教会会議について」)、三七〇～三九七(「オランジュ教会会議について」)。

(68) マクグラス、前掲書、五六～五七、一三九～一四〇頁。このテーマはルターによって「信仰義認論」として一つの結論を見ることになる。
(69) キュンクによれば、この命題は「ノアの箱舟」の新約聖書的解釈であり、分裂前の小集団である教会にとって必要不可欠な自己規定であった。その後もこの命題は「異端」との対決の文脈で繰り返されてきたが、新たな解釈の必要に迫られたのは「文明と道徳に富むすぐれた諸民族の住む新大陸」との出会いによるものであった（キュンク『教会論　下』八三～八六頁）。
(70) デンツィンガー、三一六五～三一七九。ルターの「二王国論」と基本的な考えは同じと言える。
(71) スヒレベークス『イエス　第二巻』二八～三〇頁。
(72) 贖罪論の類型分析については、アウレン『勝利者キリスト』を参照せよ。
(73) 歴史的検討において宗教改革者を含めなかったのは、彼らの救済論（義認論）は内容的には聖書釈義であってわれわれの議論においては再検討の必要がないからである。ルターの主張は教皇を中心とした教会の権威を相対化することであり、神殿を中心とした教権的体制を批判したイエスに倣い、教会の権威と聖書の言葉とを対置させたのである。こうしてパウロの神学を中心に展開された救済の実像は、「罪の赦し、罪と死の力による支配からの解放、律法の呪いからの自由、神との交わり、復活、聖霊授与、教会に受け入れられること」などと理解可能となる（「義認の教理の基本的諸真理に関する合意」）。これらは聖書釈義的な表現であってそれ以上ではない。
(74) 例えばキュンクは、「教会の外に救いなし」ではなく「教会の中に救いあり」という具合に否定文の命題を肯定文に変えることを提案している（『教会論　下』九一～九二頁）。しかしわれわれの目的は伝統的表現の言い換え以上のものである。
(75) 「救済」『トレルチ著作集　二』二四五頁。
(76) ラム、前掲書。
(77) 「ヨブ記」は全体としてこの問題を扱っているし、この点は「知恵の書」二章にも明らかである。
(78) マタイ二七章四二節「他人は救ったのに、自分は救えない。イスラエルの王だ。今すぐ十字架から降りるがいい。そうすれば、信じてやろう」」、他。

（79）「幸福の神義論」とは、自分の幸福（富、権力など）の正当性を神による祝福と捉える立場であり、これに対し苦難からの救いを求める立場から苦難に神的意味を見いだして合理化しようとする立場が「苦難の神義論」である（ウェーバー、前掲書、四一～四九頁）。

（80）「ヨブ記」の研究者にとって一章および四二章は寓話的枠組み、あるいはヨブ物語の民間伝承特有の詩的幻想と考えられており、それゆえ神学的解釈の対象とはしない立場もあるが、以下の論者たちはそうではない。ギブソンにとって、神への服従は祝福をもたらすという結末は、「善行と繁栄、苦難と罪」との緊密な均衡という伝統的な思想を堅持する上で不可欠なのである（ギブソン、四三八～四四一頁）。一方ワイザーは、ヨブの問題は自己主張にあるのだから、沈黙によってヨブと神との間に横たわる障壁が取り除かれ、ひたすら神の恵みの道具となったヨブに対する祝福のしるしが長寿と繁栄だと考えている（ワイザー、二四、五〇九～五一〇頁）。またジャンセンは、重要なのはヨブの沈黙ではなく、考えを転換して自分自身が「塵と灰である」と認めることだと考えている。なぜならそれは自己卑下ではなく人間の崇高な使命が苦難とともに受け入れられたことを意味するからであり（ジャンセン、三八六頁）、富の倍加は祝福における神の自由さを現わしているのだという（同、三九七頁）。しかしわれわれはこれらの解釈には同意し難い。

（81）解放の神学の立場から「ヨブ記」を「解放的」に解釈するグティエレスは、神の計画を合理的に解釈しようとする因果応報説からの自由が「ヨブ記」の主題であると捉え、悲嘆と落胆の現実においてそれらに支配されない主体を形成することが救いの過程であると考えているが（グティエレス『ヨブ記』二八八頁）、一章および四二章の問題は未解決であるように思われる。

（82）フランクル『意味による癒し』などを参照せよ。

（83）姜尚中は二〇〇一年「第一五一回衆議院憲法調査会」の参考人として発言した際、ナショナリズムは魔物であり劇薬であると述べている。宗教がしばしば強調する「彼岸的救い」やスピリチュアリズムが指向する世界も同様の機能と問題をはらんでいるのではなかろうか。

（84）救いを巡る神学的言説は、聖書釈義はもちろん「義認論、贖罪論、和解論、恩恵論」、さらには教会論、サクラメント論など神学の全領域に渡る独自の解釈と深く結びついている。「救いに関する公認された教理は存在しない」のは、エキュメニカル（全教会的）な統一的教理や神学が存在しないことの当然の帰結であり、神学は常に「今日における救い」を解釈し続けてきたし、教会はそのような解釈の共同体である。したがって救いを巡る神学的言説は無限に存在し、それらを一望にする作業は容易ではない。その中で、新約聖書から現代神学に至るまでの救済理解の変遷を宣教論の視点から簡潔にまとめたボッシュの研究は、救済論についての著作が十分とはいえない現状において貴重な貢献と言えよう（ボッシュ『宣教のパラダイム転換　下』二三五〜二五一頁。Bosh, Transforming Mission, Mission as Mediating Salvation, pp.393〜400.）。またキュンクの『教会』にも救済と教会の機能についての教理史的まとめがあり参考になる。

(85)『どちりなきりしたん』一一頁。原文は平仮名文語体だが漢字まじり口語体に直して引用した。

(86)『妙貞問答、下』一六。

(87)同、二一一。

(88)同、二二〇。

(89)同、二二三〜二三七。

(90)同、二五二。『妙貞問答』は一六〇五年に日本人によって初めて書かれたキリスト教教理入門書である。ハビアンはイエズス会士となり護教家の第一人者として活躍したが後に棄教、キリスト教に関する豊富な知識と活動経験を踏まえたキリスト教論駁の書『破提宇子』（一八六八年）を書きキリスト教弾圧に加わった。日本キリスト教史初の神学者であった彼の軌跡は日本における宣教を考える上で重要な視点を与えている。

(91)この点については大橋幸泰『キリシタン民衆史の研究』。

(92)『アリストテレスによる魂についての三巻本と小論が述べられた短い要綱』。

(93)これについては、川合恵生「キリシタン時代における『魂の不滅性』について」による。

(94)魚木忠一『日本基督教の精神的伝統』。

(95)狹間芳樹「近世日本のキリシタン信仰と救贖思想」。

(96)内村の救済論については、岩野祐介「内村鑑三における万人救済」一〇五〜一一九頁。

(97)「救済の事実」三六一頁。
(98)「救済の確信」三七〇頁。
(99)「人類の救拯」三四三頁。
(100)「戦場ヶ原に友人と語る　神の無窮の愛について」。
(101)「再び万人救済説について」。
(102)「人類の救拯」三三四～三四四頁。
(103)「救わるるとは」一二六頁。
(104)この点については、拙稿「民衆神学における教会理解」。
(105)北森嘉蔵の救済論については、北森嘉蔵『救済の論理』。
(106)同、四一頁。
(107)同、一三八頁。
(108)北森嘉蔵『神の痛みの神学』第二章は「神の痛みと歴史的イエス」であり、結論では野戦病院で激痛と格闘する兵士の姿にキリストの表情を見るという引用が紹介されているのだが（二五三頁）、後日、「神の痛みの神学」は「神の」痛みが中心であって人間の痛みの問題（倫理）は二次的な要素であり、この神学の課題が「分裂の統一」であるとしても分裂する世界の統一（平和）の前に「神と世界との統一」がなされなければならないと述べられている（「第三版への序」『神の痛みの神学』六～七頁）。すなわち北森において人間の痛みの問題は後退したのであった。
(109)「高倉徳太郎とその後継者のバルト神学受容の現実と問題」（二五四～二五五頁）および、一條英俊「大東亜書翰と『バルト神学』」。
(110)山本和の救済論については、佐藤、高尾編『教義学講座Ⅰ　教義学要綱』に山本が執筆した「救済論」の項を参照した。
(111)山本和「救済論」二四七～二五〇頁。
(112)同、二八五頁。

(113) ボンヘッファーの訳書において「信従」と訳されるDie Nachfolgeを「追随」としたのは山本の用語である。
(114) 佐藤敏夫『救済の神学』四三頁。以下、同書からの要約や引用は本文中にページ数のみを記す。
(115) 『聖書之研究』一九〇三年一月、信二二／一四〇。
(116) 羽賀力『救済の物語』一五頁。以下、同書からの要約や引用は本文中にページ数のみを記す。
(117) このような立場への批判は様々な論点から可能だろう。フィオレンツィはフェミニスト的・批判的注釈学を批判する「科学的客観性と科学的手法」を駆使する「定評ある高名な神学者たち」が聖書釈義上「守るべき条件」を提示しながら述べていることは、結局のところ護教的攻撃性に裏打ちされているにすぎないことを明らかにしている。一定の前理解を客観性の名によって隠蔽する手法を彼女は「ランケ的歴史理解」と呼び批判している（フィオレンツァ『石ではなくパンを』一七〇～一七三頁）。
(118) 岩井淳、山崎喜比古「健康生成モデルと中心概念Sense of Coherence」五四～六一頁。アントノフスキーは、疾病は特定の原因だけによるものではなく、同じ環境下でも疾病を発症する人としない人とがいる。したがってなぜ病気になるのかという疾病生成モデルではなく、なぜ健康なのかという健康生成モデルによるアプローチが重要だと考えた。この仮説の背景にナチスによるユダヤ人迫害の体験がある点は興味深い。
(119) 賀川豊彦の神学に対する再評価の機運が高まっている。二〇一一年出版の『日本キリスト教史における賀川豊彦』はその成果の一つであり、二〇一二年の日本基督教学会第六〇回大会は「賀川豊彦と二十一世紀のキリスト教の課題」を主題とした。
(120) 教義学者熊野義孝による評価（倉橋克人「日本キリスト教史における賀川豊彦」二八〇～二八一頁）。
(121) 倉橋、前掲書、三一二頁。
(122) 栗林輝夫「日本の解放神学者賀川豊彦」四九一頁。
(123) 竹中正夫「賀川豊彦における基督教倫理」二一頁。
(124) 賀川豊彦「解放としての福音」二〇〇頁。栗林輝夫前掲書、四七一頁より再引用。
(125) 鵜沼裕子「賀川豊彦試論」二四〇頁。

(126) 栗林、前掲書、四九一頁。

(127) 加山久夫「日本キリスト教史における賀川豊彦―再評価は可能か」一四～一五頁。

(128) 資料集「『賀川豊彦全集』と部落差別―『賀川豊彦全集』第八巻の補遺として―」。

(129) 鳥飼慶陽『賀川豊彦と現代』。

(130) 鵜沼、前掲書、二三二頁。

(131) ホーダン『現代キリスト教神学入門』一三頁。

(132) 'sin', Russel and Clarkson（ed）, The Dictionary of Feminist Theologies.

(133) リューサー『性差別と神の語りかけ』二二七～二三三頁。

(134) 宮下聡子『ユングにおける悪と宗教的倫理』。

(135) リューサー、前掲書、二四〇頁。

(136) Ingnacio Ellacuria, The Church of the Poor, Historical Sacrament of Liberation, Ellacuria, Sobrino（ed）, MYSTERIUM LIBERATIONIS, p.544.

(137) 'The Reign of God', The Sacramentum Mundi, pp.1354～1356.

(138) モルトマン『希望の神学』四～六頁。以下同書からの要約や引用は本文中にページ数だけを示す。

(139) 同『イエス・キリストの道』三一一頁。

(140) 同、五一九頁。

(141) Edward Schillebeeckx, Jesus：An Experiment in Christology, Christ：The Experience of Jesus as Lord, Church：Human story of God.原著はすべてオランダ語だがここでは英訳および邦訳、特にアリバスによるスヒレベークス神学の解説を参考にする。

(142) スヒレベークス『イエス　第一巻』一～三三頁。

(143) アリバス「スヒレベークス思想の変遷」二五八～二五九頁。

(144) 同、二九九～二三〇頁。Church, p.7、Jesus, p.177、『イエス　第一巻』二二〇頁。

(145) Jesus,p.35、『イエス　第一巻』二六頁。
(146) 一九八二年に作られた図書目録は三九一タイトルに及ぶという。アリバス「スヒレベークス思想の変遷」二六一頁。
(147) 岩島忠彦「キリストの救いを、今日どのように理解するか」。岩島の論文は一九八二年の博士論文に基づくものであり、この時点では三部作三番目の著作 Church：Human story of God.（原著一九八九年）は出版されていない。
(148) Derek J. Simon, Salvation and Liberation in the Practical-Critical Soteriology of Schillebeeckx, pp.494～520.
(149) 岩島、前掲書、三四〇～三四一頁からの要約。
(150) 同、三四二頁。
(151) 同、三四六頁。
(152) 同、三四七頁。
(153) 同、三四七～三四九頁。
(154) 同、三五二～三五四頁。
(155) 同、三五六頁。
(156) Jesus, p.159.『イエス　第一巻』一九四頁。
(157) Ibid., pp.174～177. 同、二一五～二二〇頁。
(158) Ibid., p.192. 同、二四一～二四二頁。
(159) Ibid., pp.306～311. 同、四八～五四頁。
(160) Church, p.5.
(161) Ibid., pp.10～15.
(162) ベリマン『解放の神学とラテンアメリカ』vi頁。
(163) 「ラテンアメリカ司教協議会第二回総会」。「制度化された暴力」を「罪の状態」と捉え、「革新的な変動」を目指すべきことが宣言された。
(164) グティエレス『解放の神学』主に一五二～二〇三頁。以下、同書からの要約と引用は本文中にページ数だけを記す。

(165) Leonard & Clodovis Boff, Liberation and Salvation：In Search of a Balance between Faith and Politics. 以下は、レオナルド・ボフによる第二章 Integral Liberation and Partial Liberation, 特に pp.56～64 に基づいている。

(166) Ibid., pp.58～60.

(167) Ibid., pp.60～62.ボフにとって教会は、実現しつつある神の国の「公認された特別な担い手」ではあっても独占的な担い手ではない。『教会、カリスマと権力』一六頁。

(168) Leonard & Clodovis Boff, Liberation and Salvation, pp.62～63.

(169) Ibid., pp.63～64.

(170) ボフ『入門解放の神学』二六頁。

(171) Perumbalath, Salvation Today, pp.82～87.

(172) ベリマン、前掲書、一〇二頁。

第二章　主体化としての救い、救済概念の再検討

一、主体化について

伝統的救済論が神との関係の回復を中心に据えた神学的ネットワークであるとすれば、そこで強調される関係性は第一に垂直的であり一方的である。仮にそれが聖化、あるいは倫理的課題として捉えられる場合でも、それは信仰者個人の義認の結果や個の強化について語ることはあっても人間相互の関係性は相対化されて来たのではなかろうか。伝統的救済論が想定する共同体は教会であって、それは人間一人ひとりの主体性に立脚するのではなく世との隔絶を前提とした集合的利己心の場とも言うべき閉鎖空間であり、約束された救いの共同体はやはりノアの箱舟なのである。創世記がノアの説話を通して示した神学的立場表明は、神はこの世の悪のゆえに世界を殲滅しようとは思わないというものであった（八章）。ノア以降、滅びからの選び出しを象徴する箱舟はもはや不要となったのである。初代教会も、自分の家族だけを救うノアの箱舟（ヘブ一一：七）、は十字架の出来事によってもはや不要となったと理解していたはずである。旧約聖書にとって外敵や苦難からの「逃れ場」は神であっ

て箱舟ではない。初代教会は十字架の出来事を過越として理解することで裁きからの赦免の可能性が全人類に開かれたことを示したのであり、そこには箱舟のような教会も不必要となる。しかしパウロが教会を「キリストの体」と呼んだことにより箱舟的な排他的ニュアンスが教会にもたらされた可能性がある。もちろんパウロは分裂の回避を強調するためにこの比喩を使っているのであるから、排他的な箱舟的救いの場としての教会という楽観的な教会論に確固たる神学的基盤があるようには思えない。しかし、この世の荒波を渡る救いの箱舟である教会といったイメージは、キリスト教のメッセージの中に今も存在しているように思えるのである。

神を愛し隣人を愛せよという戒命が、神との垂直的関係と隣人との水平的関係に生きる人間のあるべき姿を示しているとするならば、現代神学はきわめて素朴なこの戒命を実践的に力あるものとするために苦闘していると言えよう。なぜなら、現実の人間は垂直的には従属的主体であり、水平的には利己的独我的主体であって、神に依存し隣人を支配する存在として抑圧的構造を再生産してきたからである。われわれの見立てによれば、主体化とは共同性実現の必須条件であると同時に神との関係回復の過程でもある。第一章においてわれわれはそれを救済と解放の概念を通じて論じたが、両者は優劣も後先も無い相互補完的なことがら、二つの中心を持つ真理としての楕円形として示されるに違いない。

言うまでもなく哲学において「主体」は壮大な迷宮の入り口であり、その迷宮が解体された後の過ぎ去った過去のテーマでもある。(1) したがってわれわれはこの難題を哲学の作法で十分論じることができると考えているわけではない。一方、神学において主体という言葉は十分こなれているとも思えない。例えば伝統的救済論では救済の主体を神とする受動的救済論が主流だからである。したがって主体を巡るわれわれの議論において神学的道案内を得ることは困難であり、哲学的な議論に学びながら新たな方向性を切り開く他はないのである。

1　主体とは何か

始めに、われわれの中心テーマである主体の概念をある程度整理しておこう。日本語（漢字語）の「主体」概念は他の言語、例えば英語のsubjectと同じではない。それは主体概念の哲学史における複雑な来歴と関係している。[2]ヨーロッパにおいて「主体」としてのsubjectが固定化されるのはおおよそカントの時であり、そこにいたるまでのギリシャ語、ラテン語における諸概念（基体、実体、主体）の影響はその後も哲学上の概念として複雑に絡み合うことになる。啓蒙主義以降、「主体」としてのsubjectは認識の主体として「主観」の意味を含むようになる。かつて、認識の対象を根源からあらしめるもの（基体、実体）として考えられていたものが、認識する側の中心（主体、主観）となった。こうした「人間中心的」なsubject理解はフッサールにおいて完成され、ニーチェやハイデガーによって疑いと批判の対象となったが、このような変遷は人間が依拠する「言語システム自体が備えている恣意性の問題[3]」と深く関係しており、翻訳に際して生じる混乱やずれがそうであるように、概念そのものについてもそれぞれが歴史的背景をともなっているために一様の解釈は難しくならざるを得ない。実際、西洋語においてsubjectは「服従」と「主体」両方の含意があり、この概念の動的意味合いを巡る議論は複雑化する。したがってわれわれは、「われわれが考えるところの漢字語の主体」、という前提を踏まえて議論を進めて行く他はない。

アルチュセールによれば、主体はイデオロギーと不可分のものであり、主体とはすなわち権力に服従する主体のことである。[4]彼によれば、人間にとって主体が形成される過程において不可欠なものがイデオロギーによる呼びかけである。この命題をアルチュセールは「職務質問」のたとえで説明するが、そこでは「キリスト教的宗教イデオロギー」が例示されている。それは、「神による呼びかけ」とそれに応答することで主体となる人間という図式、人間は神への服従を通して存在する主体であり神への服従のためにのみ存在する主体だ、という例示である。[5] 職務質問のたとえが警官に象徴される国家権力への服従を明らかにしているとすれば、神の呼びかけに応答する人間は神の権威を完全に受け入れた人間の姿を意味している。原初にあるのは神と人間との関係、すなわち圧倒的な権威を前提とした上で呼びかけられた被造物はそれによって存在／主体化する。このとき神の権威は被造物によって内面化され、「わたしは『お前』である」という服従的主体が形成されるのである。こうした支配・被支配関係から自由な完全な主体は「わたしは『わたし』である」という形で表現されるが、アルチュセールはこれを「主体の最高の形」と呼んでいる。[6] 神の呼びかけが服従的主体としての人間を形成するのであれば、われわれは呼びかけられずに存在する主体、「わたしは『わたし』である」を主体化された状態と呼ぶべきであろう。

神を前提とする服従的主体として、すなわち被造性を完全に承認しそれを内面化して生きることが創世記が示した「楽園の生」だが、人間は楽園を離れて生きるというのがこの説話の主眼であった。アルチュセールが指摘するように、権力構造の内側にあってそれを内面化することで服従的主体の安定は保証されることになる。「わたしはあなたにとっての『お前』である」、「わたしは『神のしもべ、被造物』である」という安定的自己認識がキリスト教的人間観の根底を支えていると考えるなら、この関係を離れた自由は不安定であり危険と隣り合わせの生を意味することになる。つまり脱イデオロギー化とは安全な世界から脱出して危険に身をさらすことであり、それはまさに楽園追放によって死すべき存在となった人間の有様とも言えよう。もちろんこれはアルチュセールによる見通しではなく、われわれの主題に引き寄せた解釈である。「わたし」という主体は「呼びかけてあらしめる神」に服従する存在であり、それはアイデンティティと呼ばれてきた中心的何ものかを想定しそれを核に自己を形成しようとする試みでもあろう。脱宗教的世界とは、そうした呼びかけ主を所与の存在として捉えない世界であり、たとえそのような呼びかけ主がいるとしても、人間の制度や組織がその呼びかけ主に関する知識や経験を独占することを拒絶する世界だと言えよう。

ところでわれわれの関心によれば、主体の問題は哲学的な「認識の主体」ではなくむしろ生活次元における「行為の主体」に関わっている。それは「主観」ではなく行為する主体を巡る問題であり、直接的にはわれわれ一人ひとりの自由の問題と結びついている。権威に対する服従的主体であれ、神に呼びかけられた被造物であれ、重要なことはわれわれがこの社会の中でどこに立っているのかという問題であり、われわれはそこでどのように生きるかという実践の問題が問われている。われわれにとって主体の問題は抽象的あるいは観念的ことがらではなく実践的かつ空間的、あるいは身体的なことがらとして論じられる必要がある。

ヨハネ福音書八章はいかなる称号を用いること無くイエスを描き出そうとしている。[7] しかし「わたしはわたしである」という主体の開示はイエスにのみ該当する特殊かつ排他的な表現なのだろうか。そうではない。称号のない自己とは他者による規定、すなわち概念化と支配を拒絶する自己の表現であり、あらゆる人間存在にとって最も自由な自己の開示に他ならない。もちろんこのような「エゴー・エイミ」としてのわたしは関係性の中を生きているから、「わたしである」ことはいかなる価値的判断とも異なる次元で相互に承認される必要があるだろう。しかしこのような関係における「わたし」の確立、すなわち主体化こそが相互に平等で解放的な関係を保証するはずなのである。

宇都宮芳明は、「人間をまずは、『自己』と『他者』の『間』として、つまり、人『間』として捉え、しかも互いに相手を自己の客体として扱うのではなく、互いに相手を自立した主体」として扱う「相互主体性の哲学」を提唱している。[8] 宇都宮は、「他者の絶対的価値の承認」（カント）と「『汝』への応答によって主体化する自己」（ブーバー）の立場を通して、「間主観性」（フッサール）や「相互＝主観性」（サルトル）、そしてハイデッガーの「閉ざされた体系における独白的な現存在理解」を批判的に克服しようとする。[9] 他者を道具的に利用する立場やどこまでも自己を中心とした主体の議論は、主体が他者による主体的な働きかけによって変化する可能性を考慮していない。つまり、自分が他者に影響を与えることを考慮しつつも自分が他者によって影響を与えられる存在であることが十分捉えられていないのである。宇都宮の関心は観念論ではなく「実践倫理」であり、それは行為する主体としての人間と人間のあり方の問題である。「神」を人間が影響を及ぼすことのない存在と考えた上で、絶対他者としての神を想定するブーバーの議論を牽制する宇都宮は、相互に影響を及ぼし合う存在としての人と人との関係に限定した「我―汝」関係を論じている[10]。しかし、われわれはイエスと人々が相互主体的関係において互いに影響を及ぼしたと考えており、イスラエルの伝承を見ても神は人間との関係において影響を受ける主体として描かれているのであって[11]、この点については宇都宮とは異なる前提に立っている。われわれにとっての神はもはや「不動の動者」ではないのである。

ブーバーの背後にある神学的要素を排除しようとする意図にも関わらず、宇都宮が構想する相互主体性は「隣人愛の義務」の実践、あるいは「人格に対する敬愛」と結びついて初めて可能となる実践的愛といったきわめて福音書的イメージによって語られていく。宇都宮は、ハイデッガーの人間観は「汝」を知らない閉鎖的人間理解であり、閉ざされた自己の状況の中でそれを論じようとしていた点を批判する。ハイデッガーが、「自己を中心とした円の世界」であるならば、相互主体的な世界とは、「象徴的には『私』と『汝』を焦点とする楕円の世界」であるという[12]。われわれはここで「真理は楕円形の形をとる」という内村鑑三の言葉を想起せざるを得ないが、われわれにとって楕円形の真理という考えの重要な点は、主体は単独では主体たり得ないという点にある。これは「呼びかけ」によって形成される服従的主体というアルチュセール的理解によるのではなく、権力関係を克服した相互関係、愛・敬愛に基づく相互作用の場の設定が不可欠だからである。宇都宮は、相互主体性の世界において「汝」に対する応答は常に「状況」に対する決断と行為であり、逆に、「状況」に対する決断や行為は常に

「汝」に対する応答となると考え、[13]個人の内面、精神の問題ではなく状況の中で責任的になされる他者への応答が「わたし」を主体化するのであり、そのように主体化されるわたしは同時に他者に向き合っている、と考えている。

宇都宮にとって「汝」は非宗教化された他者であったが、われわれはそれが宗教的なイメージによってむしろ正しく捉えられるのではないかと考えている。われわれにとって相互主体における他者は、神であるというよりはむしろ隣人である。われわれにとって相互主体的な存在とは神と隣人とに開かれた人間の姿であり、「わたしはわたしである」ものどうしの相互関係の広がりを展望することが主体化の神学の目指すべき課題だと言えよう。

木田献一は「わたしはある」という神名の本質について、この名は人間に対し「わたしはある」との自覚に導くものであり、さらにはこの呼びかけ自体が相互に「わたしはある」という自覚に導く「不思議な働き」であり、固有名詞としての神名以前の「名前以前の名の性格」なのだと言う。[14]木田によれば、預言者たちの信仰の原点は地上の特権を排除して人間の原点に帰れとの呼びかけであり、それによって「人間一人一人が新しく自分自身を再発見し、他者の存在に出会い、その新しい次元において互いの固有性を認め合う」ことが可能になる、と考えられている。[15]聖書の神は人間を奴隷から解放し偶像礼拝を禁じて真に自由で自立的に生きることを求める神である。その意味では、聖書的伝統において神に従うとは抑圧的支配を否定して相互に主体的な共同体を形成することなのである。このような相互主体性の基盤は各自の主体化であり、それは相互作用の中で初めて可能になる。イエスが示した「神の国」のイメージはこのような相互主体的な関係がもたらす自由であり、安炳茂がイエスを人格ではなく集団的事件であったと捉えたことはまさにこのような意味で受け止められる必要がある。イエス事件とはイエスと民衆、民衆と民衆による「相互主体化」の事件だったからである。

中心から周辺へ、頂点から裾野へと広がる権力構造を相対化し錯乱するのが楕円のイメージである。関係性すなわち事件性への着目は固定的な権力構造を揺るがす脱中心化の戦略でもある。しかし脱中心化の重要性は、中央集権的な独裁体制への批判であるだけでなく相互的な関係性、楕円の二つの中心における権力関係についても常に敏感である点にある。宗教学者のチデスターは「比較」の持つ暴力性について論じ、西洋の宣教師や研究者、旅行者たちの視線がアフリカの「偶像崇拝」や「未開性、非理性性」をねつ造し、そうした「劣った他者」との比較によって「宗教」の概念が構築されていった過程を明らかにしている。[16] しかし、相互的な関係において重要なことは位置の逆転や権力のすげ替えではなく、権力そのものの相対化であり分散化である。[17] 万物を存在たらしめる呼びかけ主、不動の動者としての神の似姿は絶対君主あるいは独裁者として歴史に出現してきた。脱中心化は中央の支配者と支配される人々との関係を打ち壊す、間主体性、あるいは「はざま性」（川橋、黒木）に基づく新たな関係の構築を意味している。多様な価値の混在と交渉の動態にこそ既存の権力構造を批判する解放性があり、それこそが「第三の空間」（ホミ・バーバ）であるとするならば、われわれはここからさらに、多様な価値が交渉する空間を生きる人間の姿そのものに注目する必要がある。それはおそらく力の政治にゆだねられるものではなく、相互の信頼と敬愛、謙虚さと自己相対化に基づく生かし合いの世界でなければならないはずである。その意味では、安炳茂が提示した「主客図式」から解放されたイエス理解の重要性は権力作用を警戒し続ける脱中心化の提案であり、[18]「神の国」は「自己超越」が可能な人々（民衆）によるものであるという指摘は重要な意味をもつのである。[19]

相互主体性という考えは、聖書の読解においても重要な視点を提供する。神学的にこの点を探求してきたのは「解放の神学」であり「フェミニスト神学」であった。例えば、フェミニスト的注釈学の使命は闘う女性たちの力の源としての聖書を回復することであると考えるフィオレンツァは、聖書はアーキタイプとしての神話ではなく歴史的なプロトタイプであり、「コミュニケーションのための相互作用的関係」を現すテクストとして分析される必要があると考えている。[20]「実践的コミュニケーション」の視点から「相互行為性」をキーワードにテクスト分析を行う絹川久子にとって聖書解釈は中立性を標榜する歴史的研究ではなく、「読み手を実践へと駆り立てるための説得力とその文学的方法」に関する研究であり、それはテクストから「コミュニケーションのための相互行為的関係」を読み解く作業である。[21]不動のテクストから正解を抽出することが聖書の読解ではなく、歴史的社会的状況が生み出したテクストが、それとは異なる状況を生きる読者によって特定の状況に向けて読み解かれる。イエスと人々との相互作用的関係があるのと同じように、聖書テクストと読者との間にもそのような相互作用があり得るのではなかろうか。読者はテクストに変更を加えることはできないが、そこから導き出される解釈は相互作用の結果として様々に変化する可能性を持つはずである。

2　楽園からの追放、あるいは脱出について

われわれは「楽園追放」以降の世界を生きているのだが、この世界は「死すべき人間」の世界であると同時に「主体的な人間」の世界でもある。ここでの「主体的」とは自由と責任を持ったという意味である。創世記が描いた「楽園」は現実を読み解くための宗教的寓話でしかないが、それを誤読したことによって人間の現実においてあらゆる暴力や性差別、環境破壊が生じたことはすでに指摘されてきた通りである。しかしわれわれはこれを、人間の主体性に関する寓話として解読したいのである。

「人間の苦しみは自由を持て余すことにあり、罪と責任の追求は神への離反に対する罰であり、苦しみからの解放とは自由からの解放である」、そう考える人びとにとって神との完全な和解は楽園への帰還となるだろう。しかし、完全な服従という天上の予型が地上の生に及ぼす影響は大きいと言わざるを得ない。ユダヤ＝キリスト教世界にしみ込んだ支配＝服従関係の背景には、圧倒的な神の前に膝をかがめる罪深い人間の原像がある。アルチ

ユセールのようにそれをイデオロギーと呼ばないまでも、宗教的人間が支配者に都合のいい従順さを身につけた存在であることは確かだろう。キリスト教に代表される宗教は、人間に規律に従うための訓練を施す装置として機能してきたと言えよう。フーコーが主体の問題を検証する出発点としたのはギリシャ哲学が重視したという「自己への配慮」であった。「自己への配慮」の思想は「省察の技術」(meditation)とも呼ばれている。「主体」が真理へと到達するためには支払うべき対価が必要となる。それが「変形を自身に加えるような探求、実践、経験」としての「自己への配慮」である。[22] キリスト教にとってそれは「回心」であり、霊的訓練によって神の前の自己を認識する技術は制度化、組織化されていった。こうした制度や技術はさらに組織化され国家が管理する学校教育となり、近代的人間が身につけるべき種々の規律(discipline)を生産する機能となった。

キリスト教は忠良なる臣民と道徳主義者を育成することで国家の安定に寄与するシステムの一翼を担ってきた。[23] 神への服従によって主体化される心性が、権力への服従を通して自己の正体性を見いだす心性へと転嫁する。神への服従を標榜する教会が、自らの組織や制度への服従が神への服従であると語ってきた歴史は否定できないのであり、それは植民地支配の過程においては露骨であった。スペイン人たちの支配に抵抗するインディオの歴史を描いたボニーヤの『神の下僕か、インディオの主人か』が示すように、「神の僕」とはスペイン人支配への服従と同義語である。律法主義や道徳主義が神への服従と教会への忠誠の名によって支えられてきたことは聖書の時代から今に至る事実である。唯一神への帰依という排他的信仰は、他のあらゆる権力を相対化する自由の契機である反面、「絶対的なものへの帰依」という服従の心性を身体化する契機でもあり、これが「滅私奉公」の精神となり、殉教が殉国へとすり替わる危険をわれわれは経験してきたはずである。「友のために自分の命を捨てること、これ以上に大きな愛はない」(ヨハネ一五章一三節)という自己犠牲の命題は、「友」を限定的に捉えることを通して「敵」の死を考慮しない自民族中心主義にすり替わってしまうのである。

たしかに「主体」は、外的な規範によって整えられもするが、しかしわれわれが注目したいのは自己自身を構成する努力、すなわち自律的な主体化の過程である。フーコーによれば「自己への配慮」、あるいは自己訓練、自己陶冶は自己の内的な作業としてではなく関係性、例えば書簡のやり取り、議論、事件を前にした身の処し方等によって行われるが、このようにして研ぎすまされた主体であればこそ、権力から自由であり他者との連帯が可能となるのである。もちろん「省察の技術」としてのスピリチュアリティ（霊的生活、精神修行）が、服従する精神と身体を形成する危険性をともなっていることは見逃されてはならない。これは一般的な宗教的権威だけでなく霊的指導における指導者の権威・権力の行使の問題とも関係しているが、「宗教的人間」が「支配されやすい人間」「支配することに長けた人間」とならないことが担保される必要がある。宗教的であるとは服従と支配に親和的であることと同義だという疑いが、脱宗教化と宗教嫌悪の原因の一つと考えられるからである。ローマ帝国は宗教の統制によって維持されたといわれるし、デュルケムが宗教を社会統合の機能と考えたことはよく知られている。時に宗教は国家の統制を外れた集団として第二の権力を構築する基盤ともなったが、それが国家の統制下にあるかどうかに関わらず宗教は単なる社会統合的機能というだけではなく服従する主体、忠良なる臣民を育成する役割を担ってきた事実を見逃してはならない。国家や宗教の権威に束縛されない主体の形成はどのようにして可能だろうか。国家や体制に回収されない主体を形成するための「自己への配慮」、あるいは自己訓練、自己陶冶は可能だろうか。この問題については後に「教育」というキーワードを通して検討することにしたい。

　創世記二章七節が生物としての人間の創造であるならば、八節以下は神の似姿である主体的な人間の創造の物語と言えよう。楽園における神への服従ではなく、自分の決断による「脱楽園」的人生の選択が人間の自由の原点であり、知恵を得た仲間同士が自分たちの手で生産し生活することこそが人生の喜びである[24]。この寓話のなかで人間は、禁令を破るようにしむけられている。いまだ主体的ではない人間に対する神による訓練の物語が始まっている。「脱楽園」、それを神への離反に対する罰と解釈するならば、神が望む人間の生は楽園における野生生物と同じ姿になるのではなかろうか。しかしこの寓話において人間が禁令を犯す姿は自由を求める人間の本質の表現であり、三章一六節以下の神の言葉は自由に生きる人間が自覚すべき責任を意味していると言えよう。神は楽園を離れる人間に衣服を提供する。この寓話は、人間の現実を過酷な苦役と解釈する人々が神に離反した人間の姿にその起源を求めるためにではなく、人間が自らの手で切り開く自由で主体的な人生の背後には常に神の配慮があることを示す祝福のメッセージとして再解釈される必要がある。

3　救いと限界状況

ある宗教学者は、人間の救済欲求の背景の一つを「限界状況」と捉えている。これは宗教に対する実存主義的な理解によるものと考えていいだろう。[25] ヤスパースは、様々な状況の変化の中でも「その本質においては変化しない状況」を「限界状況（Grenzsituation）」と呼んだ。[26] 人間は、「死ななければならないこと、罪を負っていること、偶然の手にゆだねられていること」などへの認識を通して自らの限界を知る。そしてこれらの事実は、われわれが生きているこの世界は頼りにならないという絶望的挫折の経験をもたらすのである。[27] こうした「限界状況」は歴史に規定された人間（「現存在」）にとっては克服不可能だが、それは真の存在である「実存」に至るための接点でもあるという。「限界状況」、例えば死に直面した人間は「完全な安静の獲得」を求めるようになるのであり（三三）、このようにして「現存在」は「実存」に至る。ヤスパースは哲学を「限界状況」に直面した人間が現世の超克を目標とする営為と捉え、それは「宗教の類比物」（二八〜二九）とも考えられているから、「限界状況」概念によって宗教的救いを捉えようとする試みは自然なことかもしれない。ワッハは、こうした「限界状況」の経験は神との合一や至福の状態への希求といった「積極的側面」を持っていることを強調したが、[28] 否定的契機が超越的経験によって肯定的契機となるという転換はまさに実存主義の真骨頂と言えよう。[29] しかしそれらを通して達成される「神との合一、再生、天国での生活、神の国への参与」が意味する具体的な内容は相変わらず不明である。ワッハにとって宗教とは此岸的事象から独立した領域に関するものだったからである。[30]

たしかに人種や性別、貧富の差のような客観的条件に関わらず、人間を苦しめる実存的苦悩とも言うべきものはあるしその超克は一つの課題ではある。伝統的な宗教はこうした実存的苦悩に直面する人間の姿を凝視しそこから独自の思想と実践を展開してきたことは事実である。[31] しかし「限界状況」という問題設定が、人間的営為としての解放と超越的体験としての救済とを隔てる境界線として機能するものと捉える点にこそ問題がある。救いを巡る神学において「限界状況」のような問題設定は聖俗二元論として機能してきたからである。国家は人間の領域を、教会は神の領域を扱うという二王国的発想が実際にはキリスト教の活動を矮小化し、逆に政治化してきたように、宗教は人間的営為の及ばない問題、すなわち「限界状況」以降の領域を担当するという考えに陥ることで、宗教が語る救いの意味は不当に狭められてきたのではなかろうか。

ヤスパースの指摘を待つまでもなく、死を巡る問題系は人間の宗教性にとって欠くことのできない要素であるだろう。しかし、有機的生命体としての人間の死それ自体は神学の主題ではない。問題は、たとえば死を巡る状況との葛藤であり、人間的な死とは何かという倫理的課題である。聖書が注目するのは義人の死、抑圧や迫害による死、すなわち殉教あるいは殺害の問題であり、人々の注目は早すぎる死、無念の死に向けられている。その中で神の裁きのしるしとしての死が語られるのは生きている者への警句としてであった。死を巡るこのような思想は一般的な自然死の問題ではなく最終的にはイエスの十字架刑による死（＝殺害）という政治的事件へと集約される。状況を捨象し一般化された死は一個の事実でしかないが、イエスにとっての問題は人が死すべき存在であることではなく、むしろ人は命ある存在としてどのように生きるべきかということであった。[32] 死が強盗のように突然襲って来るものであるとしても、イエスにとっての主題は、人はなぜ死ぬのかではなく、死に向かって人はどのように生きるべきかということであった[33]。

死は、人間にとって避けることのできない現実であり、たとえそれが自然死であったとしても実存的危機を引き起こす重要な要素であると言えよう。にも関わらず、第一章で考察してきた通り、聖書的救いの思想は、死という限界によって挫折させられた人間の救済を巡る問題には限定されていない。十字架による処刑が不可避な状況であることを自覚したイエスは、それを神秘的な方法や実力の行使によって回避しようとはしなかった。彼にとって十字架刑は自ら引き寄せたものであり、彼はそれを自分一人に降り掛かる耐え難い苦しみとしてではなく、同じような苦境に喘ぐ人々との連帯の中で主体的に引き受けたのである[34]。福音書も初代教会も、自然死はもちろん日々迫り来る殉教の死を根本的な挫折の経験、すなわち「限界状況」とは捉えていない。彼らはそれらをすでに滅ぼされた「最後の敵」と考えることで自分たちの課題設定から除外したのであり[35]、新約思想の特徴は「死の力が打ち破られてしまった[36]」という点に見られるのである。パウロはローマの信徒への手紙五章で苦難が希望へと至る道筋を描いている。われわれは、ある人々が挫折経験と捉えた不条理な現実を、変えることのできない限界としてではなく更なる参与の課題として捉えたいのである。

4　真理としての主体性：ゼーレン・キェルケゴール

われわれは「限界状況」という設定それ自体を実存主義的なものとして批判してきた。しかし実存主義は物事を客観視せず自分自身にとっての意味を究明する態度であり、現実に対して誠実であり続ける態度のことでもある。キリスト教との関係においてこのことを課題としたキェルケゴールの命題、「主体性とは真理である、真理とは主体性である」は、われわれの「主体化の神学」と深く関係している[37]。

キェルケゴールはヘーゲル流の「客観的真理」の主張を批判しつつ同時に聖職権威主義に基づく当時の教会絶対論を批判した。彼にとって真理とは魂の問題、内面性に関することがらであり、それは「主体の自己自身における変革」に関することである（七三）。重要なことは客観的な思惟に基づく認識でも科学的な近似値[38]としての認識でもなく、認識する当人の行動や態度に関わる本質的認識である。問題は認識の正しさではなく認識する自分自身がそれをどう実践するかであり、認識主体の生のあり方に結びつかないものは真理と呼べないのである。それゆえ真理はその人の主体性において明らかになる。倫理的真理は世界の歴史によってではなく自己自身を通して明らかにされなければならない、それは人間の内面性の問題なのである（二五六）。そのような主体は一度完成されれば終わりというようなものではなくつねに生成の過程に置かれている。「主体性の生成過程」とは、行為によって自己自身が自覚的思考の中に刻み込まれることであり、そのことの繰り返しが生成の過程と呼ばれる。すなわち主体にとって実践こそが思考することなのである（三〇四）[39]。

初代教会以来、キリスト教が定式化してきた救いの到達点である「永遠の命」もキェルケゴールにとっては自分自身という主体の問題としてのみ存在するテーマであった。それは内面性の問題として、「主体が主体性の道を歩んでいく際に自分自身のこととして問われなければならない問題」であって学問の問題ではない（三一一）。彼にとって永遠の命とは「主体が主体としての道を歩んで自己を確立すること」である（三一三）。実存的に生きる、すなわち主体的に生きるとは目標への到達を意味するのではなく「絶えず生成しつつある」ことを意味している。すなわちそれは否定と肯定とを繰り返す生成の流れを生きることであった（一五二～一五四）。彼にとってこのことは「絶えまなき精進」を意味しており、「実存に生きる主体の倫理的人生観の表現」として生成の過程が語られている（二二四）。

これらの主張は形而上学的にではなく実践において解釈される必要がある、とキェルケゴールは言う。しかし、ここで考えられている「実践」とはわれわれが注目している社会的次元におけるそれではない。彼にとって開眼した主体存在とは「自己自身に向かって無限の集中へと導かれる」（二三四）存在であり、これは内面的実践と言わざるを得ないだろう。彼にとって主体的に生きるとは倫理的要求を意味しているが、それは「意思の決断によって、外的世界のことを与り知らずに生き抜こうとする」ことであり（二四四）、彼自身は倫理的真理を学ぶために「自己自身と取り組むことだけで精一杯」なのである（二五四）。しかしこうした言葉がヘーゲル流の壮大な歴史哲学、「世界精神」といった諸概念に対する対抗言説であることに注意をする必要がある。キェルケゴールにとっての倫理的領域とは「実存する者の前に、今現に生きている者の前に開かれているもの」（二八一）のことであり、それは「世界歴史」と称されるような思弁的な「神専用の入場厳禁の舞台」のようなものではない（二八四）。しかし、倫理的真理とは単に知識や自覚にとどまらない「実践行為」でもある（二八九）という彼にとっての「実践」には社会的次元は想定されておらず、それはもっぱら自己の内的倫理性の追求を意味していた。[40]それは社会的次元を無価値と考えるからではなく、主体的な存在となることは生きて行く限り力いっぱいに対決すべき課題なのであって、その人の全思考を満たしてあまりある思考的課題だったからである（二九四～二九五）。キェルケゴールの関心はやはり「精神」であり、それは「自己自身」のことであった。[41]まさに、「そのために生きかつ死んで悔いないような真理」を追求することが優先課題である人間にとって、隣人の状況に関心を向ける余裕はないということだろう。

キェルケゴールの基本的立場が現実に対する自分自身の誠実さであるという場合、[42]問題は彼にとっての現実が何であったかということになる。彼はたしかに彼にとっての「現実」に対して誠実であり、それは当時の教会に対する徹底した批判として現れたが、親から譲り受けた資産によって生活を維持していた彼にとって労働は無縁の世界であり、貧しい人々の存在は彼にとっての誠実に向き合うべき「現実」ではなかったのではなかろうか。

キェルケゴールは観念論を批判し、抽象化、概念化、客観化を徹底的に排除する主体化の道を切り開いたが、それは他者との関係の切断を伴う個人化をも意味していた。実存主義者キェルケゴールの思想は「限界状況」とその突破という問題設定によって宗教体験を個人の内的側面において捉えようとした立場と共通する問題性を含んでいる。われわれの課題は個人化ではなく他者との連帯のための必須条件としての主体化であるが、絶えず生成する主体化への過程にこそ真理があるというキェルケゴールの思想、そして客観的真理の探求というようなことではなく自己自身の問題として誠実に向き合うことにこそ真理性がある、すなわち「主体性が真理である」という命題をわれわれは神学的に受け止め直す必要があるように思われる。われわれにとってこれらの命題は、共同性における相互主体性、事件における当事者性などを絶えず生成し続ける運動として展開することでさらに深めることができるのではなかろうか。

二、主体化と共同体

「主体性が真理である、真理とは主体性である」という命題は自己自身に限定される主観的命題なのではない。われわれの課題は、キリスト教的救いを主体化の過程として描き直すことであるが、それは相互主体性と言うべきものであって主観的領域の出来事と考えることはできないし、一方では実存的、内発的契機を無視した抽象的観念であってもならないのである。われわれは神学的にこの問題を追求しようとしているが、その予備的作業として社会や政治のあり方を巡って論じられる主体性に関する議論に耳を傾けたいと思う。

1　「主体性論争」と高桑純夫

日本哲学史上「主体性論争」と呼ばれる一連の出来事がある。これは敗戦後の文学界、哲学界、言論界を巻き込む一大論争であり、一九四六年から五〇年までの五年間にこの主題を巡って二〇〇を越える論文が執筆されていたという。[43] 主体性論争の出発点には、文学者荒正人の「わたし以外に民衆はいない」というエゴイズムとも言うべき宣言があった。これは当時のマルクス主義的社会思想に対する批判であり、長いファシズム的抑圧の時代を経た知識人たちの鬱積した自己表現とも言えるかもしれない。論争は、マルクス主義において人間の自由、主体性はどこまで認められるのか、正しい世界認識が示されたとして、それを自己自身のものとして主体的に受け止めるにはどうすればいいかなどを巡って展開された。唯物論と主体性という文脈はわれわれにとって無縁のように感じられるかもしれないが、ここにはわれわれの課題に共通する重要な論点が示されている。つまり、キェルケゴールの言葉を借りれば、真理が自分自身のあり方にどう関わるのかということであり、理論の体系が一人ひとりの人間の生き方、生活、社会的実践とどう関わるのかということでもある。救いが実存主義的、観念的事柄ではなく社会的実践の次元で捉えられなければならないとするならば、社会的実践における個人のありようについて考える必要があるだろう。聖書が示す「神の国」のヴィジョンの前に信仰者が主体的であるとはどのようなことかを考える重要な手がかりがここにはあるように思えるのである。

主体性論争の中心にいたのは梅本克己だが、われわれは中世哲学研究者として出発し後に唯物主義哲学へと転じた高桑純夫が論じた「社会的主体」の思想に注目してみたい。彼は主体化としての信仰をモデルに主体化の過程における人間学的要因について論じた。[44] 高桑にとって重要なのは観念論的な孤立的自我の主体性論ではなく社会理論における主体性要求であった。つまり、当然の社会理論の要求を自己の要求として主体的に実践するためにはどうすればいいかという問題である（七〜九）。高桑は、人間が自己の自律的行為として理論を実践すること、すなわち客観的な理論をいかにして主体的に実践するかを問題としている（一三）。「自然的欲求や性向を、自らの主体性そのものであるかのごとく誤認」して、個人の欲望に従って生きることが主体性の要求であると考えるようなことは「単なる観念の遊戯以外の何物でもない」。人間が社会的存在であることを無視して観念の操作によって個人を論じるようなことは「観念の暴力」でありそこには道徳性が欠如している（二〇〜二一）。こうして高桑は「社会的主体」という考えを提案するが、ここで想定されているのは「革命的労働者階級」のことである。

高桑は、社会的主体の起源はキリスト教の宗教的主体だと考えている。キリスト教的主体性の根源は自己犠牲の観念にあり、キリストの死を自ら担うことが最も高度な宗教的主体性となる。そしてこのように形成された個人主体は、キリストへの信仰によって結び合わされることで連帯するが、これは個人主体が「キリストという社会主体を通じて結合される」状態と言い換えることができる。キリスト教においては「個人主体の否定」（自己犠牲、十字架への信従）によって社会主体が形成される。言い換えれば、キリスト者は自分の十字架を負うことを通して「恣意や我欲を超えた客観的主体となる」のである。「客観的主体性」とは一見形容矛盾のようではあるが、主体性を「内なる自己の意識化」と捉える観念論的誤謬を排し社会的主体と合一した境地が言い表されているのであるから、「客観的主体性」こそが「最高の、そして最も人間的な主体性」なのである（二三〜二四）。信仰による連帯というモデルを提出した高桑は、ここから唯物論的主体性の検討へと入る。すなわち、現代人にとって信仰に代わって個人主体を結びつけるものは「階級意識と階級的利害関係」であり、「宗教的主体性」は「唯物論的主体性」の前段階と捉えなければならないのである（二五〜二六）。

社会理論における主体性の問題は、自然的欲求としての主体性の問題ではなく、「社会理論をいかにすれば自己の問題とすることができるか、あるいは、理論が求める実践を、いかにすれば『わたし』の実践として実践できるか、この意味で要求される主体性」である（五四）。人はそれが理論的に正しいからという理由だけで自分の実践課題として引き受け参与することはできないのであり、正しい社会理論に献身する自己の内発的動機、社会理論を自分のものとする契機が不可欠である。それは大義のために個を押し殺すことではない。唯物論的社会理論は人間性を否定しているという清水幾太郎の批判は見当違いなのである。むしろ孤立的自我の自然的欲求（清水幾太郎）は自慰的な逃避であり利己的孤立であって主体性の根拠とは呼べない（五九）。「階級意識」こそが実に人間的な内発的契機だ、と高桑は言う。

しかし唯物論的「階級意識」を根拠にする高桑にとって、真の内発性はむしろ実存主義的な世界観にあるように思われる。高桑は言う。主体性を論じる人びとの多くは主体性をあまりに抽象的に捉えているか、まったく言葉の遊戯、贅沢品としての哲学論に終始している。主体性を巡る最終的な主題は死を巡る問題であって宗教的な課題へと至らなければならない。例えばキェルケゴールは「一切を放棄して神に飛び込む」（一二九）勇気を持っていたし、既存のもの、すなわち社会を解体してまでも単独者として生き抜く徹底した思想であったが、一部の観念論者たちは「単独者」といいながら社会の解体を要求したりはせず、自己否定無き自由の主張の水準にとどまっている。「単独者」の思想は神を前提とする長い伝統の中から突如神を喪失した状況から生じる「地球の亀裂」に直面した人間の問題であり、そうした伝統のない人びとの主張は単なる主観的自由にすぎないのである（一二九～一三二）。

「社会を解体してまでも」という読みが何に基づいているかについては議論があるだろう。しかし高桑は、内心の自由と自律性を人間性の全てであるかのように捉え、人間が歴史的社会的存在であることを自覚しない立場を「空疎な内容無き自由」と呼び批判する。彼は歴史的社会的であることを客観的と捉え、主観的、観念論的であることの対立概念と考えていた。個人が陥りやすい「暗い自然的欲求」のレベルを克服するのは、自分が歴史的社会的存在であるという自覚であり（一三七～一三八）、高桑にとってそれは階級的自覚を意味していた。われわれの文脈においてこれを言い換えれば、主観的、個人主義的信仰に埋没しないためにキリスト者は歴史的自覚、社会的自覚を持つ必要がある。そのような自覚的、主体的な信仰によって初めて福音を「わたしの福音」として実践することが可能となる。歴史性と社会性を欠いた信仰は「空疎な内容無き信仰」にならざるを得ないのである。

2　丸山眞男と主体(45)

主体化の神学の基盤はキェルケゴール的な自己の精神の探求ではない。一方高桑は、内発的契機は社会的条件と無関係では無く「我欲を超えた客観的主体」となるためには階級意識こそが必要であると考えたが、自己への関心であれ階級意識であれ、それが相互主体性の基盤になるとは考えにくい。

戦後日本思想界に多大な影響を与えた丸山眞男にとって主体性とは、社会的・経済的基盤によって規定されている人間がなおそれらに還元しきれないもの、であった（四四）。丸山にとっての主体とは、哲学的な独我論や心理学的な欲望の主体ではない。社会的・経済的な環境によって規定されつつも、その規定性を認識するとともに、既存の環境を変革していく実践の担い手が主体である（四五）。その意味では高桑の「社会的主体」と共通する部分があるが、丸山にとってこうした主体が確立されるために必要なことは、所与の環境から主体が自らを引き離し、能動的に社会を認識し、働きかけていく絶え間ない作業であった。丸山は「デモクラシー」も「民主主義」という固定した形ではなく「民主化」としてのみ存在すると考えていたが、同じように主体も実体として存在するようなものではなく、絶えざるプロセスとしてのみ、すなわち「主体化」としてのみ存在すると捉えていた。主体化の作業は所与の環境との関わりを意味するが、人間が所与の環境に対して超越的な視点に立つことは不可能である。したがって、その環境の内部にあって自らを規定するものとの弁証法的な関係に立ち続けることが不可欠となる。高桑的な「階級的意識と階級的利害関係」の自覚という考えはどうしても外的要因による勧誘に思えてしまうが、丸山の場合、主体は絶えざる「自己内対話」によって自らを常に「主体化」して行くのである（四六）。

人はなぜ、「所与の秩序に埋没することなく、絶えず社会を対象化し、これに働きかけていく実践の主体」（四九）の形成といった過酷な作業を引き受ける必要があるのか。宇野はこれを丸山の全著作を貫くテーマだと指摘するが、同時にこのことはわれわれの重大な関心事でもあるに違いない。宇野は丸山の思想を三つの主体像によって捉えようとしている。その第一は「国民主体」であり、第二は「自己相対化主体」であり、第三は「結社形成的主体」である[46]。第一の「国民主体」は、国家の運命を自らの責任において担う能動的主体的精神であり外敵との接触によって形成された主体であり、「一身独立して一国独立す」という福沢諭吉の思想がその典型である（五四）。第二の「自己相対化主体」は「人間精神の能動的主体性」であり、自己を絶対化しない相対主義、多元主義を意味している。このことを可能としたのは人間相互が複雑多様な交渉関係を持つことであり、それによって精神の主体性も強靭になるのである（六〇）。これは自己自身に対して批判的な距離を保つ自己相対化の契機を持つことであり、他者との交渉がそれを保証する。「主体性とは、たんに内在的なものの外への顕現ではなくて、自らの前に置かれた多元的な価値からの自主的な選択能力である。思想的選択能力は、一般的に異質な価値との出会いが多いほど磨かれる」[47]。一つの価値に埋没（惑溺）しないことは目の前に置かれた多元的な価値から「今・ここ」における一つの価値を自主的に選択する能力を要請する。自己相対化と自己変革を通して人は主体化の訓練を受けると言えよう。

第三の「結社形成的主体」のモデルは宗教である。ここで丸山が重視するのは伝統的な共同体からの内面的な解放を可能とする「内面的規範意識とプライド」だが、そのために必要なのが普遍的超越者を有する世界宗教である。徳川幕府の支配体制の根底には、自立的規範意識を持った信仰共同体である一向宗とキリスト教に対する弾圧があり、さらに内在的な普遍性の契機を持つ儒学を体制化して骨抜きにすることで維持された支配体制であった。丸山が自主的集団のモデルとして宗教集団を重視するのは、宗教集団が持つ非政治的な精神的次元と、それに基づく秩序価値への緊張関係に注目したからである。権力に対抗する精神的次元と、それを支える社会的基盤たる自主的集団が失われるならば、そのとき社会は秩序価値によって浸透され、政治権力によって序列化されることを免れない（七〇～七一）。近代日本はまさにそのようにして超国家主義体制を実現していったと言えよう。

われわれの関心に引き寄せれば、キリスト教の価値が「非政治的な精神的次元」にあるとは思えないし、国家を相対化するもう一つの価値、もう一つの権力として機能することが重要だとも思われない。また、キリスト教自身が人間の内面的自由を束縛する「伝統的共同体」である場合、一人ひとりが教会の伝統を克服する「内面的規範意識とプライド」とをどこから得ることができるかが重要な課題となるだろう。宇野は丸山の思想を「既存の秩序と緊張関係に立ち続ける意思」の探求と読み解く（七一）。たしかにわれわれは能動的で責任ある主体である。しかしその責任のありようを丸山のように「国民主義」と呼ぶ必要は無い。われわれの責任はむしろ「神の国」であり、それは隣人との共生、正義と平和の実現にかかっている。そのためにわれわれは自己を絶対化しない自由を持ちつつも相対主義に陥らない決断力を備える必要がある。それは過酷な要求のように思えるが、そうした精神の強靭さは支配的価値から自由な自主的結社としての信仰共同体によって培われることができるはずである。われわれは宇野の分析を通して丸山の重層的主体化の重要性に学びながら、人間の自由、すなわち主体化を支える共同体の必要条件を見いだすことができたはずである。それは自由であること、自主的であること、一人ひとりに自己批判と自己相対化が促されつつも自由な決断が妨げられないことである。

主体的人間とは、人間の本質が自由であると信じ、それを根拠として立つ人間のことである。したがって主体的人間は他者の価値体系に依存せず自らの自由を実現することを希望し続け、排除や弾圧を逆説的に自らの自由へと変換する知恵を持つ人間である。人間はそのように生れ出たのではなく、他者／世界との交渉によって多様な価値と接触し自己を相対化することで陶冶される。自由を可能にするものは正義に基づく平和であり、それは民主化と個の尊厳の確立、脱植民地化と文化的帝国主義の克服といった社会的次元の問題でもあるが、同時にそれは他者依存の「楽園」から脱出し常に内的な自由を追求する努力によって可能となる人間自身の問題でもある。われわれにとってそれは「過酷な要求」ではなく「新しい軛」（マタイ一一：二九）、福音的使命と捉えたい。われわれはそのような過程、すなわち主体化を渇望する過程を生きており、この過程にあること自体が救われた状態だと考えたいのである。

3　パウロ・フレイレの意識化と主体化

救いは人間が渇望する一つの現実である。キリスト教において救いは解放であり救済でもある。われわれはそれを主体化と捉えているが、主体化の過程は超越的、彼岸的ではなく、世界との関係において現実的なものでなければならないだろう。現実的救いは、差別、抑圧、暴力のない世界、正義に基づく平和の実現における主体的参与を必要とする。人間を危機に陥れるのは人間自身であり、正義と平和の実現に向けた変革の主体もまた人間自身である。正義に基づく平和の実現は、自立／自律的な存在、自由で解放された存在としての人間の参与を必要としている。主体化とは、解放に向かう人間の物語であり、人間の解放に向かう過程全体を意味しているのだが、その過程に自己自身がどのように参与するのか、主体的参与の動機は何かという問題が重要となる。それはおそらく、自己自身が生きかつ死んで悔いないような真理への探究であるというよりは、全き自由への希望なのであり、その自由は実存者一人の問題ではなく共同的、連帯的な地平における完成を意味しているのではなかろうか。次にわれわれはパウロ・フレイレの思想に学びながら、主体化の意味について考えてみたい。これは主体に至るために必要な過程としての「自己への配慮」（フーコー）の性質を考えるための重要な課題である。

パウロ・フレイレは今や古典とも言うべき『被抑圧者の教育学』の著者であり「意識化（conscientization）」の概念を広く知らしめたことで知られている。彼は研究者であり、教育者であり、社会活動家であり、ローマ・カトリック教徒でもあった。彼の思想は解放の神学やラテンアメリカにおける教会の実践形態に強い影響を与えている[48]。また彼は世界教会協議会を通じてエキュメニカル運動にも関わっている。フレイレの著作には古今の哲学者からの引用が見られるが、マルクス主義の影響を強く受けていることは明らかであり、彼はアフリカの社会主義政権との関わりを持っていた。しかし彼は「革命党」やセクト主義に対しては繰り返し厳しい批判と警告を与えており、マルクス主義的政治に対しては一定の距離をおいていた。その意味でフレイレの思想はカトリックでもマルクス主義でもない「ヒューマニスト・ラディカリズム」と言っていいだろう[49]。フレイレの思想は、彼がクーデターによってブラジルを追われている間、チリの農地改革に関わり、またメキシコでイヴァン・イリッチと共に働くことによって世界中に広がったと言われている[50]。フレイレの作品は論理的な結論に向かって直線的に書かれたものではなく、同じテーマを繰り返しながら螺旋を描くように展開されて行くため要約は容易ではない。したがって以下の考察は著作からの直接的な引用よりもフレイレの思想を主体化の神学の視点から咀嚼した結果を提示しながら進めたものである[51]。

彼の主著『被抑圧者の教育学』の主題は対話型教育であり、意識化である。しかしフレイレはここでヤスパースが提唱した概念、「限界状況」について繰り返し言及し批判的な考察を加えている。なぜなら社会変革を妨げる要素の一つに限界の設定による聖俗二元論的世界観があるからである。フレイレは先ずブラジルの哲学者ピント（Álvaro Borges Vieira Pinto）の引用を通して「限界状況」に対する新たな解釈を示している。それは「限界状況とは可能性がもはや何もない、乗り越えることが不可能な状況というのではなく、すべての可能性の端緒となりうる周辺領域なのであり、存在するか無かという境界線ではなく、存在するか、より全き存在かという境界線」なのである（一四五、および第三章注一四）。あらゆる現実を生成の過程と捉えて世界の変革に信頼を置くフレイレにとって、ヤスパースの世界観はあまりに固定的である。その意味で「限界状況」は固定的な実存的限界ではなく政治的、社会的、構造的変革の課題の中で常に新たな状況として捉え直される必要がある。人間が死ぬべき存在であることを自覚した場合、それが超越的な救いへの依存につながるかどうかはそれぞれの世界観による。ヤスパース流の「限界状況」の経験を人類共通の経験としてしまうなら、それによって得られるのは「絶望における平等」になってしまうだろう。しかしわれわれにとっての問題は「絶望における平等」ではなく「苦難における不平等」の現実である。われわれの課題は、「絶望における平等」の理論によって状況を平準化してしまう神学的言説を批判し、不平等な苦難の現実をもたらす状況を変革し、よりよい世界を築き上げるための神学的言説を構築することなのである。

富も権力も絶望の前には無力であり、貧しい者、抑圧される者も実存的苦悩から自由ではない。しかし、たとえば迫り来る死の問題に苦悩する権力者がいるとして、苦悩ゆえの暴政が民衆を暴力と死に突き落とすような場合、両者が直面する苦難や死の恐怖を同質なものと捉えることは不可能である。われわれが考察している救いは、誰にでも平等に訪れる苦悩の解決ではなく、世界と個人の変革を通して実現可能な苦難からの解放である。こうした変革のために必要なのは人間が新たになることである。暴力や差別の背後には人間一人ひとりが抱える不安と恐怖があり、それは人間を暴力と憎悪へと駆り立てる動因でもある。われわれは他者への攻撃によって不安を解消しようとする人間の弱さと精神の歪みの現実についていくつもの事例をあげて説明することができるだろう。複雑に絡み合った現実を前に、安直に解決可能な限界を設定し、苦難を此岸と彼岸とに分離するような作業は動的現実を静的に調停してしまう誤りとなる。われわれはこうした問題のすり替えを批判し、世界内の問題を動的に解き明かす救いの概念を示したいのである。

したがって救いは、個人を含む世界の変革という現実的な出来事として考察される必要がある。これまで宗教は救いの彼岸的次元を強調し個人の内面的側面を重視してきたが、救いと解放は切り離すことができないものである点はすでに述べてきた通りである。われわれは、世界の変革は超越的な神の恵みによって自動的に行われるのではなく一人ひとりの人間の実践と密接につながっていると考えている。その意味で救いを巡る議論は神学のみならず社会学、政治学、心理学など重層的なアプローチを必要としていることは言うまでもない。その中でわれわれは、どのようにして世界を変革するかではなく、世界を変革する主体はどのように形成されるかについて考えている。われわれの見立てによれば、キリスト教的な救いの概念はそうした主体の形成を意味しているのであって、われわれにとっての救いとは後の世における永遠の命の保証ではなく、この世界を自由に生きることなのである。重要なことはこの世からの救いではなくこの世の救いであり、自らの力では太刀打ちできない状況に脅かされる存在である人間が、不安を憎悪によって解消するのでも他者への依存に逃避するのでもなく、自由な主体として自己と世界の変革の過程に参与するものとなること、これが救われた状態だと考えたいのである。

（1）真のラディカルな人間となる

フレイレは人間の本質をラディカルであること、と捉えている。社会変革を目指す革命家は真の意味のラディカルでなければならないが、それは常に批判にさらされていること、批判的であることであり、こうしたラディカリズムは自由と解放へと向かうプロセスにおいて必要不可欠なものである。革命家はラディカルでなければならず、主観主義を克服し対話に開かれた存在でなければならないが（一三）、ラディカルであるとは、現実へのコミットメントを深め、より深く現実を知ろうとし、その現実を変えようとすることでもある。またラディカルであるとは恐れないことでもある。世界と対峙することを恐れず、世界で起こっていることに耳を澄ませることを恐れず、世界で表面的に生起していることの化けの皮をはがすことを恐れず、対話することを恐れない態度である。そしてラディカルであるとは、対話によって双方が成長できることを認め、自分が歴史を動かしているとか人を支配できると考えず、自分が抑圧されている人々の解放者だなどとも考えないことである（一六）。ここで注意すべきことは理想像としての真の人間を描き出さないことだが、それは仮想の理想像の前で現実の人間がないがしろにされるようなことがあってはならないからである。「ナイーブなヒューマニズムの概念のまちがいの一つは『よき人間』の理想像をつくろうとしたがること」だが、しかし大切なことは理想像ではなくむしろ「そこにいて現存する人間の確かなありよう」の方なのである（一三二）。

（2）意識化は対話によって可能となる

被抑圧者にとっての意識化とは、自分たちが不当な抑圧を受けていること、搾取されていることを認識することから始められる。これは自己の尊厳の回復であり、人々が「主体として歴史のプロセスに関わって行くことを可能」（九）とするために不可欠な要素である。これは様々な呪縛からの解放のプロセスだが、抑圧の歴史が長ければ長いほど、こうした解放のプロセスはとてつもない困難を伴うことになる。フレイレが考える教育とは、このような意識化の過程のことである。それは知識を持つ教師が生徒に語り続けるような教育ではなく、信頼で結ばれたもの同士が対話を通じて理解を深めて行くような方法である。彼はそれを「問題提起型教育」と呼び、既存の知識注入型の教育を「銀行預金型教育」と呼んでいる。教育者は人間の創造的な力を深く信頼することができなければならず、教育される側のよき同志でなければならない（八八）。対話は絶望ではなくよりよき人間になることを諦めない希望によって成り立つものである。そこに必要なのは「本来の意味での思考」であり、世界と人間との共生を考えることである。「具体的にいうとそれは、現実に起こっていることを、固定されたものとして捉えるのではなく、プロセスとして捉え、常に生成されていくものとして捉えるということでもある」（一二九）。

（3）教育とは人間化である

フレイレにとって教育の目標は人間化である。それは非人間化の力が支配する現実に立ち向かうことを意味している。暴力は、加害者と被害者双方を非人間化する力である。重要なことは加害者を打ち負かすことではなく双方の人間性を回復することである（二三）[52]。抑圧者は偽りの寛容さによって現状を維持したままの問題解決に訴えようとするが、必要なことは愛に基づく自己変革である（二四）。フレイレにとって人間の使命とは「より全き人間であろうとすること」だが、人間性を取り戻す解放の実践が可能なのは他ならぬ被抑圧者自身である。なぜなら彼らほど抑圧的社会のおそろしさを熟知するものはいないからである。しかし被抑圧者が人間性を取り戻すことは容易ではない。なぜなら彼らのロールモデルは抑圧に苦しむ自分たちの他には、自分たちを抑圧する人々以外には無いからである（二八）。このように、抑圧性を内面化してしまった人々にとって必要なことは彼らが抱いている悪しきロールモデルを取り除くことだが、重要なことはそれによって生じる隙間に自律と責任という新たな内容を満たすことである（二九）。被抑圧者か抑圧者かという二分法ではなく、「本来の意味での自由で新しい人間」（三二）になることが必要なのであり、自由を恐れない人間を世に送り出すことが教育の目的なのである。抑圧されている人々だけが自らを自由にし、それによって抑圧者をも自由にすることができる。対立的構造を維持して立場を入れ替えるようなやり方ではなく、抑圧的構造そのものが消滅しなければならない（四八〜四九）。人間化のために必要な真の対話としての教育とは、誰かが誰かのために行うのではなく、互いが世界を仲立ちにしながら行う取り組みなのである。

（4）人間化とは自由を追求する主体となることである

人間化を中心に置くフレイレにとって自由と解放にコミットする上で最も重要なことは人々を信頼し、絶え間なく信頼を示し続けることである（五七～五九）。民衆を無知な人間と思っているような人間に革命は不可能である。解放の実践過程において常に求められているのは批判的で自由な対話、行動を伴うような対話である。民衆の尊厳を回復することが目的であるならば、そのプロセスにおいても民衆が人間として認められなければならず、「より全き人間となる」という目標は、目標に向かうプロセスにおいても常に意識されていなければならない（六七）。被抑圧者の解放は人間の解放であってモノの解放ではない。したがって人間は自分だけで自由になることも、他の人によって自由にしてもらうこともできない。被抑圧者自身が自分たちが闘わねばならないと確信するために必要なのは指導者による教育ではなく自らの意識化である（七〇）。大切なのは、それまで抑圧者たちによって「モノ化」されてきた人々が自らを人間として再構築する過程であり、それは対話による人間的教育による他はない。問題提起型教育はどちらかが教えどちらかが教えられる関係ではなく、新しい知を生成する行為の主体として互いを発見し合うような関係によって可能となる（七三～七四）。フレイレにとって人間化とは「自由を追求する主体」（七五）となることを意味しており、主体化とは、支配されるモノであることを自らやめることであり、これ以上権威ある教えの聞き手、与えられた価値の入れ物であることをやめることである。したがって被抑圧者が自ら内在化してしまった内なる抑圧者の存在に気付くことが意識化の過程の第一歩となる。援助者は主体化に向かう対等なパートナーであってこれらの過程における「救い」の宣布者ではないのである（一三四～一三五）。

（5）フレイレの思想をキリスト教批判として受け止める

　フレイレは問題解決型の教育を提唱し、「銀行預金型教育」やセクト主義を批判する。これは既存の教育制度を批判すると同時に革命を標榜する人々が陥りやすい誤りを指摘するためになされた批判である。しかしわれわれはこれらの批判の多くがキリスト教に対する批判として受け止められる必要があると考えている。ラテンアメリカにおいて教会は長年権力者あるいは抑圧者の側に立ってきた。ボフは教会が支配階級と結託して宣教を進める状態を「母、そして教師としての教会」と呼び、それは教会から公認された教会論であり植民地主義の過程で推進されてきたと指摘している。このような教会において豊かな人々は貧しい人々を教育、指導するが、そのような教会は「貧しい人々の教会」ではなく「貧しい人々のための教会」でしかない[53]。ボフはローマ帝国による公認以降の教会、そして「第二バチカン以前」のカトリック教会をこのように批判的に表現しているが、「安定した市民のための教会」が大半である日本の現状からすれば、われわれが知っている教会もボフが指摘する「貧しい人々のための教会」であるように思える。神学的原則上、権力としての教会、権力者の教会であったころからローマ・カトリック教会は現実にはそうでないとしても名目上「貧しい人々のため」のものであった。問題は、このような原則にも関わらず現実の貧しい人々は常に付け足しとして扱われてきたことであり、慈善の対象ではあってもそこに主体性は認められていなかったということである。

　こうした姿勢は豊かな人々の権力欲、利己主義の結果ではあるが、神学がそのような教会像を後押ししてきたことが問題と言えよう。実際、フレイレが活動したブラジル、そして南米諸国のすべてがローマ・カトリック教会を中心としたキリスト教社会であり、彼が批判の対象とする現実とキリスト教とは密接なつながりにあることは事実である。フレイレ自身、『被抑圧者の教育学』の序文で、「キリスト者やマルクス主義者」は自分の立場に賛同してくれないだろうと書いており、彼がキリスト教とマルクス主義とに対する批判の意図を持っていたことは推察できる。しかし彼の批判をキリスト教に対するものと考えるのは、フレイレ自身がそう考えているからというよりはわれわれが主体化の神学を構築する上で重要な論点が示されていると考えるからである。

フレイレは主観主義と主観性を区別し、抑圧の現状を変革しようとせず視点を変えることで合理化しようとする主観主義を否定する。これは変革ではなく事実の歪曲だからである（三九〜四〇）。フレイレはこのような主観主義を運命論と呼んで批判するが、その中には「歪曲された神の観念」が含まれている（六〇）。抑圧者の暴力を人生に付きものの不条理な苦しみや神が与えた試練などと読み替えるような神理解は歪曲されたものと言わざるを得ない。意識化を妨げる要素の一つに自己卑下があるが、伝統的キリスト教は「歪曲された神の観念」を通し民衆に自己卑下と無力感を注入してきたのではなかろうか。「民衆のアヘン」と評された宗教はこのような主観主義的機能であり運命論と言えよう。したがってフレイレの批判は、現実を前に人間を客体化し受動的存在とするキリスト教的価値観、「歪曲された神観念」に対する厳しい問題提起と言えよう。フレイレはボーヴォワールを引用し、抑圧する人たちがやろうとしているのは「抑圧されている人の心情を変えることであって、抑圧されている人たちの状況を変えようとしているわけではない」と指摘する（八四）。キリスト教は被抑圧者に「心情の変化」をもたらす体制維持的機能として作用してきたのではないか。変えるべきは被抑圧者の心情ではなく人々が置かれた状況、不義な構造であり、それはその状況に対する批判的介入を意味していることは言うまでもない。しかし抑圧者が嫌悪するのはまさに批判的介入である。抑圧の状況の渦中にある民衆が自分は無力であると感じ、この現実は変えようがないと思い込むことが抑圧者の願いである。そして民衆が自らの解放のために状況を明確かつ批判的に捉え、解放の主体となることを抑圧者は恐れている。だからこそ抑圧の渦中にある人々が対話的、問題提起型の教育プロセスを経て意識化され、自分自身を解放の主体として捉えることがどうしても不可欠なのである（四二〜四五）。本来歴史的な存在であり、他者と共に真実を探求する存在であるはずの人間が自らを過小評価し、その結果運動の主体となることを妨げるような力をフレイレは暴力と呼ぶ（一一三）。そうであるならば被抑圧者にとってキリスト教は、「歪曲された神の観念」によって苦しみを甘受すべきものと教え、来世における至福への期待だけを語る暴力装置として機能し、人間解放に向けた人々の主体化を妨げてきたのではなかろうか。フレイレが克服の課題として掲げる「銀行預金型」教育システムは抑圧のツールと呼ばれているが、それはまさにキリスト教そのものではなかろうか。

フレイレは「本当の言葉」には現実を変革する力があり、それは行動と省察を含むものでなければならないという。「空虚な言葉には世界を改革するようなコミットメントも行動も期待できず、世界を告発するような力を持つこともできない」（一一九）。これは、言葉の宗教であるキリスト教に向けられた批判であると同時に神学に対する警句でもあるだろう。フレイレが考える「本当の言葉」とは、世界を引き受けた存在による言葉であり、それは労働、実践、世界の変革でもある（一二〇）。そして「本当の言葉」の座は対話の中にあるのであり、対話は相手に対する深い愛情と信頼、謙虚さによって成り立つのである。対話が成り立たない状態としてフレイレが示す悪しき事例を見てみよう。自分は生まれが違うと思って相手をモノのように扱う。自分は真実を知っているが「やつら」は知らないと思っている。世界を引き受けられるのは選ばれた人間であって歴史への大衆の登場は堕落のしるしだと考える。誰かの貢献を認めずそれでは自分の面子がつぶれると思っている（一二四〜一二五）。相手への愛情、信頼、謙虚さを欠く高慢なキリスト教の問題は、実際に教会が社会的権力と結びついていた時代はもちろんのこと、教権主義、聖職権威主義として現代に継承されており、「神の言葉の神学」に代表される排他的啓示神学にも同様の問題を見いだすことができるのではなかろうか。

抑圧された人々が内面化された権威から解放されることの困難さを語るフレイレに対し、それは活動家、運動家たちにとっても同様の困難さを伴っていると語るのは脱開発論の立場に立つマジッド・ラーネマである。[54] 彼は

「実存的二重性」、すなわち抑圧者の価値を内面化した人々が立場が入れ替わると同時に今度は抑圧者となってしまうという問題は、しばしば外部から来る活動家たちが陥る問題でもあると指摘する。さらに民衆の意識化と構造の変革に献身する活動家が、意識化や参加の名のもとに人々を操作し家父長的温情主義と傲慢さによって人々を支配する事例は多いという。彼らの問題は、自分たちだけが状況を把握しその深刻さを理解していると考える点にあるが、そうなってしまう最大の要因は傲慢さと感受性の欠如である。傲慢さと感受性の欠如を克服するために必要なことは「内的自由」の確保であり、それは被抑圧者と協力者双方に欠かせないものだと言えよう。改革は外からもたらされるのではなく内部から始まるものであり、「自由で探究心に満ちた人々による、現実認識のための制約なき模索と共同作業と過程[55]」でなければならない。ここで語られている「内的自由」こそわれわれが探求する主体化の必要不可欠な条件と言えよう。

真理を教える特権的教会、罪と救済の何たるかを知るのは自分たちだけだと信じ救いに至る道を教授する教会の姿は、まさに「銀行預金型教育」の類型に合致している。そして善意に基づき献身的に福音を宣教する教会は、解放運動の活動家が陥る家父長的温情主義と傲慢さに対する批判に耳を傾ける必要があるに違いない。「空虚な言葉」を発する者たちが陥る傲慢さと感受性の鈍さがキリスト教にも当てはまると考えるなら、その原因はやはり「内的自由」の欠如にあるだろう。「内的自由」こそ宗教の本質に関わる問題でありキリスト教がそのことを追求してきたことは言うまでもない。福音は内的外的を問わず奴隷の軛から人間を解放する思想であり実践であるはずである。ガラテアの信徒への手紙五章は、キリスト者に約束された自由は隣人への奉仕、すなわち愛の実践のための自由であると語っている。しかし、もしキリスト教が人間の主体化を妨げる暴力装置として機能することがあるとするならば、それは内的自由と感受性が欠如しているからだというラーネマの指摘は傾聴に値する。律法主義は当たり前の感性を阻害することで人間を非人間化する。律法主義、あるいは原則主義によって排除された「自由なサマリア人」であればこそ当たり前の感性に従って正しく行動することができたのである。[56] 律法主義、原則論、あるいは教義が内的自由を束縛し感性を鈍らせた結果、キリスト教は尊大になり、対等な対話のパートナーとして隣人の解放に奉仕する機能を喪失しているのではなかろうか。そうであればキリスト教は自らを解放する必要がある。そのためには、自分たちはまだ自由ではないという自覚、すなわち意識化の過程がどうしても必要なのである。そのために必要なのは対話であり謙遜であり信頼であるとフレイレは指摘している。フレイレは、神学や哲学の理論によってではなく民衆解放の現場における参与と連帯の経験を通してそう語っているのである。

フレイレは、対話の大前提は人間存在への深い信頼であると語る。人は何かをすることができ、創造と再創造が可能であり、よきもの全きものを目指す存在であり、それは一部のエリートの特権ではなくすべての人間が持つ権利である。もちろんこれらは批判的な観察を伴う「批判的な信頼」であることは言うまでもない。人間関係において信頼の崩壊は避けることができないが、それは解放に向けた闘いのプロセスにおける信頼の再生と再創造への確信によって克服される、と彼は確信する。信頼は何の努力もなしに与えられるものではなく解放の闘いの中で常に新たに生まれるものなのである。教会の権威的構造に対する批判を論じたボフは、フレイレを引用しながら教会が長年「教える教会」であったことを批判する。信徒の共同体としての教会は全体が「教える教会」であり「学ぶ教会」であり、それらは二つの領域では無く二つの機能でなければならない。しかし、聖職権威主義とエリート主義がそれらの機能を分裂させたとボフは指摘する。[57] 権威主義は対話の大前提である信頼を破壊する支配と服従の関係を生み出しかねない。フレイレは愛と謙虚さと信頼の欠如した対話を、「ただの茶番劇」か、せいぜい「ただの甘い言葉に満ちた温情主義」と厳しく批判した。ヒューマニズムを語りながら目の前の人間を否定するような行為は「単なる嘘つきのやること」（一二八）なのである。これらの言葉は、救いを語りながら人間の自由を束縛し、暴力装置と化すキリスト教に対する預言者的批判と受け止めるべきではなかろうか。「銀行預金型教育」に対するフレイレの批判は、キリスト教と従来の神学、特に現実の変革を早々と断念し、来世への希望を語ることで人々を非政治化する彼岸的救済論に対する批判として受け止めざるを得ないのである。

（6）フレイレから学ぶ主体化とは何か

実践の中から導き出されたフレイレの思想には学ぶべき点は多い。特に、「限界状況」の設定による宗教的領域の限定の問題点が明らかになったことは大変重要である。そして彼が目指した人間化とは被抑圧者と抑圧者双方の解放であり、そこでは抑圧―被抑圧という構造悪自体の解消が目指されていた。フレイレはこのような構造の変革は人間の変革によって実現すると捉え、その過程を教育と名付けたのである。変革の主体としての人間とは、現実を変革し、恐れを克服し、対話によって常に生成し続ける人間のことである。与えられた限界によって自らの自由を制限することなく常に新しくされる希望を見失わない人間にとって、政治的課題と宗教的課題の区別、言い換えれば救済と解放の区別は無意味である。フレイレの意識化において尊厳の回復、内面化した抑圧構造の克服、すなわち自己卑下と自己客体化の克服が重要となる。意識化による自己解放は英雄的なロールモデルやすぐれた知識の注入によってではなく、信頼に基づく人間同士の対話によって達成されるのだが、正しい目的に向かう過程そのものが目的にふさわしいものでなければならない。フレイレは脱権威主義的な関係を何よりも重視しているからである。

自己卑下と自己客体化が克服されなければならないのは、それが人間の連帯を阻害する主たる要因だからでもある。フレイレは被抑圧者自身の問題としてこの点を語り、ラーネマは解放の過程に関わるすべての当事者にとってこの問題が重要だと語った。尊厳の回復は正しい権利主張を伴う必要があるし、抑圧からの解放に欠かせないのは抑圧に対する告発であり、それは被抑圧者だけでなく抑圧状況とその周囲にいる人間との連帯の課題でなければならない。フレイレは、抑圧者が嫌悪するのは批判的介入であると述べたが、それは抑圧的状況に関わるすべての人間の立ち位置の問題、すなわち当事者性の問題と深くつながっている。暴力とトラウマの関係を研究するジュディス・ハーマンによれば、加害者が望むのは第三者の沈黙である。それは加害者にとって簡単な作業である。好奇心は持つが悪事には関わりたくないという「万人の欲望」に訴えるだけで十分だからだ。一方、被害者が被害を訴え連帯を求める叫びをあげること、そして被害者に連帯しようとする人々がその訴えを聞き続け被害の事実を受け止め続けることには大きな困難が伴うのである。[58]「抑圧―被抑圧」構造の解体とは、被害者が告発し闘争する主体となり、傍観者が被害者と連帯する主体となり、加害者が悪事を認めて自己変革する主体となる一連の過程を含むのであり、それぞれが自分の立ち位置を正しく捉え、当事者、即ち主体として事件に参与することが必要となる。抑圧的構造とは、抑圧者（加害者）の自己肯定と被抑圧者（被害者）の自己嫌悪によって成り立っているのでありこうした構造そのものの変革こそが目標とならねばならないのである。

抑圧者が自己疎外を克服すること、すなわち自らの当事者性、抑圧性を意識化し自己尊重へと至ることは容易ではない。そこには被抑圧者による告発が不可欠であり、フレイレはそれを対話的、人間的な手法と考えた。対話とは他者への信頼と承認であり、その過程は相互主体化と呼ぶことができるだろう。グティエレスは、罪は隣人との交わりを絶つことであり、回心とは抑圧され軽蔑され支配されている隣人への回心であると考えている。そしてこの回心こそが自分自身の根本的変革であり霊性の試金石であり、[59]これらはラーネマのいう「内的自由」を可能にするものと言えよう。しかし回心と内的自由の獲得は個的にではなく相互的な過程として初めて可能となるのである。

意識化とは人間化である。従属的客体、抑圧―被抑圧、加害―被害構造に規定された人間が、真の意味で自由で主体的な人間となることが人間化である。自由で主体的な人間は構造悪から自由であり、被抑圧者、被害者と連帯可能な人間である。被抑圧者にとっての意識化が、自分は搾取され抑圧されているという事実に気付くことであるように、すべての人は自分の被抑圧性、加害性、傍観者性を意識化される必要があるが、これはすべての人間が加害者であるという超時空的、彼岸的加害性、すなわち罪の平等、絶望の平等の問題ではない。今この状況、この関係において誰が抑圧され搾取されているか、誰がこの暴力の犠牲になっているかが出発点であり、個々の状況を捨象した「絶望における平等」は抽象的真理の探究における出発点ではあっても、構造の変革に寄与する現状認識ではあり得ない。それは他者との関係を切断した個人の主観主義であるか、悪の構造を所与のものとして承認し放置する運命論として現状維持に加担するのである。このような主観主義と運命論は加害者が望むことであり、それらは抑圧者の思想だと言わざるを得ない。そして被抑圧者自身もこのような主観主義と運命論を内面化し現状維持の一端を担わされていることをフレイレは見抜いたのである。

フレイレは人間化の過程を教育として捉えている。もちろんこれはイリッチが批判した意味での「学校」が独占する国家システムの一部としての教育ではなく人間一人ひとりが実践するものとしての教育である。とはいえ、しかし社会の変革を担うのは政治であり運動ではなかろうか。そこから考えれば教育という切り口はあまりに狭く断片的ではなかろうか。この問題を考える上で、現代の資本主義社会の本質を「リキッド・ライフ」と捉えるバウマンの次のような確信は重要な意味を持っている。バウマンは、「民主的」あるいは「自律的」な社会への変化のためには「教育や自己教育」以外の方法はないし、民主的な社会を維持できるのは「批判的教育」だけであると考えている。批判的教育とは批判する力を育てる教育であり、社会に罪の意識を感じさせる教育であり、人間的良心を刺激することで状況をかき乱す教育のことである[60]。フレイレが提案する意識化は被抑圧者が批判の主体として自己を解放し、社会を民主化・自律化するための方法なのである。これらのことがわれわれの福音化にとっていかに重要な主題であるかは言を待たないであろう。

（7）主体化と社会的条件

かくして人間は主体的な存在として生きる道を求めるために種々の過程を経なければならないが、それらをすべて当事者の力量や意識の問題に帰すことは間違っている。主体化を個人の力量の問題に還元し、主体化を可能とする社会的条件の重要性を無視することはできないはずである。経済学者であり哲学者でもあるアマルティア・センは「潜在能力 capability」の概念を通して貧困の分析を行っているが、[61] これはわれわれの課題と深くつながる問題意識と言えよう。貧困の解決、あるいは正義の実現を論ずる基本的な概念の一つは平等の実現だが、それは十分な食料や安全の確保によってではなく、人間と社会がもつ潜在能力によって判断されなければならない、とセンは主張する。公正な社会の尺度として重要なのは「機会の平等」ではなく実際にその人が自由かどうかである。すなわち、人が自由を実現するためにどのような資源や基本財をもっているか、それらは平等に配分されているかが重要なのではなく、「価値ある生き方を選択する自由が実際にどのくらい享受されているか」（一二五）が重要なのである。正義の実現にとって重要なことは、一人ひとりが利用可能な自由をそれぞれのニーズに従って組み合わせる「潜在能力」であり、それが存分に発揮できるのかそれとも制限されているのかによってその人が置かれているのが公正な状態かどうかを判断しなければならないのである。一人の人間に必要な栄養価や熱量は一様ではないし、栄養を摂取できる健康状態か、与えられた熱量を活用できる身体条件かどうかによっても一人ひとりに必要な熱量は異なる。それだけではない。人間は多様な目的を持っており、それを達成するために必要な資源や基本財も多様である。したがって平等な条件によってある人は目的を達成し他の人はそれを達成できない。目的達成に必要なのは同じ資源、同じ環境といった条件の平等ではない。与えられた資源を自らが追求する目的達成のために変換する潜在能力は一人ひとり異なっているからである（一三三）。

センにとって貧困とは、人間として甘受可能な最低の生活水準の維持に必要な基本的潜在能力が欠如した状態のことである。それは食料の欠如ではなく、所与の条件を活用しようにもできない状態に置かれていること、すなわち自由が欠如した状態と捉え直す必要がある。幸福な暮らしは一定の経済水準によって保証されるものではない。「所得や資源を潜在能力に変換できる可能性」の有無がそれを左右するからである。したがって必要なことは、貧困に陥らないだけの所得を一律に決めてそれを保証することではなく、個人の身体的な特徴や社会環境に適合した選択可能な条件を保証することである。こうして保証された資源や所得は自由を獲得するために必要不可欠な要素となるが、それらが各自の自由につながるかどうかは個人と社会が持つ変換能力、すなわち潜在能力が発揮可能かどうかにかかっているということになる（一七二〜一七五）。

潜在能力の理論に照らせば、人間の主体性とは各人の意思や努力だけではなく、主体性を発揮し得るかどうかを規定する諸側面と深く関係があることがわかるだろう。人は社会制度や経済的、身体的諸条件によって自由を制限され、潜在能力を発揮できない状況に置かれている。そして時には、人間の解放を標榜する宗教が人間の自由な主体性の発動を押さえ込む要素となっていることはすでに論じた通りである。福音は本来、人間と社会に存分に与えられているはずの潜在能力を遺憾なく発揮させるための自由の源泉でなければならない。われわれは福音が保証する自由への活力を妨げる力を克服しなければならないし、人間が自由な存在として、隣人と共に悪の構造を変革する主体となるための道筋を描く必要があるのである。

三、楽園からの自由に向けて

主体化とは、実存的な個の確立ではなく自己と他者、社会との関わりの中で誠実であるための過程を意味している。他者との関係は主体の確立の重要な要素ではあるが、イデオロギーや権力といった偽りの他者が力を振るう全体主義や独裁の暴力の前では、主体化はそれらに対する闘争の過程を意味することとなる。宗教は主体化の過程において、集団主義や国家主義を克服する内面的規範と自我の形成を促すための重要な要素である。しかし、自由の根源であるはずの宗教が自由を求める人間にとっての克服の課題と化してしまったのが、われわれが直面する脱宗教的社会の現実と言えよう。共同体における相互主体性、すなわち当事者性は支配と被支配という関係そのものの解体を目指す運動であり、自由な主体はたえず新たな関係構築を目指す運動の中において確立される必要がある。キリスト教は理念や教義の正しさによって服従と依存を促す装置としてではなく、主体化を促す援助者であり、相互主体的な生成過程において初めて本来の力を発揮するのである。

われわれは主体的人間を、他者の価値体系に依存せず自らの自由を実現することを希望し続ける存在、排除や弾圧を逆説的に自らの自由へと変換する知恵を持つ存在と捉えている。しかし人間は本来そのように生れ出たのではなく、他者、世界との交渉を通して多様な価値と接触し自己を相対化することで主体的人間へと成長する。聖書やキリスト教の伝統は、人間を主体化へと導く創造的な対話の相手となることを通じて初めて信頼を得る。しかしフレイレを通して学んだように、キリスト教は人間の意識化を妨げる負の要因となりかねない。この問題を解決するためには、まず何よりもキリスト教自身が他者との批判的で創造的な対話に開かれていることが重要であり、神学はキリスト教内部にあって自らの批判的教育の責任を担っているのである。

人間の自由は正義に基づく平和によって保証されている。それは民主化と人権の確立、脱植民地化と文化的帝国主義の克服といった具体的諸次元を通して実現する。これらは政治的課題であると同時に、他者依存の「楽園」から脱出し常に内的な自由を追求する一人ひとりの努力をも必要としている。人間の尊厳に向かう解放の過程において一人ひとりの尊厳は常に尊重される必要があるし、その過程で一人ひとりが意識化され主体化されていなければならないからである。聖書が証言する福音の喜びはこの過程における個々の充実であり隣人との交わりの回復に基づいているのではなかろうか。われわれはそのような過程、すなわち主体化を渇望する過程を生きており、この過程にあること自体がわれわれにとっての救いの経験の一領域と言えよう。われわれの主体化は支配と依存からの脱出、即ち「楽園からの脱出」によって開始されているのであり、われわれにとっての救いは彼岸的なもの、つまり楽園への回帰ではない。われわれは楽園から解き放たれたことで初めて主体化への道を歩み始めたのである。このような主体化は正義に基づく平和によって可能となり、このような主体化が正義に基づく平和をもたらすのである。したがって、主体化の過程においては政治的な解放と宗教的な救済とは同じ現象の異なる呼び名であると言えよう。

参考文献

【邦語】
ルイ・アルチュセール『アルチュセールのイデオロギー論』(柳内隆、山本哲士訳、三交社、一九九三年)
イヴァン・イリッチ『脱学校の社会』(東洋、小澤周三訳、東京創元社、一九七七年)
岩佐茂「主体性論争の批判的検討」《人文科学研究》二八巻(一橋大学、一九九〇年)
宇都宮芳明『人間の哲学の再生に向けて』(世界思想社、二〇〇七年)
宇野重規「丸山眞男における三つの主体像」小林正弥編『丸山眞男論』(東京大学出版会、二〇〇三年)
E・ガイスマー『キェルケゴールの宗教思想』(大谷長監修、尾崎和彦他訳、東海大学出版会、一九七八年)
香山洋人「民衆神学における民族　上・下」《キリスト教学》四五号、四六号(立教大学キリスト教学会、二〇〇四、二〇〇五年)
――――「あなたはどこにいるのか」《キリスト教学》五二号(立教大学キリスト教学会、二〇一〇年)
川橋範子・黒木雅子『混在するめぐみ、ポストコロニアル時代の宗教とフェミニズム』(人文書院、二〇〇四年)

木田献一『古代イスラエルの預言者たち』（清水書院、一九九九年）
――『神の名と人間の主体』（教文館、二〇〇二年）
ゼーレン・キェルケゴール「哲学的断片或いは一断片の哲学：哲学的断片への結びの非学問的あとがき」『キルケゴール著作集七』（杉山好、小川圭治訳、白水社、一九六八年）
――『死に至る病』（飯島宗享訳、教文館、一九八二年）
北川直利「ワッハの『救済の人間学』の構造　ウェーバー批判との関連から」楠正弘編『解脱と救済』（平楽寺書店、一九八三年）
絹川久子『女性たちとイエス』（日本基督教団出版局、一九九七年）
グスタボ・グティエレス『解放の神学』（関望、山田経三訳、岩波書店、二〇〇〇年）
栗原彬「排除と生存をめぐって」《立教法学》七八（立教大学法学部、二〇一〇年）
小林稔「ヨハネ福音書の『エゴー・エイミ』：その訳し方をめぐって」《カトリック研究》六四（上智大学神学会、一九九五年）
小林俊明『〈主体〉のゆくえ　日本近代思想史への一視覚』（講談社、二〇一〇年）
篠原資明『言の葉の交通論』（五柳書院、一九九五年）
心園記念事業会編『安炳茂著作選集一　民衆神学を語る』（金忠一訳、かんよう出版、二〇一六年）
アマルティア・セン『不平等の再検討―潜在能力と自由』（池本幸生、野上裕生、佐藤仁訳、岩波書店、一九九九年）
高桑純夫『唯物論と主体性』（国土社、一九四八年）
田川建三『新約聖書　訳と註五　ヨハネ福音書』（作品社、二〇一三年）
デイヴィッド・チデスター『サベッジ・システム』（沈善瑛、西村明訳、青木書店、二〇一〇年）
月本昭男『創世記一』（日本キリスト教団出版局、一九九六年）
ジャン・リュック・ナンシー（編）『主体の後に誰が来るのか？』（池道隆他訳、現代企画社、一九九六年）
ジグムント・バウマン『リキッド・ライフ』（長谷川啓介訳、大月書店、二〇〇八年）

ジュディス・ハーマン『心的外傷と回復』(中井久夫訳、みすず書房、一九九六年)
E・S・フィオレンツァ『石ではなくパンを』(山口里子訳、新教出版社、一九九二年)
ミシェル・フーコー『監獄の誕生』(田村俶訳、新潮社、一九七七年)
――『主体の解釈学』(廣瀬浩司、原和之訳、筑摩書房、二〇〇四年)
古川正樹「限界状況経験の本質」《哲学会誌》十二号(学習院大学文学部哲学科、一九八八年)
パウロ・フレイレ『被抑圧者の教育学』(三砂ちづる訳、亜紀書房、二〇一一年)
フィリップ・ベリマン『解放の神学とラテンアメリカ』(後藤政子訳、同文館、一九八九年)
V・D・ボニーヤ『神の下僕かインディオの主人か』(太田昌国訳、現代企画室、一九八七年)
レオナルド・ボフ『教会　カリスマと権力』(石井研吾、伊能哲大訳、エンデルレ書房、一九八七年)
三浦武人「ヤスパースの限界状況論について・そのⅠ・Ⅱ」《東北大学教育学部研究年報》第二五集、二六集(東北大学教育学部、一九七七年、一九七八年)
カール・ヤスパース『哲学入門』(草薙正夫訳、新潮文庫、一九五四年)
ヴォルフガング・ザックス編『脱〈開発〉の時代』(三浦清隆他訳、晶文社、一九九六年)

注

(1) 例えば、西洋哲学において主体を巡る問題を論じた以下の著作がそのことをよく示している。フーコー『主体の解釈学』、ナンシー編『主体の後に誰が来るのか?』。
(2)「主体」の哲学史的分析については小林俊明『〈主体〉のゆくえ　日本近代思想史への一視覚』、主に「subject の由来」による。漢字を中心とする日本語と西洋語との間に生じるこうした齟齬やずれは枚挙にいとまがない。「民族」もその好例である。拙稿「民衆神学における民族　上」参照。
(3) 小林、前掲書、三八頁。

（4）アルチュセール『アルチュセールのイデオロギー論』九～一一一頁。
（5）同、一〇一頁。ここで参照されているのは「創世記二章」である。「主なる神は人に命じて言われた。『園のすべての木から取って食べなさい。ただし、善悪の知識の木からは、決して食べてはならない。食べると必ず死んでしまう。』」（二章一六～一七節）
（6）同、九六頁。「出エジプト記」三章一四節の「わたしはある、あるという者だ」に基づいている。木田献一によればここで示される「神名」は「エフエイ」であり、それは「固有名を持つ人間どうしが自立し共生する場を開く声」でありそうした自立と共生の関係を可能たらしめる声であるという。『神の名と人間の主体』五九頁。
（7）「エゴー・エイミ」を神的称号あるいは特殊用語と解釈する諸説については、小林稔「ヨハネ福音書の『エゴー・エイミ』」が参考になる。小林によればこの語は単一の意味ではなく文脈によって異なる解釈を必要とする。一方、田川建三はこれを文法的に特殊なヨハネ独特の表現と捉え、ただ「私だ」と訳すことを主張している（『ヨハネ福音書』四一五～四二〇頁）。われわれもこれを救済史的な背景を持つ神的称号などとしてではなく、キリストに限定されない最も主体的な自己認識と自己開示の表現と捉えている。なお、木田献一は「出エジプト記」三章の神名「エフエイ」はヨハネにおける「エゴー・エイミ」であると考えているが（前掲書四一～四二、五四～五六頁）、神的称号と考えない点でわれわれの理解と矛盾しない。「この『エゴー・エイミ』は、自分の存在を確認し、神によって与えられた自分の生を根源的に確実なものとして受け止め直す人間の言葉だということになります。」同、五六頁。
（8）宇都宮芳明『人間の哲学の再生に向けて』二二四頁。
（9）同、一七〇～二二二頁
（10）同、二〇八頁。
（11）たとえば「創世記」一八章の神と駆け引きするアブラハム、「出エジプト記」三二章の神をなだめるモーセなどが想起される。エジプトからの解放の契機は神が民の苦しみの声に耳を傾けたからであった。
（12）宇都宮、前掲書、二一五頁。
（13）同、二一六頁。

(14) 木田献一、前掲書、六五頁。
(15) 同『古代イスラエルの預言者たち』二四〇頁。
(16) チデスター『サベッジ・システム』参照。
(17) それは「交通論」的に「双交通」を克服した「異交通」と言えよう。共通のコードによって権力関係が明らかになるような関係ではなく、異なるコードを持つものどうしが互いに理解し合い影響を与え合う関係のイメージである（栗原彬「排除と生存をめぐって」）。「交通論」は篠原資明『言の葉の交通論』参照。
(18) 安炳茂『民衆神学を語る』一一四～一一五頁など。
(19) 同、五八頁。
(20) フィオレンツァ『石ではなくパンを』第一章他。
(21) 絹川久子『女性たちとイエス』五二頁。
(22) フーコー『主体の解釈学』一九頁。
(23) このような批判的論点は、キリスト教を「奴隷道徳」とみなしたニーチェの立場を想起させるかもしれない。しかし主体化はニーチェが構想した「超人化」ではない。彼は奴隷化しない自由な存在を支える重要な要素として「力・権力」をイメージしながら社会的な権力構造を問題視していないからである。ニーチェ『善悪の彼岸』参照。
(24) 三章一六節「お前は苦しんで子を産む」（新共同訳）について月本昭男は、「苦労のなかであなたは息子たちを生む」と訳し、出産を苦しみ、すなわち神による罰と捉えない解釈を採用している。月本昭男『創世記一八』一一一頁。
(25) 人間の救済欲求の背後にあるものを「危機的状況」と考えるウェーバーに対し、ワッハが実存的危機の側面を強調するのは第一章で示した通りである。そこで使われていたのが「限界状況」概念であり、島薗進もこれを継承している。
(26) ヤスパースの「限界状況」については、古川正樹「限界状況経験の本質」二五～四四頁および、三浦武人「ヤスパースの限界状況論について・その一」一～三七頁、「同・その二」一～三六頁。
(27) ヤスパース『哲学入門』二三～二六頁。以下、同書からの要約と引用は本文中にページ数だけを示す。
(28) 北川直利「ワッハの『救済の人間学』の構造」三二～三三頁。

(29) ヤスパースやハイデガーにとって、死は人間が本来的に生きるための契機であった。三浦武人「ヤスパースの限界状況論について・その二」一一頁。
(30) 北川、前掲書、三八頁。
(31) 仏教は「四諦」「四苦」「八苦」など苦悩の問題を直接的な真理契機とした宗教思想と言えよう。
(32) マタイ八章二一節、および平行個所。
(33) マルコ一三章三二節以下、および平行個所。
(34) この点は特に安炳茂が強調している。
(35) コリント前書一五章二六節。
(36)「死」『旧約新約聖書大事典』。
(37)『哲学的断片への結びとしての非学問的あとがき』は自身の『哲学的断片』に対する補足と展開であり、ヘーゲルの歴史哲学と客観的真理主張あるいは真理を巡る体系に対する批判を主題としている。以降、要約と引用は白水社版『キルケゴール著作集七』を用い、本文中にページ数だけを示すことにする。
(38)「歴史的知識は世界についての多量の知識を主体に提供してくれる。ただ主体の自己自身については教えるところ皆無であり、主体をつねに真理の近似的知識の領域に閉じ込めてしまう」(『哲学的断片への結びとしての非学問的あとがき』一四四頁)。
(39)「主体的思考家は実存に生きる者として自己自身の思考に本質的に関与する。つまりその思考のただなかに身を置いて生きる」(同、一二九～一三〇頁)。
(40) 彼は、自分が非の打ち所のない善人であれば「フレデレグスベル」に出かけて世界歴史を論じることもできるだろうと言っている(同、一二九〇頁)。「フレデレグスベル」とは当時国民主義的政治集会が行われていた場所であった(同、一九〇頁、訳注一)。
(41)『死に至る病』の冒頭でキェルケゴールは、「人間は精神である。だが精神とは何か。精神は自己である」と述べ、「自己自身に関わること」への関心の集中が前提とされている。『死に至る病』一一頁以下。同様のことが『あとがき』では「キリスト教とは霊の問題である。霊とは内面性であり、内面性とは主体性であり、そして主体性の本質は情熱である。しかし、主体性の極地は、自己の永遠の救いに対する無限の主体的関心に貫かれた情熱なのである」と述べられている。『哲学的断片への結びとしての非学問的あとがき』六一頁。

(42)「キェルケゴールは、誠実さこそが自分の要求するすべてだという事実を強調する。~彼が主張しているのは、唯一つのもの、即ち見せかけだけの欺瞞的態度に対立する普遍的人間的誠実さなのである」(ガイスマー『キェルケゴールの宗教思想』九〇~九一頁)。

(43) 岩佐茂「主体性論争の批判的検討」一七七頁。

(44) 高桑純夫『唯物論と主体性』。以下、同書からの引用と要約は本文中にページ数のみを示す。

(45) 丸山の主体に対する理解については主に宇野重規「丸山眞男における三つの主体像」による。以下、宇野からの引用と要約は本文にページ数を示す。

(46) これらの用語は宇野によるものである。丸山は nationalism を「国民主義」と訳したが、彼は「人民の政治的主体としての覚醒」を基盤とする「健全なナショナリズム」の可能性を持ち続けていたという(宇野、五一~五三)。

(47)『丸山真男講義録第六冊』一九頁。宇野六四頁から再引用。

(48)「メデジン会議」の宣言は「意識化」という言葉を多用し教育の重要性を語っているが、同文書の教育に関する部分は精神においてはフレイレのものと言っていいほどであり、また本来アウトサイダーである活動家、司祭や修道者たちが貧しい人々の生活に直接関わることが可能になったのは「フレイレ方式」のおかげであったという。ベリマン『解放の神学とラテンアメリカ』二二、四一~四二頁。

(49)「ヒューマニスト・ラディカリズム」は、イヴァン・イリッチに対するエーリッヒ・フロムの形容を借用したものである。イリッチ『脱学校化社会』二一八頁。

(50) メキシコの「言語文化訓練センター」ではピーター・バーガーと同席していた。イリッチ、前掲書、三頁。

(51) ポルトガル語からの初めての邦訳にあたった三砂ちづるによれば、必ずしも論理的ではなく繰り返しが多いフレイレの話法は彼の出身地であるブラジル北東部の話法そのものであり、「近代の鎧」を着けることなく信頼をもってゆったりとコミュニケートするフレイレの教育思想にふさわしい話法であるという。フレイレ『被抑圧者の教育学』三一三～三一四頁。以下、同書からの要約と引用は本文中にページ数を示す。
(52) グティエレスは問題の核心を利己主義と捉えていた。抑圧者は利己主義にとらわれた状態なのである。したがって被抑圧者の解放には抑圧者が利己主義から解放される必要がある。本書第一章五節参照。
(53) ボフ『教会、カリスマと権力』五～六、一六～一七頁。
(54) ラーネマ「参加」ヴォルフガング・ザックス編『脱〈開発〉の時代』一六七～一八七頁。
(55) 同、一八五頁。
(56) ルカ一〇章三〇節以下「善いサマリア人」。
(57) ボフ、前掲書、二二二～二二九頁。
(58) ハーマン『心的外傷と回復』四～六頁、「立ち位置」については拙稿「あなたはどこにいるのか」参照。
(59) グティエレス『解放の神学』二〇二頁以下。
(60) バウマン『リキッド・ライフ』二八頁。
(61) セン『不平等の再検討―潜在能力と自由』、同書からの要約と引用は本文中にページ数を示す。

第三章　民衆神学における救済と主体化、安炳茂を中心に

権力と利己主義から解放された自由な主体としての人間による共同的な生を実現するための神学は、神学自らが解放性と主体性を体現する必要がある。西洋を中心としたキリスト教の学知である神学が東北アジアにおいて解放性と主体性とを体現するための努力は様々に行われてきたが、民衆神学はその代表的な例の一つである。

聖書学者である安炳茂（アン・ビョンム）には、いわゆる教義学的主題について体系的に論じる意図はなかっただろう。しかし彼の神学の全体像を記した『民衆神学を語る』は神論、罪論、教会論などへの批判と再解釈を意識した構成となっている(1)。神学である以上、既存のキリスト教的諸概念への言及は必然的な作業だが、その中で異彩を放つのが民衆のメシア的役割を巡る問題であり、それは従来のキリスト論と救済論からの大胆な方向転換を促すものであった。安炳茂は人格としてのイエスを崇拝する信仰と、社会変革を無視した彼岸的な救いを批判した。福音の主題は歴史の主人公、すなわち社会的主体としての民衆が本来の姿を回復することであり、それこそがメシア的事件の意味であり、「神の国」の到来はそのようなメシア的事件において明らかになると考えたのである。これが救いとは主体化であるというわれわれの考察の原点である。本章ではこうした民衆神学の救済論と主体論を安炳茂を中心に検討してみたい。

一、民衆神学とは

現代神学の特徴は個別性にある。それは単に、この世界が多様な価値観によって成り立っているという事実の認識にとどまらない。人間の個別的な条件だけでなく社会的経済的諸条件が一人ひとりの生を条件付けているという当たり前の事実が、神学にとって無視できない重要なことがらとして認識されてきたからである。このことは、人間世界のすべてを見渡す普遍的で統一的な視点は無いということ、あるいは仮にそのような視点を仮定したとしてもそれは人間の現実にとって無力であるという見解の表明でもある。かつて神学全体の一部の領域を指す言葉であった「状況神学」という概念は、いまや神学に対する当たり前の性質となりつつある。(2) 自覚的であれ無自覚的であれ、すべての神学には一定の立場に基づく分類、価値的評価を伴う見通しが存在している。神学とは避けようもなく参与と実践を伴う行為、「神学する」ことを意味しているのであり、現代における神学的営為にはそのことを積極的に表明する責任があるのではなかろうか。

われわれは、レオナルド・ボフが提出した次のような問いをもとに出発しようと思う。すなわちその神学が「今日の教会における司牧的、宗教的、神秘的実践から生じたものかどうか。そしてどの神学がわれわれのそうした実践に対する啓蒙や励ましの模範となるのか」という問いである。(3) このように問うボフは、既存の神学を次の六つの傾向に分類している。第一は「信仰の遺産の解説者」、第二は「キリスト教的体験の手引き」、第三は「救いの秘儀の反省」、第四は「超越的人間学」、第五は「時のしるしの神学」、第六は「囚われと解放の神学」である。(4) それぞれの神学の特徴は、「今・ここ」の教会と社会にとって最も有用かつ必要な神学は何かという視点で評価されるが、その意味で民衆神学は、キリスト教の遺産を批判的に再解釈し、信仰者一人ひとりの生き方を導き、キリスト教に限定されない歴史上様々な民衆解放の事件を振り返り、「今・ここ」における民衆の苦難と解放を主題とする神学として、それぞれの特徴を独特の方法で保持していると言えるだろう。民衆神学は教会内外の具体的な状況を背景に、人々に自己自身と社会的構造の改革を促し参与を呼びかける声として発せられ、神の国の到来を証しすることで人々を励まそうとした。「主体化の神学」はこうした民衆神学に学びつつ、「歴史の当事者」としての民衆とその解放の過程における相互主体化の問題に注目し、それを救済論に関わる主題として展開しようと考えているのである。

民衆神学は「純粋な韓国の神学」[5]、「韓国の解放の神学」との評価を受けている。[6]あるいは、従来のヨーロッパ中心主義に対する批判神学の類型に属するものとして、アメリカの黒人神学、ラテンアメリカの解放の神学、フェミニズム神学とともに解放の諸神学の一つと捉えられてもいる。[7]しかし、民衆神学を理解する上で重要なことは、それが特定の神学者や学派の主張ではなく一つの時代状況に対する応答としての神学運動を基盤としているという点である。これは一九七〇年代の韓国における教会、キリスト教系団体あるいはキリスト者個人の実践活動にまで及ぶ広範な運動であった。民衆神学は記述された神学として知的キリスト者を読者に想定し発信された神学ではあるが、読者はその内容の中に、神学者自身の神学思想だけではなくその背後にある様々な出来事、事件の声を聞き取ることが求められている。民衆神学は「証言の神学」だからである。[8]したがって民衆神学は信仰的遺産の無批判な解説者ではないし、教理を現代的に再解釈するだけではなく、それを通して聞き手の自己変革を要請する呼びかけでもある。そのような民衆神学はある具体的な状況を背景とした教会改革を目指す神学運動として理解される必要がある。そしてそのような状況性の中に異なる状況に応用可能な普遍性を発見するのがわれわれの試みと言えよう。

民衆神学は、聞き手に対し現場の事件に対する神学的省察の契機を与え、信仰的な覚醒と民衆と共に生きる希望と力をもたらすことを目的とした神学運動である。こうして一人でも多くのキリスト者が反民衆的な信仰理解から脱却し民衆解放の実践に邁進するようになることが民衆神学運動全体の見取り図であり、それは当然教会の改革を目指していた。[9]このことは同時に、民衆神学が虐げられた人々の尊厳を回復し人権を擁護するための実践的な影響力を目指す解放的言説であることを意味している。民衆神学は現場に耳を傾け、聖書や教会の諸伝統との合流を経る中で生み出された一つの証言であり、それによって新たな現場が創出され、新たな証言の可能性が広がるのだが、こうした知と実践の関係を固定的で一方向的な関係と捉えるべきではない。民衆神学にとって現場と神学との関係はより相互的で動的な呼応関係であり、いわばそれらは分離することなくそれぞれの領域を行き来しながら螺旋状に展開されるものとして理解される必要がある。いわばこうした有機性、ダイナミックな性質が民衆神学の生命線と言えよう。従来、学術世界が重視してきた記述的な素材だけではなく、民衆の現場の出来事、事件、人間の物語そのものを神学的素材と捉える脱学問的姿勢が民衆神学運動の生命力である。分析と解釈ではなく、証言が民衆神学の重要な方法論であり、パトスに基づく運動的性格が民衆神学の特徴と言えよう。[10]

民衆神学運動は研究教育、教会の司牧、社会運動などそれぞれの領域に携わるキリスト者による共同の営為であり、一九七〇年代韓国のキリスト教界が生み出した神学運動であった。民衆神学を生み出した母体は、キリスト教社会運動、エキュメニカル運動でありこれらは教会の運動とは別に機関運動と呼ばれてきた。こうした運動は時代の変化に沿うものであるから、構成員や運動方針に変化が生じることは必然的であり、従来の民衆神学研究においてはこうした変化を世代論によって語ることが通例だが、再考の必要がある。なぜなら世代論は民衆神学内部の用語であり、既存の民衆神学との論点の違いを明らかにするために後続の論者が自らを第二世代、第三世代と自称してきたことによるからである。しかし、こうした世代論を一般化することで安炳茂神学、徐南同（ソ・ナムドン）神学という韓国における傑出した神学思想の独立性をあいまいにしてはならないだろう。どのような神学であれ世代や学派による分類にはなじまない個々の特徴と独立性がある。激動の時代背景があるとはいえ、わずか四〇年の時間経過を世代によって論じることに大きな利点があるとは思えないのである。民衆神学研究は神学運動としての流れを把握しつつ神学者一人一人の独立した主張にも目を向ける必要がある。

民衆神学は、提唱者として知られる安炳茂と徐南同の他に、共同作業に参加していた神学者の玄永学（ヒョン・ヨンハク）、徐洸善（ソ・グァンソン）、金容福（キム・ヨンボク）、教育学者の文東煥（ムン・ドンファン）、社会学者の韓完相（ハン・ワンサン）、牧師の朴炯圭（パク・ヒョンギュ）、エキュメニカル運動の呉在植（オ・ジェシク）など、七〇年代の民主化闘争の渦中にいたキリスト者たちによって形作られていった。彼らは、朴正熙（パク・チョンヒ）政権の「三選改憲」と「維新体制」への抵抗という共通の目的によって結ばれた同志であり、共同の研究や社会的運動など広範なネットワークによって一つの運動を形成していた。[11] たしかに民衆神学は、一九七〇年代の韓国という限定された状況の中で生まれた神学運動だが、その背景には十九世紀以来の歴史的経過が深く関わっていることを忘れてはならない。民衆神学は「甲午農民戦争（東学農民革命）」などの民衆運動史や「仮面劇」のような伝統芸能、民衆思想を神学的源泉として重視している。そのことが「韓国の七〇年代」に限定されない時空を超えた預言者性の根拠でもある。

民衆神学は植民地支配、独裁者や資本家による抑圧と搾取に抵抗する神学的言説であり、それらの力との無批判的な関係を克服しようとする脱植民地主義神学である。植民地主義の弊害、そして軍事的緊張の問題は朝鮮半島だけはなくグローバルに広がっており、民衆神学の経験が生み出す新たな神学とキリスト教のイメージは、植民地主義の犠牲者、その犠牲者たちと連帯して闘おうとする人々、軍事的緊張の中を生きる多くの人々と共有すべきものだと言える。その意味で民衆の渇望を伝える「媒体」としての民衆神学[12]は、時空を超えた民衆の声を伝える媒体、証言の神学として多くの人々の思考と実践に刺激を与える神学であり、植民地支配の経験をともにする人々に共有可能な神学でもある。われわれはさらに、民衆神学が脱宗教的世界におけるキリスト教神学として重要な貢献をすることができると考えている。民衆神学は南米のキリスト教社会を背景とした解放の神学とは異なり、様々な宗教伝統や脱宗教的状況とが交錯する中で生み出された神学だからである。

1 状況神学、アジア神学としての民衆神学

民衆神学は状況神学（contextual theology）である。しかしわれわれが論じようとする状況（context）は文化に限定されたものではない。これまで文化に注目した神学が用いてきた「土着化（indigenization）」、文化内開花（inculturation）」などの概念は、本質としての福音と二次的な文化という図式に依拠しており、それは書き手によって仮定された「抽象的な文化」に対する「普遍的な福音」の適応を論じるかたちで進められてきたのではなかろうか。ここでは「文化」も「福音」も選択的に抽象化され、あるいは空想上の概念として扱われる傾向にある。しかしこの過程に書き手の価値判断だけでなく分析や調査の対象者あるいは素材（インフォーマント）と書き手、さらには読み手をも含む権力作用があることを無視することはできない。こうした抽象化を普遍的なものと主張するのではなく、権力作用と恣意性を批判的に自覚することで浮かび上がってくる概念がcontextualization（状況化、文脈化）である。状況神学において重要なのは無色透明な抽象的概念としての文化ではなく、語ることも語らせることも権力関係を伴っているという批判的認識である。「語り手」の声は記述者によってかすめ取られてしまい、第二の聞き手が耳にするのは記述者の恣意的分析であって、そこには本来の語り手の声はもはや存在していないのではないかという徹底的な警戒心と自己批判である。スピヴァクが論じたように、権力関係は身体的精神的宗教的な抑圧と暴力として弱い立場を従属化するだけでなく、言説作用として弱い人々の声を奪い去り沈黙を強いるのである[13]。そのような現実を批判的に認識する神学にとって福音は超越的観念ではないし、それは具体的

な状況において被抑圧者の解放、すなわち主体化をもたらす力として作用するもののことであり、神学は教理の伝達ではなく民衆の声の聞き手となり証言者となることを自らの責務とするのである。

ファベリアによれば、神学に状況（context）の概念が導入されたのは一九七二年のことだという[14]。状況神学という言葉は、長年自らの「普遍性」に疑いを持たずに来た欧米神学に対する批判言説として台頭した。これには同じ時期に台頭しつつあった広範囲な植民地主義批判の影響がある。自覚の有無に関わらず、おおよそ学問は特定の状況の中から生み出され特定の状況に向けて語られている。したがって、語り手（記述者）が聞き手（読み手）にとって何者であるかという問題は常に批判的検証が行われなければならず、それは研究者にとって「倫理的必然」でもある[15]。しかしこうした合意形成が不十分な現状において、神学の語り手が自らと聞き手の状況に自覚的かつ責任的でありたいという立場表明は重要な意味を持つ。状況神学とはこうした立場表明、主体性の宣言を伴う神学でなければならない。したがってそのことに無自覚な神学は、たとえきわめて特殊な状況に規定されたものであったとしても状況神学とは呼ぶべきではないのである。

「土着化」とは「その土地のものとなること」である。しかし神学の議論において土着化の概念は本質的あるいは普遍的な何かが具体的な状況に適合し変質する過程をイメージさせるかもしれない。そこには普遍的本質と二次的な何かという価値の構造が含まれているからだが、ヨーロッパの正統的神学を他地域に土着化させるというイメージは乗り越えられなければならない。森本あんりの言う通り「土着化される以前の『純粋なキリスト教』というものはどこにも存在しない[16]」からである。われわれが立脚するのは、権力作用を批判的に検証することでそれまで普遍的とみなされてきたものを相対化する脱植民地主義的視点であり、言い換えればこれはすべての神学を「土着の神学」と読み直す作業でもある。無自覚的にであれ、それぞれが置かれた文化や語り手の政治的立場、経済状態などの影響から自由な神学はありえない。その意味ですべての神学はたしかに「土着の神学」とみなすことができる。このアプローチの重要な点は、あたかも真空状態に置かれた純粋な神学というものがあるという幻想を拒否する点にあり、それは本質主義的福音理解に対する批判である。仮にヘレニズム的神学、スコラ的神学、カント的神学があるとしても、それらに価値があるとすればそれが普遍的だからではなく、それぞれの状況から発しながらも異なる状況に語りかける力を備えているからである。ある神学が状況的であるとすれば、それはある状況でしか通用しない限定的神学であるということではなく、異なる状況においても通用する実践的価値が内包された神学であるという意味なのである。

森本は「アジア神学」を「アジア的な文化背景を自覚的な文脈としたキリスト教神学」と定義し、「『アジア』とは最終的に地理的概念ではなく歴史的概念である」と述べている。[17] これに応じて芦名定道は、「(歴史的概念から捉えるなら) 欧米列強の圧力下におけるアジアの近代化という事態」に留意することがアジア神学の課題ではないかと付言している。[18] アジアの近代、すなわち植民地主義に対する問題意識において民衆神学は歴史的概念としてのアジアに正面から取り組む神学である。民衆神学が自覚する文脈とは、文化に限定されない総合的な状況である。そしてキリスト教神学の観点からさらに重要なアジアの特徴とは、非キリスト教的宗教伝統、近代化の過程における植民地支配とキリスト教の関係、軍事／開発独裁と欧米的価値体系としてのキリスト教の存在などであり、それらが混在する中で貧困と差別、環境破壊の渦中を人々が生きている、という多元性にあると言えるであろう。[19]

民衆神学は「アジア神学」であり、自らの置かれた状況を自覚するという意味において主体的神学である。観察者、記述者は状況において一定の責任を自覚する必要がある。語り手と聞き手がそれぞれの立ち位置を自覚する神学という意味で民衆神学は主体的神学なのである。民衆神学にとっての主体意識は「証言」という言葉に集約されている。安炳茂は現場の理論は現場が生み出すのであって自分はその立場にはないと語り、徐南同は自らを「方外人」（よそ者）と表現している。民衆が「歴史の当事者」「歴史の主人公」であり神学は民衆事件を証言すると考える民衆神学にとって、神学者はたしかによそ者とならざるを得ない。しかし自らをよそ者と規定することで神学が無責任な部外者の位置に立ってはならないのである。なぜなら証言とは客観的な報道ではなく関係性における一つの立場表明であり、一定の立場に立って事件と関わる責任的行為だからでもある。民衆神学は自らの政治性に自覚的な神学であり、その意味において「アジア」という状況を政治的に解釈する政治神学である。民衆神学は疎外され続けてきた民衆が解放の文脈においても疎外されてしまう危険性を熟知する神学なのである。

森本はアジア神学に取り組むことの重要性の一つに「異化作用」をあげている[20]。異なる他者との交渉を通し自分自身の姿が明確になることを期待し、「他者」としてのアジアに向き合うことは重要な課題である。アジア神学を通してわれわれの「西洋捕囚」を自覚することは可能かもしれない。しかし、われわれにとってアジア神学は自己理解の道具ではなく自分自身の経験が生み出す神学でなければならない。アジア神学がエキゾティシズム、あるいは「一部の好事家的興味」（森本）に陥らないようにするためにも、語り手も聞き手も自分自身がどこに立っているのかという立ち位置の問題が深く問われていることを忘れてはならない。つまり、アジア神学を学ぶ、民衆神学を研究するということは、ひるがえって自分自身の神学的ポジションは何かを問うことであり、自分が置かれた状況における責任的、主体的応答が要請されることになるのである[21]。

2　預言者的神学、政治神学、韓国的神学

民衆神学は具体的な状況の変革を求めて読者に何らかの応答を促す預言者的神学である。七〇年代の韓国という具体的な状況において誠実であろうとする神学は預言者としての苦難の道をたどらなければならなかった。そ

れは七〇年代韓国において正義と人権を求めたキリスト者たちの経験と重なるものであった。一九七〇年の青年労働者全泰壱（チョン・テイル）の焼身事件以来、抑圧された人々の状況にいっそう関わり始めた教会は、一九七三年の「韓国キリスト者信仰宣言」によって軍事独裁政権に対する神学的拒否を宣言した。この宣言は、呉在植、池明観（チ・ミョングァン）、金容福が国外で起草し韓国内で発表され、朴正煕の退陣要求と同時に教会の悔い改めと民衆への連帯を呼びかけているが、発表当時、起草者と署名者は伏せられていた。信仰宣言それ自体が独裁権力の弾圧を引き起こす危険な文書だったからである。[22] 預言は聞くものに決断を迫る声でもある。したがって民衆神学は聞き手に何らかの行動を促し、その行動によって結実する実践知でもある。民衆神学にとって重要なのは伝統的教理との整合性を保持するという意味での正統性ではなく、神学や教理の源泉である「福音」に忠実であろうとする「正しい実践」（ortho-plaxis）であった。ラムによれば両者は別々のものではない。本来正統性とは、特定の場所と時代における宗教的な正しい実践を表現したものだからである。[23]

植民地主義、あるいはグローバル化の弊害が今も地球全体を覆っている。これは直接的暴力や様々な収奪にとどまらない暴力であり、被支配者自身に支配と排除の論理を内面化させるトータルな支配システムである。それによって生じる暴力性と自己疎外の連鎖は、被害者の世代を超え、社会全体に負の影響を与えている。これらは単に、政治経済的支配、人間の疎外や文化的支配、被差別者自身の精神的あるいは実存的なトラウマの問題というように個別のテーマに分別することができないきわめて重層的かつ構造的な問題である。こうして人間の生の領域全体に対する暴力と序列化は植民地支配の時代を過ぎた今も確実に進行している。これは（語本来の意味において）優れて政治的な課題と言うべきであろう。民衆神学は民衆の苦しみを私的領域に限定せず構造的な問題として捉え社会正義の実現を目指して民衆と共に闘う政治神学である。

朝鮮半島の人々にとっての植民地的経験は、大日本帝国による暴力のみならず、アメリカ人宣教師による教権支配の経験とも深くつながっていた。またそれは、南北分断とその後の長期に及ぶ軍事独裁政権を含むグローバルな植民地主義経験とも言えるものであった。民衆神学はそれぞれの支配に対する韓国キリスト者の信仰的闘いの経験に立脚した神学である。民衆神学が、キリスト教とは異なる宗教伝統を背景とした「甲午農民戦争（東学農民革命）」をも自らの歴史的典拠とみなす韓国固有の状況に根ざした韓国の神学として構想されたことは事実である。このように具体的な背景に根ざした民衆神学は、異なる状況との対話を拒否しかねない「韓国民衆の神学」にとどまる危険性をはらんでいる。しかし民衆神学の真の価値は、朝鮮半島にとどまらない植民地主義の犠牲者と連帯し、救いの歴史における民衆の特権的使命に依拠しつつ、西洋的キリスト教の枠組みを超えた神学、アジアの神学としての成熟いかんにかかっている。植民地経験、「冷戦」と「熱戦」、独裁政権、他宗教との交渉などはアジアのキリスト教に共通した課題でもある。民衆神学はアジア地域の他の神学運動とともにキリスト教の脱植民地主義化を目指す神学として再定義される必要があるのではなかろうか[24]。

朝鮮半島におけるプロテスタントキリスト教の活動初期段階では、信仰の私事化と状況・文脈の捨象、あるいは主体の立ち位置とその責任を問わない超越的逃避の論理、つまり普遍主義という名の政治的選択が宣教師たちによって行われていた。有名な「平壌大復興運動」（一九〇七年）とその後の展開は、民衆に「秩序と安定」を与えるための政治的道具でもあった[25]。日本による支配こそが「秩序と安定」への近道であると考えていた宣教師たちにとって、総督府支配は最終的に朝鮮人に幸福をもたらすはずであった[26]。彼らは自分たちが立脚しているキリスト教西洋的近代こそがすべての人々に幸福をもたらすものと信じていたし、アジアで最初にこうした近代を手に入れつつあった日本が朝鮮人に希望をもたらすはずであった。一方、宣教師たちが望んだこうした「朝鮮人の非政治化」は、日々激化する抗日運動や国権回復運動に頭を悩ませていた朝鮮総督府が切に求めていたものでもあった。こうして両者の共犯関係が成立したのである。総督府は教会に対し総督府政治への協力を要請し、教会に紛れ込んでいる「偽愛国者、偽信者」への警戒を喚起した。宣教師たちの主流派もそれに協力する姿勢を打ち出していた[27]。個人あるいは共同体にとって、その時々の状況に照らして行う政治的選択こそが主体性の根幹に関わる問題なのである。教権支配とは、宗教的な権威者が共同体のメンバーの意向を無視する形で政治的選択を代行し、宗教的権威をもってメンバーにそれを強要する支配の方法である。政治的宗教的人格、つまり人間性を無視したこのような暴力システムが当時の朝鮮キリスト教会には存在したのである。

民衆神学の第一声とも言うべき安炳茂の論文「民族・民衆・教会」(一九七五年)は、「民青学連事件」で拘束され釈放された人々の歓迎集会で行われた講演である[28]。「民青学連事件」は民主化を求める幅広い声を封殺する朴正熙維新体制によるでっち上げ事件で、北朝鮮の指導によって国家転覆を企てたとされる「人民革命党事件」、朴炯圭が「内乱予備陰謀」の嫌疑で拘束された「南山復活節連合礼拝事件」などいくつかの事件によって構成されているが、それらをすべて結びつけるのが「民青学連」なる共産主義組織だとする政治弾圧事件であった。このとき、前大統領の尹潽善(ユン・ボソン)やカトリック詩人金芝河(キム・ジハ)はじめ維新体制に反対し民主化を求める学生、大学教授、知識人が拘束された。その中には早くから政府の腐敗を告発し農民の権利擁護の運動を展開していたカトリックの池学淳(チ・ハクスン)、労働運動やキリスト者青年運動の支援者であったプロテスタントの朴炯圭などの宗教家が含まれており、彼らは厳しい弾圧を受けた。軍事裁判により一八〇名が起訴、「人民革命党事件」で裁かれた二三名のうち八名はすぐに処刑された(八名に対する無罪判決が行われたのは二〇〇七年のことである)。この事件は一九七二年に誕生した朴正熙維新体制が長期政権化を図るために計画した反政府勢力を排除するための政治的策動であったが、これは同時に開発政策のしわ寄せを真っ向から受けていた都市貧民に連帯する人々、特にキリスト教運動に対する弾圧事件でもあった。

一九七三年の「韓国キリスト者信仰宣言」以来、反独裁の力を結集させていた韓国のキリスト教界はこの事件を機に新たな段階へと足を踏み入れることとなった。その後民主化運動の重要な役割を担う「ＮＣＣ人権委員会」と「カトリック正義具現全国司祭団」が結成されたのはこの時であり、この事件を契機に日本をはじめ諸外国のキリスト教会、アムネスティインターナショナルなどの人権団体が朴正熙の独裁を非難し逮捕者の解放を求める運動を展開したが、こうした国際的な連帯はその後の民主化運動の進展においても大きな意味を持つこととなったのである。

安炳茂の「民族・民衆・教会」はこうした背景の中で生まれた預言者的声である。「韓国キリスト者信仰宣言」への参加で独裁政権の弾圧を経験していた安炳茂にとって「民青学連事件」のような弾圧は彼自身の身に降りかかっても不思議ではなかった。釈放者歓迎集会はソウル大学の韓完相ら維新体制に反対する知識人たちの手によって準備され、安炳茂は講演者として壇上に立つと、「わが国には民族はあったが民衆はいなかった」と語り始めた。歴史の当事者は民衆だが権力者はそれを認めず民族という対外的概念を持ち出し、かえって民衆を虐げてきた。民衆はその時々に抵抗をしたが、それが東学民衆革命であり三一独立運動などである。韓国のキリスト教は当初民衆に視点を合せていたがいつのまにか民衆を見失い、高校生までもが正義のために立ち上がった「四・一九学生革命」（一九六〇年）において教会は恥ずべき沈黙を保っていた。しかし教会が取り組むべき問題は民衆に対する政治経済的構造悪である。マルコ福音書は「オクロス」を中心に置くことで民衆の側に立ったイエスを描き出したが、これこそ教会が本来立つべき場所である。このように述べた安炳茂は韓国の教会の課題を列挙し「民衆の、民衆による、民衆のための道」を歩むことが教会の使命であり、三一独立運動にならって苦難の道を歩む覚悟を決め、十字架の道を選ばなければならないと締めくくっている。

民衆神学は人々に民衆への回心を呼びかけ現場への参与を鼓舞する神学である。神学における預言者性とはこのようなものであり、民衆と共に闘う政治神学としての性質はここに明らかになっていると言えよう。(29) 政治神学の定義は多様だが、ここで考えたいのは宗教と国家の関係ということではなく宗教の私事化、内面化に対する批判言説としての政治神学である。植民地時代、アメリカ人宣教師たちは総督府との衝突を避けるためにキリスト教信仰の内面性と超越性を強調し、脱政治化、脱歴史化した教会を作り上げようとしたが、これは教権支配、あるいは植民地主義的な権力構造によって初めて可能となった。もちろん当時の朝鮮には自分たちの運命を自ら選び取ったキリスト者たちがいた。三一独立運動の署名者たちがそうであり、新民会などの愛国啓蒙運動に携わった人々である。しかしそれが教会全体の力となるには、宣教師たちの影響力はあまりに大きかった。朝鮮独立を願う人々の目に、当時の教会はあまりに来世的現実逃避の集団と捉えられていた。安炳茂はそうした歴史を反省し、民衆と共に生きたイエス、民衆の苦難の中に現れたメシア的性質を描き出すことで韓国のキリスト教の再生を促そうとしたのである。

民衆神学を語る上で重要な点は、「韓国的」であることの意味であり、それは韓国という「文脈、状況」をどう捉えるかにかかっている。民主化前夜の一九八六年、安炳茂はそれを「従来の土着化神学や文化神学の様にではなく、政治史との関係において」捉える必要があるとした上で、「虐げられ搾取される民族と民衆の苦難に参与しつつ、神の前に誠実に立とうという努力」こそが韓国的の意味だと述べた。[30] 安炳茂は日本による植民地支配、解放後の強大国に対する従属的関係という枠組みの中で韓国民衆の現実を理解するための政治神学的用語として「民族」を重視している。しかしわれわれの文脈において民族の概念は一つのアポリアである。事実、これまでの民衆神学が語る民族とは「韓民族」であったし、その実態は十分に検討されないまま排他的な意味で使われることがあった。[31] 特定の状況を前提とする民衆神学が異なる状況との対話可能性を否定するならば、状況神学としての性質は失われることになろう。民衆神学にとって「韓国的」とは何かという問題は重要な意味を持っているのである。

安炳茂によれば、韓国のキリスト者は「民族の主体性に対する実践的反省」を必要としており、それは西洋神学に対するアンチテーゼとしての姿を意味しているが[32]、それは従来の韓国におけるキリスト教の歴史に対する自己批判なのである[33]。もちろんこうした反省はこれまで文化神学的に取り組まれては来たが、「韓国的」であることの真の目覚めは政治的次元においてより明確化されている。第三世界の民衆的民族主義がそうであるように、「民衆を抑圧し収奪する支配構造と外勢から民衆を解放することが民族の課題」であり、これをキリスト教的に見れば神の働きの場、啓示の場は「民衆的民族」の現場である、というのが安炳茂の立場である。植民地時代の抵抗民族主義において「韓国的」とは「反日的、抗日的」と同義語であったが、こうした排他的民族主義はすぐさま南北を問わず独裁政権の支配言説に回収されてしまう。他のすべてを圧倒する包括的概念としての「民族」は、他者との闘争において自民族の結束を強化する劇的効果を発揮するとしても、しかしそれは民族内の葛藤を認めない抑圧装置となり、他者との交渉能力喪失という副作用をもたらす劇薬でもある。したがって、民族主義をドグマとする独裁政権に対し韓国の民主化勢力は「民衆的民族主義」を掲げてこれに対抗したのである。韓完相の民衆論がそれであり安炳茂もマタイ福音書の解釈を通してこれに連なっている。しかしわれわれは、民族という排他的言説を相対化するもう一つの権威、すなわち民衆の次元をさらに強調して理解する必要がある[34]。民衆神学が「韓国の民衆」の神学であることを乗り越える方途はここにある。民衆神学は「民衆の苦難に参与しつつ、神の前に誠実に立つ」神学、「いまここのこととしての神学[35]」なのである。

一九七〇年代の韓国において神学的であるとは政治的であることを意味しており、それは同時に預言者的であることでもあった。このことが苦難の渦中にある民衆と神の前に誠実であろうとする神学の真正な姿であった。

二、民衆神学の誕生

民衆神学は基督教長老会系のリベラルな神学者たちが主軸となって生み出された神学である。民主化以前から、基督教長老会系の聖職者、あるいは韓国神学大学（現韓神大学）で学んだ人々の多くは社会参与や自由主義的立場に属していた。基督教長老会と韓国神学大学の創立者である金在俊（キム・ジェジュン）は、アメリカ人宣教師による教権支配からの独立、韓国人自らの手による韓国の教会の樹立とそのための神学の形成に献身した。彼はアメリカ人宣教師が伝えた原理主義的神学を批判しエキュメニカル運動への積極的な参与を通して世界の神学と対話可能な韓国の神学構築を目指した。金在俊の神学的キーワードは土着化、歴史参与、社会参与であり、彼の神学は民衆神学の形成にとって重要な基礎を提供したと言えるが、基督教長老会系の人びとの多くはそうしたリベラルで社会参与的な系譜に立っていたのである[36]。

民衆神学を生み出したのはそうした神学者だけではない。民衆神学は聖書や教義の解釈によって生み出された神学ではなく、現場の体験が生み出した神学であり、同じ状況を生きた人々による集団的経験である。徐洸善（ソ・グァンソン）はこれを次のような言葉で表現している。

民衆神学は、地下の拷問室において、法廷において、軍法会議に直面して、検察官の訴追を聞いて、また自ら最終弁論する中で、自分がキリストの弟子であることについて熟考を強いられたキリスト者たちが創造したものである。~民衆神学は一九七〇年代における韓国キリスト者の社会的、政治的伝記である。それは韓国キリスト者が生活し行動し祈祷し聖餐に与かった道程である[37]。

民衆神学を生み出す背景となった現場は、一九七〇年代韓国の軍事独裁政権下の諸矛盾とそれに対する抵抗運動や思想であり、同じように抑圧された人々との連帯を模索していた世界教会協議会（WCC）やアジアキリスト教協議会（CCA）などのエキュメニカルなネットワークであった。明示的ではなかったにせよ民衆神学的立場は一九七二年頃から徐々に表明されているが、その代表的作品として一九七三年に発表された玄永学の神学的エッセー「民衆の中に受肉しなければ」をあげることができる。

キリスト教が民衆のものになるためには、まず民衆の友となり、民衆と共に暮らし、共に考え、共に見、共に感じることが出来なければならないのではなかろうか。すでにエリートになったキリスト教がそのエリートの位置と意識を捨てて民衆へと受肉しなければならないのではないか。そして、その民衆の中に蓄積され充満している智恵と真実とに学ばなければならないのではないか[38]。

このとき、玄永学が描き出したイメージが多くの人々の実践の蓄積の中で検証され神学の言葉として構築されたものが民衆神学である。一九七五年に徐南同が発表した「民衆の神学について」、同年に安炳茂が発表した「民族・民衆・教会」は、韓国独自の神学構築を意識した作品だった。これ以降、批判も含め民衆神学は韓国の神学界で大きな議論を巻き起こしたが、民衆神学が韓国独自の神学として自覚的に発信されるようになったきっかけは、一九七九年に韓国で開催された「アジア神学協議会」であった。この協議会はCCA神学研究委員会が企画したもので、韓国での運営にあたったのは韓国基督教教会協議会（NCCK）神学研究委員会であった。この時の主題は政府による妨害を避けるため「神の民と教会の宣教」とされたが内容的には民衆に関する神学的展開が中心であり、それは民衆神学の系譜の輪郭を描き出す作業であったという[39]。ここで発表された論文は一九八二年に『民衆と韓国神学』と題して出版された。その序文には、「アジア神学協議会」に論文を寄稿した神学者たちの立場はすべて一致しているわけではないが「彼らはすべて広い意味では神の救いの働きの主体となる〈民衆〉の観点」から論文を書いていると記されている。

一九九七年の「アジア神学協議会」は、従来の国内的作業を首尾一貫したものとして対外的に表明し「アジアの神学」を模索する人々と共にこれを討論する貴重な場であった。「民衆神学」という韓国における新たな神学運動のアイデンティティ確立の重要なきっかけを与えたのがこの協議会であった。CCA、あるいはWCCなどのエキュメニカル運動における神学的対話が民衆神学に与えた影響は大きい。徐南同は一九七五年にナイロビで開かれたWCCの会議の場で金芝河の存在を知り、彼は帰国の途中日本で金芝河の詩に初めて触れ「神学的回心」を果たしたという。当時金芝河の作品は韓国内では禁書だったからである。また「民衆神学」の形成には南米の「解放の神学」や「黒人神学」「フェミニスト神学」をはじめ多くの現代神学との対話があり、ドイツの福音主義教会は、神学的対話のみならず民主化運動への支援や民衆神学研究への財政的援助においても大きな貢献をしている。日本との関係でいえば、安炳茂も徐南同も植民地時代を経験した「日本語世代」であり、両者とも日本を訪れ日本語で講演を行っている。また、田川建三のマルコ福音書研究『原始キリスト教史の一断面』が「民衆オクロス論」に大きな影響を与えていることはよく知られている。

1　神学者と著作

著作としての民衆神学は安炳茂と徐南同から始まる。

一九二二年生まれの安炳茂は、父と故郷間島（カンド、旧満州東北部）の風土から民族主義を、母の姿から民衆の苦しみを学んだという。(40) また大学時代からキリスト者による共同体運動を起こし牧師のいない信仰共同体を形成したりもした。一九六九年には朴正熙による改憲反対署名に加わり国家情報部に取り調べを受け、この頃から「情報部通い」が始まったという[41]。その後、徐南同、咸錫憲（ハム・ソッコン）などと共に一九七六年三月一日の「三一民主救国宣言」に参加、韓国神学大学を解職され過酷な取り調べと投獄を経験する。その後安炳茂は「韓国神学研究所」を中心としたいわゆる「在野」の神学者として著作と後進の指導にあたり、一九九六年、七四歳でこの世を去った[42]。

徐南同は安炳茂と共に民衆神学を創出した神学者である。安炳茂が聖書神学を主な領域としたのに対し徐南同は神学全般、特に歴史神学の領域で論文を発表した。安炳茂は、文民政権誕生を目にして世を去ったが、徐南同は一九八四年七月、軍事独裁政権に対する民衆的抵抗がいまだ呻吟し続ける中、六六歳で生涯を閉じた。制度的な教会と一定の距離を保っていた安炳茂に対し、徐南同は教会の牧師としての経験を持っていた。欧米を中心とした世界の神学動向に敏感であることから「神学のアンテナ」の異名を持つ徐南同は初めから民衆神学者であったのではない。彼が民衆神学を公にしたのは一九七四年に延世大学神学部の修練会で発表された論文「イエスと民衆」、また一九七五年《基督教思想》誌に発表した論文「イエス・教会・韓国教会」からだという。しかし、「手と頭」ではなく「足と体」による神学者である彼の神学的転換点は論文の発表とは別の出来事に求めるべきであろう。その一つは、一九七三年五月二〇日の「韓国キリスト者信仰宣言」への参加である。この宣言は、

われわれは、神が虐げられたもの、弱いもの、貧しいものの最後の擁護者であることを信ず。また神は歴史において悪を裁くものであると信ず。われわれは主イエスがメシア王国の到来を宣布したことを信ず。メシア王国は悪の勢力を砕き、財産のないものと退けられたものと踏み付けにされたものの安息の場となることを信

ず。われわれは聖霊の新たな働き、宇宙を創造しまた各個人の復活と聖化を信ず。

という三位一体の神への信仰告白の形式で、民衆と共に歩む信仰を表現し、独裁拒否、教会の革新、国際的連帯などの具体的項目を掲げている(43)。こうした社会参与によって徐南同は民衆神学者としての姿勢を明らかにしたのである。

前年の「人民革命党事件」に続き一九七四年の「民青学連事件」はその後の民主化運動、特に学生運動に対する弾圧を先取りするような象徴的事件であったが、これに関連し延世大学の学生一七名が拘束され教授数名が解職された。この時徐南同は「拘束学生、教授の釈放実現のための教授祈祷会」開催を主導し、祈祷会は四月二二日から二六日まで行われた。その後、一九七四年十一月の「民主回復国民宣言」への署名、これをめぐる当局からの弾圧、延世大学解職、「ガリラヤ教会」への参加、そして一九七六年三月一日の「三一民主救国宣言」への署名という一連の行動によって、民衆神学者徐南同の歩みは決定付けられる。これらの過程の中に先述した彼の「神学的回心」の出来事があったのである(44)。

2　日本における民衆神学の受容と研究状況

次に、日本における民衆神学に関する文献紹介の流れを見てみよう。民衆神学の著作はほとんど韓国語で書かれているため、日本における受容には翻訳作業が重要となる。新教出版社の月刊誌《福音と世界》は早くから韓国の民主化闘争に注目してきた。朴正熙政権を批判したことから大学を追われた安炳茂が一九七五年八月に「ガリラヤ教会」で行った説教「ガリラヤで会おう」はその四か月後に日本語に翻訳され《福音と世界》一九七五年十二月号に掲載された（訳者不記載）。翌一九七六年七月号には同じ安炳茂の「良心と権力」、同九月号には「民衆の神学」（原題は「韓国の民衆とキリスト教」）が掲載され（訳者不記載）、これが日本における民衆神学の第一声と言えよう。この年の十二月には安炳茂の「今日の救い」、一九七七年八月号には安炳茂と咸錫憲、キム・ドンギルの対談「韓国の民衆運動の性格と新しい方向」、一九七八年三月号には「三・一運動とキリスト教、事件の神学」（金民国訳）、一九八〇年一〇月号には「み国がきますように」（山口明子訳）、一九八〇年十二月号と翌年一月号には安炳茂の初期民衆神学の代表作とも言うべき「民衆とイエス―マルコ福音書による」（井上大衛訳）、一九八二年七月号には「山上の説教とガンジー」（金忠一訳）、一九八六年七月、八月号にはやはり安炳茂の代表作の一つと言うべき「イエスの出来事の伝承母体　上・下」（金桂昊訳）が掲載された。オリジナルは《神学思想》四七（一九八四年）に掲載された「イエス事件の伝承母体」である。「民衆とイエス―マルコ福音書による」は一九七九年の「アジア神学協議会」で発表された英文原稿からの翻訳だが、安炳茂の民衆神学的立場（いわゆる「民衆オクロス論」）を端的に示しており民衆神学全体を考える上で重要な論文として後にスギルタラジャ編“Voices from the Margin.”にも収録されている。この論文の原著発表直後に日本で邦訳紹介されたことの意義は大きい。日本における民衆神学受容史において特筆すべき訳業だったと言えよう。オリジナルは「イエスとオクロス―マルコ福音書を中心に」で《現存》一〇六号と『民衆と韓国神学』に掲載されたている。

ソウルで行われた「アジア神学協議会」に出席していた木田献一は《福音と世界》一九七九年十二月号に「七〇年代の神学」と題する報告を書き、その中で安炳茂との出会いについて触れている。木田は、民主化闘争に連帯する人びとの姿を「身をもって初代教会的状況を体験」してきたと評し、「バルメン宣言」がユダヤ人差別に言及していないと批判する安炳茂の言葉を紹介しつつ、民主化闘争との連帯の必要性と日本における民衆との連帯の必要性を述べている。木田が民衆神学の紹介に携わるようになったのはこの出会いを契機とするものであったと言えよう。

安炳茂の単著としては『解放者イエス』（金民国、高里安訳、新教出版社、一九七七年）がもっとも早い邦訳出版である。学術的作品ではないが、民衆神学が生み出された状況と神学者たちの情熱を知る手がかりとして貴重である。またエッセー集『現存する神』（金忠一訳、新教出版社、一九八五年）の他、主著であり民衆神学とは何かを対話形式で明らかにした『民衆神学を語る』が一九九二年に邦訳出版されている（趙容来、桂川潤訳、新教出版社）。これ以降、安炳茂の作品は邦訳されていない[45]。

徐南同の場合、《福音と世界》一九七七年五月号に掲載された「イエス・教会史・韓国史」が初めての邦訳となる。これは《基督教思想》一九七五年二月号に発表された論文で徐南同が民衆神学の立場を明らかにした最初の論文[46]だが訳者は記されていない。安炳茂の場合同様民主化以前の状況において訳者が匿名あるいは筆名で記されることは珍しくなかった。安炳茂の「民衆とイエス」に先立ち、日本では徐南同の民衆神学が紹介されていた。一九七七年十二月号にはガリラヤ教会での説教「民衆の福音書」、その後、同志社大学での講演「民衆神学の方法論」が一九八三年十一月号に掲載され、彼の主著と言うべき論文集『民衆神学の探究』は一九八九年に邦訳出版されている（金忠一訳、新教出版社）。ただし原著から九編（第二部「新しい共同体のために」、第三部「民譚の神学：反神学」「世の命とキリスト」「文化神学―政治神学―民衆神学」、第四部「自分で自分を救うことはできるのか」「不可能な存在」「深きところに網を投げよ」「どこでどのようにキリストに出会うのか」「生は悲劇なのか」）が省略されていることは残念なことと言わざるを得ない[47]。

玄永学の作品では「苦難の僕・民衆の希望」（金子啓一訳、一九八三年三月）が《福音と世界》に掲載された他、梶原寿との対談「解放の神学と民衆神学の接点」が一九八四年三月号に掲載された。金容福の「アジアの民衆と多国籍企業」（一九八三年[48]）は開発問題が中心になってはいるが、「歴史の主体としての民衆」という立場を明確にしている点で民衆神学の論文と数えていい。後述する、キリスト教アジア資料センター編『民衆の神学』（一九八四年）には七人の神学者による九本の論文が収められており同書の書評は田渕文男（「民の声は神の声」《福音と世界》一九八四年十月号）と金井美彦（《キリスト教学》二六、一九八四年）がある。また民衆神学を主題とした日韓対話の成果である富坂キリスト教センター編『民衆が時代を拓く』（一九九〇年）には六人の神学者による論文が収められ、日本とドイツからも民衆神学との対話を目指す論文が寄せられている。朴聖焌の『民衆神学の形成と展開』（一九九七年）は、民主化闘争時代の神学論争と民衆教会運動に関して日本語で読める貴重な作品である。

邦訳はおおよそ以上の通りだが、日本における民衆神学受容の第二の経路は英語文献である。後述する論文集“Minjung Theology.”（1981）の他、単著としては徐洸善の“The Korean Minjung in Christ.”（1991）、安炳茂の“Jesus of Galilee.”（2004）、論文集“Reading Minjung Theology.”（2013）がある他、金容福や徐洸善のいくつかの論文も英文ジャーナルに掲載されている。イ・ジョンヨンが編集した“Emerging Theology in World Perspective : Commentary on Korean Minjung Theology.”（1988）は様々な現代神学者が民衆神学に対するコメントを述べた内容であり、二〇一〇年に韓国語訳が出版された。南山宗教文化研究所の“Japan Christian Review, 64.”（1998）に掲載された金ウンスの論文‘Minjung Theology in Korea.’は、前半で民衆神学の来歴や主要概念などを手際よく紹介しているが、著者自身は民衆神学を批判的に見ているようである。

日本における民衆神学受容において最も重要な出来事は一九八四年の『民衆の神学』[49]の邦訳出版であり、同書によって民衆神学の全体像が初めて日本に紹介された。監修者の一人李仁夏（イ・インハ）は在日大韓基督教会の牧師であり神学者である。彼はＣＣＡやＷＣＣの委員を歴任し日本キリスト教協議会（ＮＣＣＪ）の議長も務めたエキュメニカルリーダーであった。また彼は、指紋押捺拒否運動などの市民運動や「多民族多文化共生社会」を提唱する地域運動のリーダーでもあり、在日コリアンの立場による日本におけるマイノリティーの神学「寄留の民の神学」の提唱者でもある。安炳茂とは個人的にも親しい間柄にあったという。もう一人の監修者木田献一はプロテスタントの旧約聖書学者であり、青山学院大学、立教大学教員として預言者研究を中心にリベラルで社会参与的な立場から発言をした日本神学界のリーダーの一人である。彼は一九七九年の「アジア神学協議会」以来、民衆神学を日本に紹介すると同時に自らそれに触発された論文を執筆している。[50] この論文集は当初CCA－CTC（アジアキリスト教協議会神学研究委員会）が編集出版した"Minjung Theology."（1981）の翻訳として進められた。同書は一九七九年の「アジア神学協議会」の成果をまとめた論文集として出版される予定であった。しかし、韓国では「アジア神学協議会」後、CCAの編集作業とは別に、CCA版に数編を加えた韓国語の『民衆と韓国神学』が出版された。一九八二年のことである。原著者たちからは日本でCCA版の翻訳出版を企画していた人々に対し、増補改訂版である『民衆と韓国神学』の翻訳が申し入れられたがすでに翻訳作業が始まっていたことから完全には受け入れられなかった。こうして日本で出版された『民衆の神学』は英語と韓国語それぞれからの翻訳に補論として全体の解説を加える形で出版された。このような経緯もあり『民衆の神学』は韓国語の英訳を日本語訳した重訳が多いが、部分的に『民衆と韓国神学』を参照しながら校正が行われており厳密な意味ではCCA版の翻訳ではない。なお"Minjung Theology."は一九八三年に改訂版がオービスから出版されており、論文によってはCCA版に大幅な加筆が行われているという。したがって英語版としてはこのオービス版を確定版とすべきである。[51]

『民衆の神学』以降、民衆神学に関する著作としては、上述した徐南同『民衆神学の探究』、安炳茂『民衆神学を語る』、富坂キリスト教センター編『民衆が時代を拓く』、朴聖焌『民衆神学の形成と展開』以外には見当たらない。上述した木田献一の他に金子啓一[52]や栗林輝夫[53]など民衆神学に刺激を受けあるいは言及した論文、あるいは池明観による「民衆の神学から日本の教会へ」（《福音と世界》一九八五年四月）などはあるが、日本語による民衆神学研究と呼べるものは極めて少ないのが現状である[54]。

三、安炳茂の救済論

安炳茂の神学において異彩を放つのが「民衆のメシア的役割」であった。これは「救済論」の問題であると同時に「民衆論」の問題だが、それらの鍵を握るのが主体を巡る問題である。まずは安炳茂の救済論を時間の経過とともに検討してみたいと思う。なお、出版年は掲載された雑誌などの出版年であるから、構想と執筆の時期はそれより数ヶ月あるいは数年さかのぼるものであることに留意したい。

1　「逃避か救いか」（一九七〇年）

一九七〇年の「逃避か救いか」は安炳茂が初めてまとめた「救済論」であり、民衆神学以前の論文である。この論文の発表前年の一九六九年は朴正熙大統領の独裁体制確立にとって重要な意味を持っていた。一九六七年、いわゆる「東ベルリン事件[55]」が起こる。安炳茂は一九六五年、三年間の留学生活を終え西ドイツから帰国したが、その間の行動に関して取り調べを受けている。これによって彼は「軍事政権の実態を骨身にしみて経験したのであり、韓国社会の現実の姿に対して新たな目を開かれることになった」のである[56]。

クーデターで政権の座に就き、一九六七年の選挙で再選され二期目に入っていた朴正熙大統領は、憲法上一九七一年四月の退任が定められていた。しかし彼は、憲法が定めた大統領の重任制限規定（任期は四年、再選は一回のみ）を改定し、「三選」、つまり合計一六年の執権を可能とするいわゆる「三選改憲」に乗り出していた。一九六九年一月に始まる改憲論議は当初与党内からも抵抗を受け与党分裂の様相を呈したが、同年七月、朴大統領は反対派を抱き込む形で憲法改定に必要な議席数の確保に成功した。野党はこぞって朴正熙による独裁体制の固定化に反対し、大学人、宗教者、学生なども「三選改憲」に反対する激しい運動を展開した。九月、反対する野党を無視した強行採決で改憲案に対する国民投票の実施が可決され、一〇月に行われた国民投票によってついに「三選改憲」が実現した。

「三選改憲」に対する反対運動は、与野対立のみならず国民的な議論を巻き起こした。この時に形成された運動の枠組みは後の民主化運動にも継承されるが、この時、改憲反対運動の結節点となったのはキリスト教会であった。「三選改憲反対汎国民闘争委員会」の委員長は韓国神学大学の創立者であり神学者であった金在俊であった。安炳茂も、キリスト者であった張俊河（チャン・ジュンハ）、咸錫憲らと共に三選改憲反対運動に参加している。これは、彼らの信仰的立場表明であると同時に、社会からの民主化運動への参加要求に応答した良心的キリスト者の姿であったと言えよう。(57)

一九六九年、「三選改憲」反対運動のさなか、当時、中央神学校の校長だった安炳茂は神学雑誌《現存》を創刊し自らの神学思想を展開した。一九七〇年の「逃避か救いか」はこうした時代を背景として執筆された。安炳茂はここで、「聖書を一言で性格付けるなら、それは救済論である」としながら、聖書は時々の歴史的出来事に直面した人間の経験と決断の物語であるから多様な強調点を検討する必要があると述べている。以下はその要約である。(58)

旧約聖書において救済とは、出エジプトのような外的状況からの救済と預言者たちが語ったような未来的救済との二つの焦点を持っている。そこには「罪からの救い」のような内面的概念はなく、個人ではなく民族、さらには人類全体の救いが語られている。旧約において個人の救いが問題となるとき、その個人は孤立した個人ではなく全体を代表し包括する個人として登場している（四六二〜四六四）。次にパウロの救済論が検討される。パウロは、律法の実践ではなく信仰によってのみ救われるという表現を通してユダヤ教を離脱しキリスト教の世界へと向かった。パウロは「罪の贖い」というイスラエルの伝統的思想に沿いながらも、神の救いの契約をイスラエル民族から「新しいイスラエル」へと止揚した。パウロにとって救いは、権利意識を基盤とした契約の問題ではなく「神の自由な恵み」によるものであり、この点がパウロの救済論の新しさである。旧約に比べてパウロの救済論は実存的だが、それは内面的であることを意味していない。彼が前提とした「全体としての人間存在」とは、霊でもなく肉でもない身体 soma であった。パウロは宇宙的事件としての救済を考えており、それはキリストの十字架事件[59]によって始められ究極的な救いの完成として未来において実現する。したがってパウロにとって十字架が示しているのは「来りつつある新しい可能性に自らを開放する状態」であり、その実現は希望の中に見出されるのである（四六六）。一方、ヨハネにとって救済とは、十字架による贖罪の神学が後退し新たに登場した救済論、すなわち「現存するキリストによる人間の救済」である。ヨハネにとって救いの条件はこの世から自由になることである。人間は神が与える可能性とこの世が提供する可能性とのいずれかを選択しなければならないが、二つの選択肢の中から神が与える可能性を選び取ることが救いであり、その意味でヨハネにとって救いの鍵は人間自身が持っていることになる（四六七〜四六八）。牧会書簡において、救いはどこまでも神の恵みの業であり、救いの完成は未来におけるものであることが強調される。これはキリストによって実現された救い（過去）と来たるべき救い（未来）との緊張を生み出しているが、真の救いが未来におけるものであることが牧会書簡の救済論である（四六八〜四六九）。これに対し共観書の救済論は徹底的に終末的である。罪人のように疎外された階層に対する救いの宣言は「現在的救い」を意味しているようだが、「真の救いは個人を苦痛や罪から救い出すことではなく」、それは「神の国」の到来によって初めて可能となるのであり、神の国とは「来たるべき救い」なのである。「したがってイエスは救い自体が何であるかを説明しなかったし、そのためのいかなる条件も設定することなくひたすら謙遜な心を未来に向かって開放することだけを要求している」のである。共観書には二か所だけ贖罪的救済観が登場するが、これは教会のケリュグマの反映であってイエス自身のものではないというのが学者たちの結論だ、と安炳茂は述べている（四六九〜四七〇）。

こうして安炳茂は救済を巡る聖書の思想を、旧約、パウロ、ヨハネ、牧会書簡、共観福音書の順に検討し以下のように結論付けている。聖書の多様な救済観は救済の教理のような一貫した視点を提供してはいない。しかし以下の点を導き出すことはできる。第一に、救いは神に属する問題であり人間の倫理的、宗教的な努力が救いを保証するものではない。第二に、救いは未来に属するものであり過去（罪）から解放され未来に向かう道を開くものである。第三に、救いは到来する未来に対する信仰によってのみ可能となる。来たるべき時をおそれず自らを開くことが救いであるのだから、既存の教会や教理がそれを保障することはできない。第四に、救いは全体性であって「魂の救い」のような部分的なものではなく、歴史の渦中における「新しい天と地、新しい人間」の誕生を意味している。したがって救いとはこの世の現実とは異なる「彼岸的」な世界への逃避を意味するものではない。

まとめとして安炳茂は、「旧約とパウロにとってはもちろんのこと、そしてこの世からの自由を最も強調したヨハネにとっても、救いはこの世からの脱出ではなくこの世にありながらこの世の奴隷にならない状態を示しており、人間はこの世に属してはならないと言いつつ、この世から離脱させようと考えてはいない」（四七一）、これが聖書の救済観であると総括している。最後に安炳茂は、「こうした点から見るならば、韓国教会の逃避的救済観は『天路歴程』的『ピエティズム』がもたらした産物であって、聖書的な救済観ではない」（四七一）と唐突な断言によって教会の現状を批判している。

聖書の救済観として示された諸点の中、後の「民衆神学」につながる要素として重要なのはヨハネの救済論を巡る解釈、すなわち「救いの鍵は人間自身が持っている」という部分であろう。論文全体としてはこのテーマが強調されているわけではない。しかし、救いとは人間の主体的決断を通して実現するというテーマは民衆神学の救済理解を考えるうえで極めて重要である。とはいえ、ここに示された聖書解釈には安炳茂独自の視点が明らかになっているとは言いがたい。しかし、安炳茂はこの論文を「三選改憲」反対運動の渦中で、「逃避的、彼岸的救済論」が蔓延する教会を念頭に置いて執筆したのであり、歴史の渦中に誕生する新しい天と地、新しい人間というメッセージはこの上なく重要な意味を持っていたはずである。独裁政権がその正体をあらわにする中、暴力に抗して新しい時代を切り開く主体の形成が何よりも必要であったこのとき、キリスト教の主題である救済とはまさにそのような「新しい人」の誕生を意味しているのではないか。当時の教会に対してこのメッセージを発することこそが「逃避か救いか」執筆の動機だったと言えるのではなかろうか。

2 「悪からの救い」（一九七四年）

一九七〇年十一月、裁断工全泰壱（チョン・テイル）は工場労働の劣悪な実体を告発するため自ら火をかぶり命を絶った。これをきっかけに政治的民主化運動は労働者の現場とのつながりを強めたが、キリスト者はすでに都市の底辺労働者たちとの接点を持っていたのである。ベトナム戦争の長期化などアメリカを中心とした世界経済の秩序が不安定になると、それまで安保と経済成長によって政権を維持してきた朴正熙政権もその余波を受けざるを得なくなった。高揚する労働運動や民主化を求める野党の動きは政権に対する危機とみなされ、徹底した反共政策と経済成長主義を主軸とし国会解散権と緊急措置法で武装した朴正熙の終身執権体制、「維新体制」が出発する。一九七二年のことである。翌一九七三年には野党指導者金大中（キム・デジュン）の拉致事件が起こり、一九七四年四月には「民青学連事件」によって反体制勢力に対する大規模な弾圧が行われた。

安炳茂は一九七〇年五月に金正俊（キム・ジョンジュン）が学長を務める韓国神学大学に籍を移した。彼の担当は新約聖書学全般であった。(60) 一九六九年の「三選改憲」反対闘争は独裁に対する政治的抵抗運動だったが、しかし一九七〇年の「全泰壱焼身事件」は独裁政権が経済発展のために犠牲にした人々の悲惨な現実、ゆがんだ社会構造を告発する事件であった。こうして民主化運動は民衆の現場に根を下ろすことによって広範囲な社会変革運動として展開することとなる。「全泰壱焼身事件」はそれまで西洋的聖書神学を基盤としていた安炳茂にとっても大きな方向転換の契機となる事件であった。彼はこの時以降、徐南同ら同僚神学者たちと共に労働者の現場に足を運ぶようになる。それが可能であったのは六〇年代から都市労働者の現場に入っていた「首都圏特殊宣教会」「都市産業伝道」等の活動があったからであり、これらはＣＣＡ - ＵＲＭの支援を受けた韓国教会協議会などにより支えられていた。

一九七三年、政府は各大学に反政府運動に参加した学生の除籍を命じ、これに応じない教授を解職させると脅迫した。安炳茂が在職する韓国神学大学でも同様の事態が生じた。この時、学長の金正俊は講堂に掲げてあった校旗を切り裂いて抗議の意思を表明し、安炳茂をはじめとする教員や学生たちは剃髪、学内に籠城して四〇日に渡る祈祷会を行うことで政府に対する抗議を表明した。こうして安炳茂は大学教員、神学研究者であると同時に時代の呼びかけに応じて立つ現場の神学者へと転身していったのである。この年、安炳茂はドイツ福音主義教会の東アジア宣教局（Ost Asia Mission.）の支援を受けて「韓国神学研究所」を設立、その所長となった。それ以来「韓国神学研究所」は、民衆神学の発信地となるだけでなく、新しい聖書学の成果に基づく聖書注解書の翻訳など欧米神学の紹介を通じ、それまで聖書根本主義が主流であったプロテスタント神学界に多大な影響を与えることになる。

一九七四年の「悪からの救い　マタイ六章一三節」[61]は、形式や分量の面から学術論文というよりは神学的評論と言うべきであろう。以下はその要約である。安炳茂は、「(救いとは)死後の問題ではなく今ここを生きるわたしの問題である。したがって今の暮らしにおける救い無くして別に死後の救いがあるのではない」と断言する(一一二)。われわれが「主の祈り」で「悪からお救いください」という場合の「悪」とは何か。第一にそれはわれわれが生きている場(context)であり、独立した存在として名詞的に理解するのではなく形容詞的、つまり「悪い人、悪の力、悪の構造」ように理解される必要がある。その正体は「自分をありのままに生きられないようにするもの、真の生を遮断し自分を隷属させ、麻痺させ、監禁する力」である(一一三)。この力は、あるときは単純な病であり、あるいは個人、知的観念、政治的社会的組織、宗教であるかもしれない。したがって救いを求める者は、自分が何に囚われどう間違っているかを知る必要がある。

「お救いください」には二つの意味がある。一つは治療を願うことであり、もう一つは救出を願うことである。イエスの治癒行為は、内的束縛からの解放、すなわち罪の赦しとして、あるいは外的束縛からの解放、すなわちサタンを退去させる行為として記されている。病の治療は救いの一部であるとしてもそれだけでは不十分であり、精神的苦痛やコンプレックス、憎悪などに囚われている限り救いとは言えない。罪の赦しとはこのような束縛からの解放を意味している。しかし問題はこれだけではない。「自分を(肉体的、精神的に)病ませる力、自分を束縛し他にどうしようもなくさせるもの、聖書が『サタン』と呼んだ力」こそが問題なのであり、現代的に言えばそれこそが「自分が置かれたコンテクスト」である。構造的に不正な社会の中で自分一人正しくあることはできない。聖書は「この世、この時代」を問題視したが、これからの救い、すなわち「歴史の救い」が重要なのであり、「究極的救いは、この世、この歴史、この時代の救い、全体の救いにかかっている」のである(一一四)。

われわれの願いは、「悪が支配するこの世界を救ってください」という願いである。救いとは部分的な治癒ではなく人間本来の生を回復する道である。科学技術がそれに貢献したことは事実だが、人間の救いを妨げる効果ももたらした。それは、科学万能主義によって人間が自己の責任を見失ったこと、高度な技術は一部の専門家が独占してしまうこと、人間を束縛から解放する力である科学技術は同時に悪用可能でもある、ということである。資本が支配する世界において、高度な科学技術の恩恵に浴する人間はごくわずかでしかない。貧しい人々が高度な医療、最新の医薬品の恩恵を受けることは困難である。われわれが直面する危機は、技術の未発達によってではなくそれを独占する資本と政治によって善であり得る力が束縛され奴隷となっている事実のことでもある。

キリストは悪の時代が終わる時、救いが実現すると宣布したが、悪の時代に終わりを告げることができるのは悪に束縛されていない者だけである。われわれは悪が支配する世界に生きているが、それを打ち破る闘いの中においてのみ「悪からお救いください」と願うことが可能となる。キリストを救い主と告白するということは、自ら救いに至る道を歩むことによって救いを得ることである。キリスト者はどこにあっても自らの努力、技術全てを動員して病んだこの世界を癒す務めにまい進すること、救いの働きに身を投ずることによって自ら救いに参与する。「わたしの救い」という利己的な願いを克服しこの世の救いの働きの参与者として「悪からの救い」を願うのである。

救いとは「死後の問題ではなく今ここを生きるわたしの問題」であり「今の暮らしにおける救い無くして別に死後の救いがあるのではない」という主張は民衆神学以前からの実存主義神学者安炳茂の主張でもあったが、この立場は激動の時代背景の中で一層明確になったと言えよう。「この世からの救い」ではなく「この世の救い」という安炳茂の立場は社会変革をも含む政治神学的言説でもある。これは悪が支配する現実から目を背ける教会に対する批判であり、悪の支配を打破することこそが救いを願うキリスト教信仰の本質であると安炳茂は力説する。

このような理解は一人の神学者による言葉というよりもこの時代を生きたキリスト者たちの信念の表現とも言える。信仰とは利己主義の克服であると考えている安炳茂にとって、「全泰壱焼身事件」以降学生や市民たちが民衆の現実に目覚め始めた大きなうねりは自らの生き方にも変化をもたらした。民衆神学の基本的な救済観、すなわちこの世、歴史、時代、全体の救いすなわち世界の変革のために献身することが信仰者個人にとっての救いに至る道であるという基本姿勢がここに現れていると言えよう。

3　「今日の救いの正体、聖書的立場から」（一九七五年）

この論文は一九七〇年の「逃避か救いか」とは異なり、初めにパウロの贖罪論的救済理解に対する批判が展開されている点が注目される。以下はその要約である。[62] 十字架がわれわれのためだということは事実であっても、それがわれわれの罪のためだという理解に問題がある。たしかに旧約でも申命記的伝統では贖罪の理念が中心となるが、これは法的、祭儀的理解に基づいている。パウロは十字架事件が今を生きるわれわれにどのような意味があるかを考え、自由という概念でそれを説明した。パウロはしばしば罪からの自由と言うが、これは包括的な表現であって具体的には律法からの解放を意味していた。ここでパウロは律法の条文ではなく「律法性」を問題にしている。「自分を縛っていた律法に対しては死んだ者となる」（ロマ七章六節）という表現は、律法は人間を束縛するという意味であり、問題は条文ではなく律法そのものなのである。「十字架はこのような律法性からの解放の事件」であり、罪からの解放は人間の内的罪の問題ではなく、十字架事件が意味するのは「非人間化するすべての既存秩序の廃棄」であった。このような十字架理解は法と祭儀ではなく「ヨベルの年」の伝統とつながっている。パウロはイエスの十字架を通して「ヨベルの年」が実現したと宣言した。さらに十字架はユダヤの律法からの解放ではなく、人類の歴史とともに蓄積するあらゆる不条理な現実からの解放を意味している。したがってわれわれは「救済論を贖罪論だけに結びつけて脱世界化する理解から抜け出す」必要がある（六九～七一）。

次に安炳茂は前年の「悪からの救い」に続いて「主の祈り」を題材に今日の救いを検討する。救いの問題を論じる際に祈りを題材にする理由は、第一に祈りは瞑想ではなく救いへの叫びであり、第二に「主の祈り」はキリスト教において最も古くから用いられており、第三にイエスの教えがこの祈りに集約されているからである。「主の祈り」の出発点は、救いの原点としての神の名と国である。これは、いかなる権力やイデオロギーが提示する救いの約束も拒否することを意味している。救いの主体はあくまでも神である（七二）。「み心が地にも行われますように」とは、救いは彼岸的ではなく歴史の渦中に実現することを意味しており、宗教的救いと政治的救いがあるのではない。次なる三項目は、人間の生存権を害するものからの解放であり、弱者は権力、地位、所有などを恐れたり不安に感じてはならない、偶像に負けてはならないという弱者に対する呼びかけである。この祈りは弱者にしか祈ることができない。なぜなら生存権を奪い人びとを恐れさせるのは強者であり、誘惑は強者が行うものだからである。こうして「主の祈り」は神の国の到来という未来、誤った伝統からの解放という過去、日ごとの糧を願い誘惑に陥らないようにして欲しいという現在の願いによって構成されている。（七一～七三）。

神の国は救いの大前提でありわれわれはその途上を生きている。救いの具体性とは弱者の解放である。「山上の説教」において祝福の対象となり、「最後の審判」（マタイ二五章）において神と一体化しているのは弱者だが、そこでは倫理的宗教的価値は一切問われていない。したがって今日の救いとは普遍的なものではなく、抑圧を受ける階層の人びとの解放が倫理的宗教的価値に優先するということである。祝宴に招いた人びとが拒否したため代わりに疎外されていた人びとを招いたという譬えは、真の救いとは倫理的宗教的価値からの自由でもあることを示唆している。したがって今日の救いとは宗教的なものではなく、権力者と富める者が主軸となる社会を変革することである。たしかに今日の救いとは社会改革を意味しているが、共観福音書のイエスはそのことに積極的ではないしそのためのプログラムを提供もしなかった。イエスは社会よりも実存、社会的救済よりも人間の救済に関心があったように見受けられる。しかし人間の救済は決して内的精神的問題に限定されない。人間は歴史的社会的存在であるからだ。イエスは救いを必要とする人びとに極端な要求をしたが、それは彼らが安住してきたものからの脱出の要求であった。所有によって救いの道を閉ざされた人びとに対しイエスはそれらの放棄を迫っている。しかし社会的に価値あるものを持っていない人びと、負の価値を押し付けられた人びとは無条件に受け入れられている。イエスには社会改革のプログラムは無かったが、人権を侵害する力に対しては無条件の闘いを挑んだ。救いは変革のための闘争の過程で生じるのである。（七三～七七）

イエスは「サタン」を集団、一つの主権とみなしている。悪の力が勢力化しイデオロギーあるいは構造悪と化す。今日においてそれは制度の部分的変更ではなく制度それ自体を絶対化する勢力との対決を意味している。マルクス主義は社会を的確に分析しキリスト教に対する批判においてもその貢献は高く評価されなければならないが、人間を経済的側面だけで捉えた点が誤りであり、富の所有欲にもまさる権力欲を生み出したところに最大の欠点がある。マルクス主義は疎外された人間を解放するのではなくかえって道具化する。しかし聖書は神との関係こそが救いであると考えることによって、地上にいかなる絶対的権力をも認めない立場をとる。資本、権力、イデオロギー、これらが人間を抑圧する時、聖書はそれらを「サタン」とみなす。今日における救いは権力との対決を抜きには考えられないが、暴力を手段とすることはできない。人間を抑圧する力は暴力とは限らないからこの闘いは容易ではない。しかし平和的手段により殉教を覚悟して闘うのがキリスト者の姿である。もちろんそこには限界があるが故に、われわれは「み国が来ますように」と祈る他はないのである。（七七～七九）

この論文が執筆されたのは、一九六九年の「三選改憲」以降朴正煕体制が一気に加速し、一九七二年の戒厳令から一九七四年の「民青学連事件」に至る暴力の時代であった。一方この時代は民主化の意識の高揚とともにキリスト教会が民衆の現場とのつながりをさらに深めた時代であり、こうした流れの中に一九七四年の「民主回復国民宣言」があり一九七六年の「三一民主救国宣言」へと至る道筋が用意されたのである。安炳茂はこうした状況の中で民衆神学を練り上げていったのだが、これ以降、贖罪論と道徳主義は一貫して批判の対象として言及されるようになる。民衆の苦しみから目をそらせ悪が支配する現実を暗黙のうちに肯定し支えている主流教会の信仰の中心こそ贖罪論と道徳主義に基づく利己的救済観だったからである。「救いの主体はあくまでも神である」という主張は教理を中心とした教会の権威に対する批判として伝統的福音主義そのものと言えるかもしれないが、これはあらゆる権威を相対化する根拠（外点）を重視する安炳茂神学の基本姿勢でもあり人間に受動性を強いるものではないであろう。一九七四年の「悪からの救い」、翌年の「今日の救いの正体」は熾烈な政治的闘争を目の当たりにしながら執筆された論文であり、翌年の「民族・民衆・教会」につながる教会批判と民衆との連帯に向けた実践的呼びかけを含んでいると言えよう。

4 「個人的救済か社会的救済か」「共観書の救済論」（一九七八年）

「今日の救いの正体」発表直後の一九七五年六月、安炳茂は学生運動を背後から操っているという理由で韓国神学大学教授を解職された。このとき神学部所属の多くの教授が解職され韓国神学大学は実質的に閉鎖に追い込まれた。直後に基督教長老会は教団立神学校とも言うべき「宣教教育院」（別名「西大門神学校」）を設立、安炳茂は初代院長となる。宣教教育院は韓国神学大学神学部に代わる聖職養成機関であったが聖職候補生以外も学ぶことが可能であり第二代院長は徐南同であった。ここは民衆神学と教会的実践が交差する場であり、民主化運動によって逮捕、大学を追われた学生たちに教育の機会を与える重要な役割をも担っていた。こうして多くの青年たちがここで民衆神学を学び現場へと向かっていった。安炳茂は一九七六年の「三一民主救国宣言」への参加によって逮捕、宣教教育院長の職を辞すことになる。こうして安炳茂は大学と宣教教育院を追われながらも在野の神学者として研究を続けると同時に後進を育成した。「三一民主救国宣言」の署名により安炳茂は「緊急措置九号違反」による懲役三年を言い渡されたが、結局彼の獄中生活は一年半に短縮された。この間に安炳茂は狭心症を患っていたが、出獄後はなおも獄中にいる同志たちの早期釈放のために精力的に活動した。拘束者全員が釈放されたのは一九七七年一二月末日のことであった[63]。一九七八年一月、ソウル大学生朴鐘哲（パク・チョンチョル）が治安本部に連行、取り調べ中に変死するという事件が起こる。当局はこれを病死と発表したが同年五月、カトリック正義具現全国司祭団は当局による拷問死であることを暴露、これを契機に責任追及と民主化を求める大々的な運動が起こった。

一九七八年の「個人的救済か社会的救済か」は講演の原稿であり、安炳茂が創刊した《現存》の一九七八年六月号に掲載された。同年翌月「共観書の救済論」が「個人救済か社会救済か（二）」の副題とともに《現存》に掲載された。両者は一つの作品とみなすべきだが、内容的に見て「今日の救いの正体」と重なる部分が多いものの三年前の構想を民衆神学的に発展深化させたものと言えよう。この三年の間に安炳茂が体験した独裁政権の暴力とそれに対する民衆の抵抗の痕跡がこの作品に反映されていると考えることはごく自然である。一九七八年の救済論（「個人的救済か社会的救済か」および「共観書の救済論」）では一九七〇年の「逃避か救いか」同様、救いを巡って旧新約聖書を検討する形式になっているが、論点は異なっている。以下はその要約である[64]。

依頼された主題は「個人的救済か社会的救済か」、つまり個人と社会を二分する考えであってこれ自体が誤りだが、これは設問者（講演会を主催した青年キリスト者）の問題ではなく、このような発想を誘引する教会の現実にこそ問題がある。個人は社会と切り離すことができるものではなく人間は本来「共にある存在」、「統全」[65]の存在である。人類史において個人は集団（種族、部族、民族）の一員として存在してきたのであって、個人の運命は常に集団によって左右されてきた。ヨーロッパの啓蒙主義が個の尊厳を強調した結果、個人主義が生み出されたが、これは中世の全体主義や教権主義に対する一つの反動的主張であった。

旧約には「個人」は存在せず、そこにあるのは種族だけである。それは個人の歴史ではなく種族（イスラエル）の歴史であって、出エジプトも個人的体験ではなく民族的救いの体験であった。旧約聖書に登場するアブラハム、イサク、ヤコブのような人物も個人というよりは神の民の歩みを象徴的に示す存在に他ならない。たとえばミディアンにおけるモーセと神の出会いの出来事は、モーセ個人と神との問題ではなく、神とモーセが共に向き合わなければならないイスラエル民族全体の問題を示しているのである。モーセは、あたかも宣教師のようにイスラエルの民の魂を救いに行ったのではなく、イスラエル民族全体が直面している状況から彼らを救出するため、再びエジプトの地に立った。イスラエルは「抑圧されうめく民」であり、彼らにとっての救いはエジプト人の手から逃れること、すなわち「社会的解放」であった（四八二〜四八四）。大日本帝国による植民地支配下の教会にとって、民族の解放と宣教の目的が分離すべきだなどと考えることが不可能であったように、イスラエルにとってエジプトからの解放はすなわち民族国家の建設へと向かうのである。[66]

イスラエル国家は成立後またたく間に分裂の道をたどる。この過程で預言者たちは、神の怒りを個人の罪に対してではなく社会悪、王と執権層に対する批判として表明している。王と執権層の罪は民族全体の運命を左右するのであるから、預言者は例外なく民族全体の運命を問題視したからこそ彼らに向けて声をあげて闘ったのである。はたして預言者の行動を、「政教分離、個人と社会いずれの救済かなどと規定するとか、預言者たちの行いは間違っていたと断罪する人はいるだろうか。彼らの行いから『個人救済』という概念をことさら取り出すことができるだろうか。それはできない。これが旧約全体の性格である」（四八五）。

新約聖書の場合、パウロはイスラエルを離れて暮らすユダヤ人であり、ローマの市民権を持っていたことを考えれば、すでに民族としてのイスラエルの救いに対して懐疑的な人物であった。その意味では旧約時代の背景とはまったく異なる状況をパウロは生きている。こうした転換は「三一運動」前後の時代的転換と類似している。それまでの独立運動の頂点であった「三一運動」が暴力によって鎮圧された結果、独立運動家たちは亡命するか啓蒙運動に路線転換するなど大きな変化が生じたが、この時、民族の希望を見失ったキリスト教会は非歴史化し彼岸の宗教と化してしまった。こうして生まれたのが宗教的個人主義であり、当時の人々は『天路歴程』を聖書に次ぐ読み物として耽読したのである。脱民族的状況に立っていたという点では植民地下の教会と新約聖書は同じだが、聖書は個人的救済や宗教的利己主義に陥ることはなかった。パウロは救済論を理論化した初めての人物である。彼が取り組んだのは「霊と肉」の問題であった。「霊の救い」を重視する人々にとって、「それは主の日に彼の霊が救われるためです」（コリント前書五：五）、「肉と血は神の国を受け継ぐことはできず、朽ちるものが朽ちないものを受け継ぐことはできません」（同一五：五〇）、などの箇所が根拠とされる。しかしパウロはヘレニズム世界で一般的だった「霊肉二元論」的用語を用いつつそれに対抗する思想を展開した。パウロにとって「肉」とは人間の可視的現実であり「霊」とは不可視的領域を指す言葉であった。パウロにとって人間は霊と肉とに二分することのできない「体 soma」であるのだから、パウロを根拠に「霊の救い」を主張することは不可能である（四八六～四八七）。

たしかにパウロには宗教的教理に対する意識があるから、その点は福音書のイエスとは異なっている。しかしパウロは時代の状況に目を閉ざした「個人的救い」を主張しているわけではない。ローマ人への手紙一から三章の記述は一種の社会批判であり、七章七節の律法批判は宗教的戒律に限らず人間を拘束するすべての体制に対する批判、また闘争として理解される必要がある。「霊に従う新しい生き方」とはそうした拘束から解放された自由を意味している。パウロにとってキリストは解放と自由を意味していたのである（ガラテヤ五：一）。パウロの関心事はすべて社会的概念である。パウロはローマ人への手紙九章で全人類の救いを述べているが、ここに個人的救いと社会的救いといった二分法が存在する余地はない。そもそも全被造物の解放を視野に入れるパウロ神学を個人的救いの根拠とすることはできないのである。使徒言行録が示すパウロの「風雲児的生涯」から、彼が個人的な救霊運動を中心に展開したと考えることは不自然であり、彼が受けた迫害、投獄がローマ当局によるものであることを考えても、自由、解放などを視野に入れたパウロの救済論が反ローマ的政治性を帯びたものとみなされた結果であることは明らかである。社会的救済と言っても個人が除外されるわけではないにもかかわらず、それでも保守系教会が社会的救済を否定して個人的救済にこだわる動機は、自己保全と自己正当化以外に見出すことはできない。

以上が「個人的救済か社会的救済か」の概要である。一九七〇年の「逃避か救いか」同様、この結論は聖書解釈学的帰結である以上に、当時のキリスト教会に向けられた率直なメッセージであったと言えるだろう。安炳茂は、「三選改憲」反対運動によって反独裁運動に立ち上がり、「全泰壱焼身事件」を通して民衆との連帯に目覚め、社会変革のために闘う学生たちを応援しながら自らも弾圧を受け、「三一民主救国宣言」署名により自らも歪んだ社会構造の犠牲者の一人となった。しかし当時のキリスト教会の中心は、越南系に代表される保守系教会、「国家朝餐祈祷会」に連なる権力癒着型の教会であった[67]。彼ら保守系教会は、神学的、教理的、信仰的に個人主義にとどまっているのではなく、暴力的な国家権力を前に自己保身をはかり、それを正当化するために聖書を利用していたのである。安炳茂は、苦しむ民衆の姿に目を閉ざし、無関心と沈黙に終始する主流教会に対して聖書学的な批判を試みた。批判の中心は個人的救済を唱える教会が社会との関わりに批判的である現実であり、ここでは保守派が唱える霊肉二元論、その根拠にパウロを持ち出すことに対する反論が展開されている。一九七八年の「救済論」の目的はやはり利己主義的救済論に対する反駁にある。「個人的救済か社会的救済か」は講演原稿であったが、そこで十分に展開することができなかった釈義的作業を補ったのが続編としての「共観書の救済論」である。[68] 以下はその要約である。

「単純に歴史的状況から考えても、集団としての権益問題より個々人の人権問題が徐々に具体化するほかない」状況が共観書編集の時代背景である。「死体」のようなイスラエル共同体の中に新しい共同体が生まれた、それがキリスト教であった。イスラエルの伝統主義と異邦人キリスト者による脱民族主義、これら両方の要素が混在する形でキリスト教は展開するが、そうした状況の中で共観書が「救済」をどのように提示しているかがテーマとなる。

第一の論点は「救霊」概念である。救霊という概念は非聖書性であり、「soteria, sozo, pneuma」の用語法から明らかなように、共観書は霊と肉の二分法を知らないし、救いは「永遠の命、天国に行く」のような宗教的概念ではなく、むしろ現実的な問題について語られている（四九一～四九二）。「共観書には二元論的救済観はないことが明らかである。したがって『救霊』と『救い』を一致させることは不可能」であり、「共観書の救いとは全体としての人間の救済」を意味しているのであって宗教的内容に限定された概念ではない（四九三）。

第二の論点は「救いと新しい世界」である。イエスが宣言した神の国は内的性質のものではなく「到来するもの、未来的なもの」であり、サタンとの闘争という終末論的事件を通して到来する新しい世界である。したがって救いを問うことは「終末的現在」における救いとは何かを問うことである。

第三の論点は「救いと神の国の性格」である。議論の大前提として、「神の国」とは「天国」のような空間概念ではなく、それはわれわれが「行く場所」ではない。ルカ一四章一五節以下の「宴会の招待」の比喩は、富める者たちが「神の国」への招待を断り被差別者たちが招待される、すなわち救いを受けるという内容である。ルカ六章二〇節以下の「平地の説教」によれば、祝福の対象は貧しい人々、飢えた人々、悲しむ人々、すなわち無力で貧しく捨てられた階層である。ルカは倫理的宗教的観点とは無関係に救われる対象を社会階層として捉えている。ルカ四章の「ナザレ宣言」では、六章同様、捨てられた階層の人々に「恵みの年」が告げられることで、彼らが解放される年、神の国の究極的な姿が描き出されている。また、ルカによる「主の祈り」は、貧しく虐げられた者のみが唱えることのできる祈りである。これらの論点を通して明らかなことは、貧しく捨てられた人々への祝福、神の国への招きは、彼らの倫理性や宗教性によってではなくひたすら社会階層によるものだということである。「このような人々に無条件的神の国への参与あるいは救いを約束したからには、それはまさに社会的救いの範疇の中で理解する他はない」(四九七)。救いの条件は信仰や行いではなく、ただ「社会的に虐げられ貧しく受難する人々と自らを一致させているかどうか」を想起することで明らかとなる。そうであるならば、キリスト教の教理に従うことが救いの基準であるかのように熱心に信じる信者たちの運命はいかなるものだろうか。マタイはルカが提示した社会階層の問題を内面化したが、これが非社会的倫理化の始まりであり、これはマタイが教会組織の運営に必要な教理の形成やギリシャ的倫理観との接点を模索していたからである。

第四の論点は「社会革命と救済」であり、共産主義と共観書の違いが中心となる。社会主義が目標とするユートピアは人間が描いたこの世の設計図であり、それは人間中心主義であり、プロレタリアが絶対的権力を持つことで生じるのは新たな権力闘争である。そこには「外点」、仲裁者が存在せず、自己告発の可能性が閉ざされているからである。「神の国は人間を常に『脱―向』させる開放的現実である」(四九九)[69]。社会主義は体制のために人間を道具化し奴隷化する。しかしイエスは「安息日論争」（人間が体制のためにではなく体制が人間のためにある）で明らかなように、神的権威を自らの秩序に従わせることを拒否していた。全体か個かの二者択一を迫られた場合、「失われた羊」、すなわち罪人の側に立つというのがイエスの思想であり、全体の名のもとに個人を抑圧し人権を侵害する共産主義や全体主義とは根本的に異なることは明らかである。共産主義は人間を物質的な側面からのみ理解し、健全な分配が理想社会をもたらすと考えた。しかしイエスは「抑圧された人々、貧しい人々の側に立ち、彼らが未来の主人公であると宣言はしても、彼らが物質的に豊かになることが神の国の実現だとみなし得るいかなる端緒も示していない。彼は人間の幸福、あるいは正しい世界とは神と隣人が正しい関係に立つときにのみ可能であると考えていた」のである（五〇〇）。

最後の論点は「宣教とは」である。「宣教の目的は人間の救済である。救済は堕落を前提とする」（五〇〇）。聖書はそれを神との関係の破れと考えており、したがって宣教とは神との正しい関係への回復を目標とする。聖書は神との関係の破れを隣人との関係の破れと直結させており、隣人との関係回復こそが具体的課題となる。自分と隣人との間に隔てをつくるものが存在する。それはすでに構造化し、様々な姿で自己を正当化しようとする。しかし、それが道徳であれ律法であれお構いなしに取り除こうとしたのがイエスであった。宣教とは隣人との関係を回復させることであり、それを妨げる構造悪との闘いであると見出したからには、「（教会は）不条理な体制や社会に挑戦する他なく、これは社会参与という形で現れる」のである（五〇一）。相対的なものにとらわれている人々に対して、新しい世界が到来していると告げること、これが悔い改めの運動である。これらを前提に宣教の戦略を考えるとするならば、「その戦略は状況によって異なるものであってわれわれはわれわれの状況において創造的かつ責任的に進んでいく必要がある。それがまさに『我に従え』であり『自分の十字架を負え』という言葉が示す意味である」（五〇一）。

安炳茂による論争的な主張からは批判の対象となる「論敵」が想定されていることは明らかであろう。安炳茂が批判の対象としたのは、個人的救済と社会的救済とを二分し個人的救済こそが真の救済であると考える人々であった。彼らはキリスト教の目的を「救霊」と捉えている。彼らにとって「神の国」は内的世界であり、救いは個々人の倫理性と宗教性に対する評価、あるいは教理との整合性にかかっている。これは当時の主流をなしていた保守的キリスト者の姿と言えよう。[70]安炳茂が想定したもう一つの論敵はマルクス主義である。大日本帝国による植民地支配当時、民族独立運動の命脈を保っていたのは社会主義の運動であった。キリスト教を中心とした独立運動の挫折と保守化は、多くの民族主義者にキリスト教への失望を与え、それと同時に社会主義運動への接近を促している。反独裁闘争、民主化闘争においても徐々にマルクス主義の影響が生じてくるが、一九七〇年代後半の状況において、社会運動の重要な課題の一つが「容共」の嫌疑を晴らすことであったことを考えれば、安炳茂のマルクス主義批判にもその要素を読み取る必要があるかもしれない。あるいは、間島時代に「解放軍」として歓迎したソ連軍兵士による蛮行を目撃したことが彼のマルクス主義批判の原点であったかもしれないし、民主化運動の中にあったマルクス主義への傾倒あるいは憧憬に対する具体的な批判であったのかもしれない。いずれにせよ、安炳茂にとって既存の社会主義、共産主義はイエスが告知した神の国の理想とは大きく異なるものでしかなかったことは明らかである。

5 「イエスと解放」（一九八九年）

「イエスと解放」は、ファリサイ派を中心とする律法主義への批判だがその背景には韓国における社会改革運動がマルクス主義と混同される事態が想定されている。安炳茂は新約聖書のファリサイ派批判の意味を探求しながらマルクス主義とファリサイ主義の類似性を述べ両者を批判している。この論文は一般的に共産主義的用語とみなされかねない「解放」はむしろイエス運動の本質的な命題であることを論証しているが、これは新約聖書の解放思想を安炳茂がどう捉えていたかを知るための貴重な手がかりとなる。以下はその要約である。[71]

本来のファリサイ派は通俗的なイメージのようなものではなく、ローマ帝国支配に対抗する敬虔主義的信仰運動であり、民衆の啓蒙と教化に大きく貢献した民衆運動であった（一八一〜一八二）[72]。しかしファリサイ派の理念が次第に体制に取り込まれることで質的変化が生じる。彼らの限界は、最低限の社会生活を営むことができる人々を基準にした律法厳守の規定を構築したことだった。その結果、「アム・ハアレツ」と呼ばれる人々は正しい信仰生活を送ることのできない罪人とみなされざるを得なくなったのである。本来罪人とは神との関係で語られていたはずだが、いまやファリサイ派を中心とする体制との関係で用いられる概念となってしまった。彼らは本来、神の直接統治としてのメシア思想や終末思想を重視していたが、体制化したファリサイ主義者にとって自分たちがすべての基準でありメシア思想や終末思想は形骸化してしまう。福音書の背景である初代教会にとって緊張関係にあったのはファリサイ派だけではなかったが、しかし福音書にはエッセネ派や熱心党に対する批判的記述はまったく見られず、ひたすらファリサイ派だけが批判と攻撃の対象となっている。ファリサイ派に対する敵対視はイエスにさかのぼるものと考えられるが、その理由を解き明かすことがイエス運動の本質を照らし出すことになるはずである（一八三〜一八四）。

イエスにとって救いとは全体的なものであり、魂の救いではなく人間の救いであり、人間の救いのためには世界の救いが必要となるというトータルな目標が掲げられていた。こうした運動は明らかに解放運動と呼ぶべきものである。しかしそれはマルクス主義的な立場とはまったく異なっている。マルクス主義の問題は、人間を歴史の一部分としかみなさないことであり、多様な現実を直視せず物質的規定に基づく階級闘争とみなすこと、支配階級を排除し労働者階級が権力を掌握するという見取り図を描く点にある。問題は、彼らが生きた人間を抽象化し対象化する点にある。彼らが見ているのは本来の人間らしい人間像ではなく人為的に鋳造されたイメージでしかない。しかしイエスはそのように画一化した人間像を作った上での意識化運動をしたのではなかった（一八四～一八六）。次に安炳茂は主題別に議論を展開する。

病からの解放：マルコによればイエスによる病からの解放には画一的な条件や方法は示されていない。治癒に関する十一回の記事のうち五回は信仰が前提とされるが、本人の信仰の場合もあれば周囲の人間の信仰の場合もある。罪の赦しが告げられる場合もありそうでない場合もある。そこに語られている信仰や罪は当時すでに文書化されていたパウロ的信仰理解や罪理解とは異なっていることだけは明らかである。それは来るべきメシアに対する信仰ではなく、イエスに癒しの能力を認めるという信仰であった。そこに教理的いかなる条件も示されていない、というのがマルコ福音書研究の結論である。病からの解放におけるイエスの根本動機は、彼らを深く憐れみ病魔から解放しようという意志一つであった。イエスが「お前の罪は赦された」と告げたのは、イエスが病と罪との関連を認めていたからではなく「罪人」という観念からの解放を意図してのことである。したがってこの言葉は「お前は罪人ではない」という意味と同じであり、罪人とみなされた人物を敵対者たちの前で「お前は人間だ」と宣言する一つのデモンストレーションでもあった。病からの解放とは疾病による身体的苦痛からの解放ではなく「病魔」からの解放である。病者とは「病魔」の捕虜となった犠牲者であるから、悪魔の手から人間を解放する闘いが「癒し」であった。また、病からの解放は疎外された人間の復権を意味していた。「我に従え」と言い続けたイエスが癒された人々には帰宅を命じるのである。「これらの人々にとって解放はまさに自分の家、自分の故郷に帰って生活する条件がもたらされること」（一八九）であり、そのためには、大祭司の治癒証明を受けよとの妥協もいとわないのであった。

体制からの解放：イエスは人間を愛する行為をすら制約し妨害する現実に向き合い挑戦したが、それは社会改革のプログラムというよりは人間解放への願いによるものであった。ファリサイ派との衝突はまさにこの点に集約される。安息日を巡るファリサイ派の論理は人間不在の論理である。イエスは、隣人を愛し助けようとする当たり前の自由を制限するいかなるものをも許そうとはしなかった。人間は法に優先する、という当たり前の主張をイエスは貫徹する。人類とか民族などという抽象的概念に凝り固まってそれが体制と化すならば、カフカが『城』で描き出したような現実、すなわち人間を守るべき城が人間を外へと追放する事態が生じるのである。「多数、普遍」などの概念が公式化されることで、具体的で特殊でしかない歴史的存在としての人間はかえって疎外される。「失われた羊」の譬えは「多数、普遍」の名による絶対的優位の主張の中で、主体的存在は「失われた羊」として見捨てられることを示している。このような事態は互いの譲歩によってではなく闘争による解決以外に道はない。これがイエスの解放運動の性格なのである。抑圧されたもの、貧しいものへのイエスの関心は教えにおいても行動においても一貫しているから、この点においてはブルジョア階級に対するプロレタリアの闘争という理念は共通性がある。しかしイエス運動とマルクス主義との間には根本的で決定的な違いがある。第一にマルクス主義においてはプロレタリアという抽象的概念を普遍化することで歴史的存在としての人間が無視され人権抑圧と非人間化が生じてしまう。第二に、プロレタリアが政治勢力化、独裁体制化することでそこに属する個々人は自らの運命を少数の統治者に譲り渡すことにより、完全なる被統治的存在にならざるを得ないという点である。一匹の羊はここでも捨て去られるのである。これは現代的ファリサイ主義とも言えるだろう（一八七～一九二）。

憎悪と復讐からの解放：イエスは「目には目を」という復讐の論理を否定し「あなたの敵を愛しなさい」と教えた。イエス運動の解釈において、様式史学派は本来の闘争的性質を無化してしまう。編集史的、伝承史的手法に社会科学の知識を合流させることで、貧しいもの、虐げられるものたちの姿が浮かび上がってくる。経済的に非人間化された人々は社会の価値体系によってさらに悲惨さの渦中に突き落とされてしまう。したがってイエスの解放運動は、彼らをそうした状態に抑留した支配層との闘争であり、イエスの伝承がユダヤ民族の指導層、特にファリサイ派を敵対者として浮かび上がらせるのである。しかしイエス運動にとってファリサイ派は打倒すべき対象ではなく、イエスは民衆に対ファリサイ派の蜂起を促したわけではなかった。イエスの運動はたしかに闘争ではあったが、憎悪の爆発による民衆の勝利といったたぐいの闘争ではなかった。神殿の粛正は支配体制に対する徒手空拳の闘いであり、剣ではなく正義による闘争だったのである（〜一九五）。十字架とは、暴力の悪循環を自らの死によって断ち切った事件であり、憎悪と復讐からの解放の事件であった。十字架は悪の勢力を防ぐのではなくそれを無力化した。イエスに従った人々は、イエスの死と復活の後に憎悪や復讐にとらわれることはなかった。彼らは歴史が新たな局面を迎えたことを実感したかのようにひたすら前を向いて前進した。真の解放は神が成し遂げる、これが「マリアの賛歌」の主題である。イエスは真の解放を成し遂げる神の代行者として生きたのである（一九三〜一九六）。

体制からの解放の部分はまさにマルクス主義が全体主義であるという批判に立脚した論理展開である。理論的にこれに反駁することは可能だろうが、安炳茂だけでなくわれわれも、現実の社会主義体制、プロレタリア独裁を標榜する国家が全体主義的であってそこでは人権が抑圧されている事実を知っている。われわれが第二章で検討した、階級闘争こそが社会的主体の形成であるという高桑の理想はいまだ実現していないと言わざるを得ない。それればかりか、社会的主体という構想そのものがあまりに抽象的であることを安炳茂は見逃さない。理念は正しいが実践が間違っているという問題は社会思想、宗教思想共通の課題である。安炳茂はイエス民衆の運動の中に暴力の連鎖の遮断を見ているが、ここにこそ安炳茂が捉えた解放の意味があるに違いない。マルクス主義とファリサイ派の類比は、さらに、客観主義、普遍主義という学問全体の価値体系に対する批判的考察でもあり、「失われた羊」を放棄しない社会を形成する原理をわれわれはどこに見出すことができるのかという重要な問いでもある。

6　『民衆神学を語る』（一九九二年）

安炳茂の民衆神学についてもっとも総括的に語られているのが『民衆神学を語る』である。これは安炳茂が弟子たちによる質問に答える形で展開された対話形式の著作と言うべきものである。以下、対話を順番にたどりながら安炳茂の救済論を知るための手がかりを探してみたい。

ここでは西洋神学批判の論点の一つとして、聖書解釈学の問題が取り上げられている。安炳茂は、言葉を伝承の核と捉える聖書解釈を批判しブルトマンなどが用いる「ケリュグマ」「アポフテグマ」などの解釈学的枠組みや、ケリュグマ、ロギアなどの解釈学的諸概念の使用を批判する。彼にとって重要なことは民衆事件であり、初めにあったのは言葉ではなく事件であった。「安息日論争」（マルコ二：二三〜二八）を題材に安炳茂は、「安息日は人のためにあるのであり、人が安息日のためにあるのではない」という伝承の核を際立たせる枠組みとして空腹の弟子たちが登場するという解釈を批判する。安炳茂によって伝承の核はむしろ「民衆の空腹の現実」であり、安息日の規定を知りながらそれに反してでも飢えを満たしたという事件が中心に置かれるべきなのである。（六二〜六四）[73]。

安炳茂は、ユルゲン・モルトマンとの論争を題材に民衆のメシア性を論じている。[74] 安炳茂にとって「世の罪を負う神の子羊」とは民衆のことでありモルトマンはそれをイエス・キリストと捉えている。モルトマンは、イエスが民衆であることは認めても民衆がイエスだという解釈は認められない。なぜなら民衆がイエスであれば、苦難の中にある民衆を救うのはいったい誰かという問題が生じるからである。モルトマンの批判はこの点にある。[75] しかし安炳茂は、救い主であるイエスという論理的前提が生む民衆概念の固定化に疑問を投げかけている。「民衆はイエスではない」という断言は救いの教理がもたらす神学的帰結であっても、そう語る者自身に民衆を語る能力があるのだろうか。「イエスは救い主である、神の子である」という教理的命題は、生きた人間としてのイエスに対する呼称として不十分であり、同じように「民衆はイエスではない」という断言も生きた存在としての民衆に対する理解として不十分だと安炳茂は考えている。ここで安炳茂は「神を知らなければ人間を理解できないし、人間を知らなければ神を理解できない」というブルトマンの言葉に言及する（六六八）。これは神についても人間についても固定的な知識や理解は存在しないという自己限定的立場の表明に他ならない。イエスが救い主である限りイエス以外の存在がすべて救いの対象であり客体となってしまう点に安炳茂は疑問を呈している。客体化は民衆を概念化の対象とすることでもある。概念化とは対象を固定化して理解することであり、対象化された存在は解釈者の価値世界の内部に固定されるのであり、それは恣意的解釈、支配へと至るのである。安炳茂が民衆を概念化しない、規定しない、対象化しないことにこだわり続けるのは日々を苦闘する民衆に対する敬意と畏怖の結果であり、知識人として支配—被支配の構造に安住するのではなく、その構造それ自体を解体したいと考えているからに他ならない。そしてこれは実存主義者としての基本的な姿勢に関係する。この点でモルトマンとの議論、あるいは他の批判者たちとの議論は噛み合ないのである。[76]

安炳茂が概念化を拒否するのは客観的真理を批判したキェルケゴールの立場と重なる。キェルケゴールにとって「客観的で純粋な思惟」は実存には無関係であり、重要なことは主体が抽象的純粋主体性とすり替えられてしまわないことであり、「実存は主体を客体から切り離すメス」[77]なのである。現に生きている主体としての実存が自分自身であり、客観的に抽出された純粋な主体は架空の観念に過ぎない。そうであれば客観化、抽象化、観念化は非現実的な思弁を意味することになる。実存主義者としての安炳茂にとって概念化はそうした思弁として捉えられていたのではなかろうか。

安炳茂は、この世界が民衆の犠牲の上に成り立っているという世界観に立っている。救い主であるイエスに注目する限り、救済の対象である被造物は横並びに等しい関係となってしまう。誰もが救いを必要とする罪人に他ならないからである。しかし民衆に注目することで世界の構造が浮かび上がってくる。ここでは罪は横並びに等しいものではなく、特定の関係における加害と被害、搾取するものとされるものとの関係において理解されるのが罪である。「世の罪を負う」という場合、被造物全体がイエスに罪を負わせている、あるいはイエスは被造物すべての罪を負っているという普遍主義ではなく、資本家の罪の結果労働者が犠牲になっている、独裁者の暴力によって民衆が苦しんでいる、人間の欲望が弱者に犠牲を強いているというように、罪の実態が関係性において明らかにされなければならないのである。安炳茂は、イエスが問題にしたのはこのような意味での罪であり、民衆がこの世界の悪を一身に引き受けている様子として「世の罪を負う民衆としてのイエス」という解釈が可能となるのである。

安炳茂は、民衆の苦難を見過ごしにして、教理と宗教的儀式に埋没して現実逃避する教会の姿を批判する。イエスはそのような教会の中にではなく民衆苦難の現場にいるのだと繰り返し主張している。ここではイエスあるいはキリストに出会うことが救いを意味しているのではない。彼にとってメシア的経験とは苦難、悲しみと痛みの中でそれを突破するような体験のことなのである（一七八～一八一、他）。彼は復活のイエスは今どこにいるのかと問い、それは民衆の苦難のただ中にいる、イエスが今ここで民衆として苦難を背負っているという洞察が導き出される。イエスによる解放とは、現状に安住するわれわれが揺さぶられ、自己弁護的な論理が打ち破られることでわれわれが現状維持の囚われから解放されることである（一八二）。民衆の絶叫を前に、人間は自分自身を振り返らざるを得なくなる。そして自分も彼らと共に叫びだすようになる。これがメシア事件だと安炳茂は言う（一八二）。おそらくこれは彼自身の経験であり、全泰壱や宋光永（ソン・グァンヨン）[78]のような人びとの死に直面したときの彼の心情そのものであったと言えよう。

安炳茂は「救いを物質的な言葉で表現する」必要があるという（一八五）。つまり物質的な解放、飢餓や経済的苦痛からの解放としての救いである。個人的な貧しさではなく「われわれの貧しさ」の発見が救いの問題へとつながっている。つまり貧しさを強いている状況の変革こそが救いの内容である。個人的体験、霊的体験は利己主義を克服する力を持たないがゆえに救済とは無縁のものである。そのような個人的霊的体験ではなく民衆事件を通した救いこそが真理なのである（一八九～一九一）[79]。

民衆がイエスであれば、民衆を救うものは誰かという問いに対し安炳茂は、民衆事件の中で民衆は自らを救うと答えている。ここでいう救いとは貧しさや苦しさから抜け出すことではないし、貧しいもの、抑圧されるものが、富めるもの、抑圧するものの側に変わることでもない。民衆事件の渦中で、民衆はまず自分自身の苦しみをありのままに認識し、「わたしの苦しみ」を「われわれの苦しみ」として認識する。このような共有が「自然と救いへの運動、解放運動へと進んでいくようになる」のである。苦しみをもたらす構造を認識し仲間と連帯することを通して解放が実現する（一四九）。これは、意識化それ自体が解放のプロセスであるというフレイレの立場と同様である。

モルトマンの問いに対し安炳茂は、救うものと救われるもの、イエスと民衆という図式からではなく、イエスが民衆であり民衆がイエスであるという図式、すなわち救うものと救われるものが同一であるという新しい図式を提案する。民衆としてのイエスの生き方が人びとの解放をもたらしたのであり、これは民衆が自分自身を解放した物語でもあった。このように主客の図式を否定する安炳茂にとって、西洋神学の過ちは神を客観化させたことにある（二〇一）。それは西洋の存在論が二分法の枠組みに捉えられていることへの問いであり、世界を二分化しない東洋的思想の重要性が語られている（二〇五）。救いとは事件である以上に事件によって救いが実現する。初期キリスト者たちの考えでは、神による人間解放はキリスト事件として引き起こされたのであり、それはイエス事件が目的論的に解釈された結果なのである（二一九）。人間を解放する神はわれわれにおいても体験されるものとして現存している。それがメシア的事件の意味するところである。

7 「民衆メシア論」をめぐって

民衆神学は保守的神学からの批判にさらされたが、同じ民衆神学の立場を取る人々の中にも多様な議論があった。民衆事件のメシア性を巡る議論はモルトマンが批判しただけではなく民衆神学を奉じる人々からも批判の対象となっている。ここでは批判者の論点を紹介することで安炳茂の思想の輪郭が一層明確になることを願い『民衆はメシアなのか』（一九九五年）を紹介しよう。同書は安炳茂、徐南同の次世代である任太秀（イム・テス）が中心となり、「民衆教会」の活動に携わる人々へのアンケートの分析とともに、安炳茂や徐南同などを「第一世代民衆神学」と呼び、自らを第一世代を克服した「第二世代民衆神学」として提示する意図を持って公刊された。任太秀は序論で同書の立場について、従来の右傾化した神学と左傾化した民衆神学とを批判的に考察し両者を止揚した神学を形成することを目指すものと述べている。[80]彼によれば、民衆の苦難の現実を前にした韓国の教会と神学の無能さを批判した先鋭的神学としての民衆神学の役割はすでに終わっており、九〇年代において必要なのはその統合である。新たな時代状況にふさわしい発展を遂げる上で民衆神学が自己批判しなければならないのはメシア論、すなわち救済論なのだという。こうして安炳茂の救済論は「民衆メシア論」と呼ばれ、批判検討の対象となったのである。ここでは『民衆はメシアなのか』から二つの議論を紹介するが、そこには批判の先頭に立つ任太秀は含まれていない。後述するように、任太秀による批判は誤読に基づいた部分もありあまり生産的批判とは言いがたいからである。[81] ここでは民衆神学と伝統的贖罪論との接近を目指す朴在淳（パク・ジェスン）と、民衆神学に不足する実践的側面を補充する権鎮官（クォン・ジングァン）の議論を紹介し、任太秀に対する朴聖焌（パク・ソンジュン）の批判を紹介することで安炳茂の救済論に対する理解を深めることにしよう。

朴在淳は大学生として民主化運動に参加し逮捕投獄され、後に安炳茂、徐南同に学んだ世代である。彼は、ダニエル書の「人の子」、イザヤ書の「苦難のしもべ」に基づく聖書的メシア論に立脚し、両者の接合を福音書のイエスに見出した上で、「苦難のしもべと人の子の表象も、メシアであるイエスと苦難を受ける民衆の運命的・共同体的一致を示している」と考えている（一八）。[82] 朴在淳は、加害者の罪と被害者の運命を包括する十字架による贖罪論を前提に、イエスは罪深い現実、民衆苦難の原因と結果を引き受けることで死んだのであり、それは単なる民衆の死ではなく、民衆の運命の源、すなわち罪の現実とその克服のための神的行為であったと考えている（一九）。彼にとってイエスは民衆と共に生きた神である（一九）。神性の人性への降下は神による一方的出来事だが、人性の神性への合一のために必要なのは人間の悔い改めである。こう考える彼は「悔い改めて福音を信ぜよ」という呼びかけを民衆にも要求する。

朴在淳によれば、民衆の主体性は神によって確立されなければならない。民衆は利己的自己中心性と怠惰、諦めや挫折から解放される必要があるが、そこには神の介入が不可欠である。民衆の自己解放には、自己否定、自己卑下、悔い改めが伴わなければならず、こうして神によって解放され主体性を確立された民衆が初めて「歴史の主体」となり得るのである。安炳茂と徐南同の民衆メシア論には神による民衆の主体化の契機が欠落している。しかし、民衆が救いの主体となるのは、神の主体性に基づいて民衆が歴史において自らの救いを実現するという意味においてであり、そのような限定的な意味において「民衆はメシアである」ということができる（二五～二六）。

ここで、「民衆のメシア的役割」を批判するモルトマンの論点を思い出してみたい。十字架にかけられたイエスは苦難から解き放たれる必要がないのに対し民衆は解放される必要があり、そのための解放者、メシアを必要としている。では誰が民衆のメシアだろうかと。彼にとって、受難によって救いを成就する苦しむメシアのイメージを苦しむ民衆のメシア的役割へと転換することはできないと考えられている。なぜなら、イエスの十字架は贖いのための苦しみという目的を持っているのに対し民衆の受難は克服されなければならない苦しみだからである(83)。イエスと民衆は受難において同一だが贖いの業においては決定的に異なっていると両者の区別を明らかにするのがモルトマンの主張であった。贖罪論を基盤とする限りこの問いは重要な意味を持っている。朴在淳の提案はこの問いに対する応答、すなわち贖罪論を受け入れた民衆神学的救済論の再構築と言えよう。

一方権鎮官は、民衆神学にとって重要なのは実践次元へのより深い言及であると考えている(84)。彼は民主化運動への参加、逮捕投獄を経て安炳茂と徐南同に学び、アメリカに留学して解放の神学に関する研究で学位を取得している。権鎮官によれば、イエスのメシアとしての本質は存在論的にではなく実践の次元において明らかとなったのであり、民衆神学は実践についてより積極的に取り組む必要がある。安炳茂は、解放の実践については民衆自身が考えるべきであり知識人は口出しすることは避けるべきだと言ったが、これは民衆を疎外する権力者への批判であるとしても、民衆解放の歴史が明らかにしているように、民衆を主体とした運動における知識人の関わりの重要性を無視することはできないという点において不十分な主張であった。なぜなら解放の実践においては知識と戦略は不可欠なものだからである。さらに権鎮官は、実践を重視せず苦難だけを強調することの危険性を指摘する。民衆が苦難を受けるが故にメシアの役割を担うという表現だけでは苦難の現実それ自体の美化と肯定につながる危険性が生じてしまう。苦しむことが善なのではなく、苦しみからの解放が善なのである。このように考える権鎮官は、「民衆のメシア性」は苦難を受ける点にではなく民衆解放の実践において明らかにされる必要があると主張する。イエスは解放者として病者に自分自身に対する信頼を回復させ、女性たちを解放し、徴税人たちに自尊心を回復させることで肯定的で積極的な実践を提示した。「したがってわれわれはイエスの苦難だけでなく、彼の解放の実践において救いのための実践を見出す」必要がある（四三）。

民衆の主体性を尊重する言説の問題性は実践の欠如を招いた点にある、と権鎮官は考えている。安炳茂や徐南同にとってマタイ二五章は、神が民衆と自らを同一化したことを明らかにするテクストだったが、そうして「民衆は自ら立ち上がる存在であり、自らを救う存在だと認識するあまり、神学者も知識人も民衆解放のための適切な行動の模索を控えてきた」のだった。しかし権鎮官にとってマタイ二五章のテーマは正しい実践であり、民衆に食べ物や着るものを与える行為は批判すべき恩恵主義ではなく、民衆ならざる存在は民衆にとって最も必要な行動を適切に行わなければならないという実践への招きなのである（四四〜四五）。このテクストの意味は、民衆解放のために正しい実践を行うことだけではなく、それを神に仕えるがごとく徹底的に無条件的に献身せよとの命令にある。被抑圧者の中に神を見よとの教えはキリスト者に対してこのような献身的実践を要求する（四七）。

権鎮官は実践性を重視し神学には「適切な行動の模索」の責任もあると考えている。かつて、現場からは民衆神学的な指針が求められているのではないかという問いに対し安炳茂は次のように語っている。自分が戦略を語らないのは能力がないからであり、現場にいる人びとにはそれが可能であるはずだ。しかし、彼ら自身がそれを先延ばしにしているのではないか。そこまで神学者が独占してはならないはずだと。(85) 現場の事件を神学として語る創造力あふれる安炳茂の目には、神学的言説を実践的戦略の指針として読み替えることのできない現場の活動家に対する批判があったと言えよう。権鎮官が重視する実践性も個々の現場における戦略ではないはずである。権鎮官は安炳茂を否定しているのではなく、十分に語られていない新たな視点を加えようとしているのである。

一方朴聖焌は、「民衆メシア論」の問いのたて方自体に疑問を呈している。彼は朴在淳、権鎮官同様民主化運動による逮捕と投獄を経験し安炳茂や徐南同の薫陶を受けた世代だが、神学よりもむしろ運動に力点を置く立場と言えよう。朴聖焌は自らが属する「八〇年代民衆神学」の立場から「七〇年代民衆神学」（徐南同、安炳茂）を再検討した結果、民衆神学の致命的弱点と批判されてきた「民衆のメシア性」に対する洞察こそが聖書の創造性の発露であり、民衆神学の核心であるとの結論に到達したという。[86]「民衆はメシアなのか」という書名に見られるように、批判者たちは「民衆＝メシア」ではないと論じるが、安炳茂も徐南同も「民衆がメシアである」と端的に述べたことは一度もない。安炳茂や徐南同、あるいは玄永学らは「苦難を受ける民衆がメシアである」という「民衆のメシア的性格」を発見したのである。重要なのは言葉尻ではなくそこに込められた「神学的含蓄」である。それは朴在淳が「そのような限定的な意味において」と前置きしたような文脈が明らかにされなければならないが、徐南同も安炳茂も民衆の苦難は世の構造悪によってもたらされたものであり、この世のために受難する彼らが暴力的な反攻に転じるのではなく、受難の意味（＝構造悪）を認識することで暴力の悪循環を断ち切る新たな世界へと向かって決起する事実を目撃したのであった。そして聖書を知るものとしてこれらの事件を証言するならば、まさに神の国、メシア統治そのものと言うべき事件と言わざるを得ないである。「こうした意味で」苦難を受ける民衆がメシアなのだ、と彼らは語っているのである。したがって、苦難を受ける民衆にメシア的性格を見出すことができるかどうかという批判は妥当でも、彼らは民衆をメシアとみなしたと不当に単純化した上でそれを批判する任太秀のような立論は妥当ではない。[87]

現場において民衆を美化することの非現実性は批判されてしかるべきだろう。しかしこのように批判される「民衆メシア論」は批判のために構築された定式であり、安炳茂も徐南同もそのように主張したのではなかった。崇拝の対象としてのメシア・イエスを中心としたキリスト教の構図に、民衆＝メシアの図式をそのまま当てはめ、民衆は崇拝の対象としてのメシアではないと論ずることは批判の本質を逸脱している。そして、救いを求める民衆は絶対他者としてのメシアを待望する存在であって自らの中に解放の主体を見出すことはないという立場は、安炳茂の言葉を借りればまさに民衆の「剥製化」であり、生きた民衆の現実を抽象化した結果と言わざるを得ない。安炳茂や徐南同の立場を「左傾化、先鋭的神学」と呼んで今の時代にあっては現実的ではないと批判する立場は、「民衆神学の発展と刷新のための謙虚な自己批判」というよりも、右傾化した教会や教会神学化した立場との調停を目指したものと言わざるを得ないのではなかろうか[88]。

はたして民衆神学にとってメシア論は厄介なもの、アポリアだろうか。これこそが民衆神学の核心だと言う朴聖焌とは異なる視点からこれを積極的に評価するのが金熙献（キム・ヒホン）である。彼はプロセス神学の洞察をもとに「民衆メシア論」の再解釈を行い、新しい状況の中で再活性化しようと試みている[89]。民衆メシア論を理解するためにはいくつかの前提を確認する必要がある。それは、民衆は宣教の対象ではなく韓国のキリスト教刷新の主体であり、彼らの非キリスト教的文化は神の物語と合流し得る価値あるものであり、必要なのは、教会は聖俗二元論を越えた民衆の身体として新たに立ち現れるという新しい宣教論、教会論である。社会的視点の強調という意味で民衆神学は南米の解放の神学やメッツなどの政治神学と共通する面が多いが、異なる点は人間論である。それは神に対する人間の被動性（受動性）、罪性の強調からの脱却である。それは「主―客」図式を越えた関係論的人間観である。安炳茂の意図は、西洋的二元論を克服し民衆の現場への参与という倫理性の強調にあったと金熙献は考えている。そしてそれを理解できない人々は形而上学的言語と宗教的言語の使用方法に混乱があるか（モルトマン）、あるいは伝統的贖罪論、キリスト論の権威に圧倒されているかのいずれかである。民衆メシア論を正しく理解するために必要な作業は、民衆の自己超越性と神による救済という摂理論とを調和させる万有在神論 **panentheism** 的理解と、民衆とイエスとを人間論的に分離しない形而上学的な説明である[90]。このように神学が過去の語法に依存せず新たな解釈の枠組み、方法論を積極的に導入する必要があるのは、神学が置かれた状況、人間とこの世界の状況が常に新たにされているからである。「新しいぶどう酒は、新しい革袋に入れるもの」なのである。

8 「貧しい者　―ルカの民衆理解―」（一九八六年）

安炳茂は一九八六年の論文「貧しい者　―ルカの民衆理解―」で、ルカ福音書の分析を通して民衆論を描いているが、その内容はまさに「民衆メシア論」が誤読した民衆のメシア的役割である。ルカの民衆観に着目することで描き出された主題は「貧しい者たちは救いの対象ではなく主体である」というものであり、安炳茂が語る「歴史の主体、歴史の当事者」という概念を理解する上で、この論文は重要な意味を持っている。先程の「民衆メシア論」の検討を念頭におきながら先ずは論文全体を紹介してみよう[91]。

安炳茂は、マルコに比べルカが描くイエス像は現実との妥協の産物であるという理解に反対し、むしろイエスのメッセージを先鋭化したのがルカであると考えている。ルカは歴史家としてイエスを描き出そうとしており、それは彼独特の救済史観に基づくものであり、ルカは「貧しい者」の視点を通してマルコやマタイのメッセージをより徹底させようとしている、というのが安炳茂のルカ理解である。

ルカ特殊資料の検討を通じて明らかになるのは「ルカはイエス運動の主題をまさに『貧しさ、貧しい者』の問題とみなしたこと」であった（一二八）。「サマリア人の譬え」（一〇章二五～三七節）は「救いに至る道」を巡る問答であり、譬え話の主人公は道に倒れた受難者であり、救いに至る条件はこの受難者の隣人になることである。すなわち、質問者に対しイエスは「受難者が救いの契機を提示している」と語っており、その意味では「強盗にあった者がキリスト自身であるしかない」のである。この譬え話は、自分と「敵」とを分離し、隣人を抽象化する自己中心的な救いの限界を提示しているのであり、ここから「貧しい者は救いの道を開く主体である」という結論が導き出される（一三〇）。

一一章五節以下は、「主の祈り」は貧しい者のためにあることを示している（一三〇～一三一）。登場人物（旅人とそれを迎え入れた人）はともに「日ごとの糧」に事欠く貧しさの渦中にある。飢えた友人のために主人公は「持てる者」に援助を要請するが、これは「日ごとの糧」を求めなければならない貧しい人々の運動」である。これが「切なる祈り」の譬えであり、切なる祈りは聞き届けられるという約束が結論であるとするならば、これは、運動としての貧しい者たちの要求は必ず成就するという約束を意味している。「持てる者」が貧しい人々の要求によって閉ざされた門と心を開いたのであれば、「持てる者」にとって貧しい人々は救いの道を開いた存在となる。

一二章一六節以下の「愚かな金持ち」の譬えは、「神に対して豊かになる」ことの重要性を説いているが、このテーマは一六章一九節以下の「金持ちとラザロ」の譬えによって解き明かされる。ここで描かれる「金持ち」は富を独占しており、門前の悲惨な現実には無関心だった。これが、彼が救いを得ることができなかった理由である。ここで安炳茂は、金持ちには救いの可能性があったという点を強調する。つまり「この金持ちが悲惨な飢えた人間に向けて自らを開き、その現場で新しい声を聞くことで自らを変革することができたなら、彼は救われたに違いない。すなわち、貧しいラザロこそこの金持ちを救うための鍵であった」（一三三）。

一六章一～八節の「不正な管理人の譬え」は、主人が不正に独占し蓄積した富（不正な富）をしもべが貧しい人々に分け与える物語として読み解かれている（一三三～一三六）。富の独占によって金持ちは貧しい人々との関係性を遮断していたが、しもべの行為は結果的に金持ちに富の分配を行わせ、それによって貧しい人々との関係が回復されたことになる。「貧しい人々と友になることは救いと直結している」のであり、「永遠の住まいに迎え入れてもらえる」（九節）とはまさに救いを意味している。一一章六節からの物語群は「金持ちとラザロ」によって結論付けられている。すなわち、そこに描かれた「金持ち」の運命を見るならば「不正な富」が貧しい人々に還元されることで救いの道が開かれたことが明らかとなる。この結論に照らしてみれば、「金持ち」が管理人を称賛したとしても不思議はない。

一八章二〜七節の「やもめと裁判官」の場合、「やもめ」がどのような裁きを求めているかは明らかではない。しかし「やもめ」は旧約の伝統において保護の対象であったことを考えると、律法に反する扱いを受けた彼女がそれに対する正当な裁きを訴えていると推測することが可能である。加害者が律法に反していながら裁きを受けていないのは権力層（裁判官）が彼の側に立っているからだが、「このような社会、体制に安住する人々に救いの道は閉ざされている」。神をも畏れぬ裁判官は貧しい「やもめ」の訴えによって翻意させられた。すなわち彼は何らかの癒着から解き放たれ、裁判官としての本分へと立ち返ったのであり、それにより裁判が実現すれば加害者も裁かれ律法の定める正しい道に立ち返ることが可能となる。「やもめ」の訴えは救いの道に向かって神自身をも揺り動かす力を持っている。神の民の歴史の延長線上に立つ彼女が救いの道を開くのである（一三六〜一三七）。

一九章一〜一〇節「ザアカイ」の物語は、金持ちの徴税人が主人公だが、彼はユダヤの指導層である「金持ちの議員」との対比において描かれた人物である。ザアカイにとってイエスを迎え入れることと財産を貧しい人々に分かち合うこととは直結していたが、それはイエス自身が貧しかったから、あるいはイエスの関心事は常に貧しい人々だったからである。この物語は一八章一八〜二七節（「金持ちの議員」）との関連で解釈される必要がある。つまり「金持ちの議員」は救いの道について質問し、イエスは持ち物を貧しい人々と分かち合えと答えている。これに続くイエスの発言は「金持ちが神の国に入るよりも、らくだが針の穴を通る方がまだ易しい」というものであったが、「神の国に入る」とは「救われる」ことであるから、金持ちに救いの道は閉ざされているという宣言となる。マルコはユダヤ教指導者層を主人公にこの物語を描いたが、ルカはこれに対し疎外された階層であるザアカイを登場させることで内容をより深化させている。ユダヤ教指導者層のこの人物は所有を放棄できずに救いの道を閉ざしたが、ザアカイは所有を放棄することによって救いの道へと至っている（一三七～一三九）。

安炳茂はルカ特殊資料の検討の最後に「イエスの誕生説話とナザレ宣言」をあげ、ルカの関心の所在を明らかにしている。「マリアの賛歌」（一：五一～五三）は高慢で満ち足りた者（皇帝）と低くされ飢えた者との対立の図式であり、「山上の説教」などに見られる既得権者と疎外された者たちとの対立と類似している。しかし、その背後にユダヤ戦争における激しい民族主義的闘争があるとすれば、読者（聴者）にとってイエス誕生の意味と民族主義的闘争の関連は明らかだっただろう。さらにルカは「馬小屋」での誕生を記しているが、一般的メシア像が想起させる富と権力の象徴である宮殿ではなく、いつの時代にあっても貧しさの象徴である馬小屋での誕生を告げたところにルカの明確な意図が現れている。イエスを訪ねてやって来たのは、マタイの場合異邦の三賢人でありルカの場合羊飼いであった。羊飼いは蔑視の対象であり貧しさの象徴であった。「イエスの誕生を羊飼いだけが知っていたということは、まさにイエスと彼らとの間に連帯を生み出すものとみなすべきだろう」（一四〇）。

「ナザレ宣言」（四：一八以下）はイザヤ書の引用による貧しい人々にとっての福音である。マルコが「神の国の到来」をイエスの第一声にしたのに対し、ルカはイエスとともに到来した神の国の現実を具体的に示している。ルカはイエス来臨の意味を彼岸的に解釈する可能性を粉砕し、神の国は「貧しい人々を主軸とする社会変革であることを意味している」（一四一～一四二）とした。

ルカはこのように「貧しさ、貧しい人々」に注目し、イエスと彼らとの連帯関係を強調したが、ルカ福音書の読者（聴者）は貧しい人々だけではなかった。安炳茂によれば、イエスの周囲には貧しい人々、疎外された人々が集まっておりイエス運動の主翼をなしていた。「イエスは貧しい人々と共に暮らし、イエス運動も貧しい人々のエトスによるものだったと判断すべきことは自明」であるから、ルカが採用する貧しい人々に関する伝承の源をイエス時代のものとみなすことに無理はない（一四七〜一四八）。しかしルカの状況は大きく異なっている。ユダヤ戦争のような大きな社会変動があり、パレスティナのユダヤ人たちが周辺諸地域へと追放されたからである。ルカの時代、貧しい人々は非パレスティナ的伝統の中で暮らすことになり更なる困難を強いられた。第一に、ヘレニズム世界ではモーセの律法に見られるような貧しい人々の保護に関する倫理的規定が通用しなかった。第二に、ヘレニズム世界のキリスト者の中には豊かな者がおり、貧しいキリスト者との間に緊張関係が生じていた。第三に、ヘレニズム世界では皇帝礼拝との関係から迫害があり、その結果キリスト者たちは財産を奪われることもあった（その結果「財産放棄」の戒めが結果的に実践されることにもなった）。貧しさを巡るイエスの伝承はこうしたルカ的背景の中で強調されていったのである（一四六〜一四九）。

ルカの関心は貧しい人々と富める人々との対立であった。特に貧しい人々に対する無関心、蔑視の問題に直面していたルカは、福音書の編集を通してこの問題に対する答えを提示した。イエスとファリサイ派との会食はルカの特徴であるが、これはイエスが誰に向かって警告を発しているかを示す構造となっている。七章三六節の女性による塗油の場面で、イエスを正しくもてなしたのはこの「罪深い女性」であってファリサイ派ではなかった。清浄規定論争の場面もルカは設定をファリサイ派の家に移し替え（一一：三七）、清浄規定を守れない民衆を蔑視する富める者たちへの批判を明確にしている。この他にもルカの編集意図が明確な場面は多いが、特に、宴会（神の国）への招待のテーマが語られた場面は、ルカの場合ファリサイ派の家である（一四：一以下）。ここでは民衆を蔑視しながら上座に座り、挨拶を受けることを好むファリサイ派が批判されている。

ルカは、コリント前書に見られるように教会内に生じている貧富の格差の問題を念頭に貧しい人々への注目と富める人々への批判を語っているだけではない。また、ルカの視点は弟子批判を通した教会指導層への批判に限定されるのではなく、それらの批判を「この時代の全体的問題に拡大させたとみなすことが妥当」（一五五）であるという。ルカの聴衆には富める人々が含まれていた。ルカは彼らに、富める人々は自ら救いに至る道を閉ざしたというイエスの辛辣なメッセージを伝えると同時に、彼らが救いに至る唯一の道を示した。それは貧しい人々を通して救いに至る道である。「貧しい人々に対して自らを開くとき、らくだが針の穴を通るような奇跡が生じる」のである。それは具体的に「すべてを捨てる」「救いの手を差し伸べる」「財産の半分を分かち合う」などと表現されているが、それは経済分配自体が救いの究極的な鍵だということではないにせよ、「それを抜きにして直行できる救いの道はないという意味」である（一五六）。富める人々にとって富や権力から解放されて救いに至る唯一の可能性は「ただ、貧しい人々の絶叫を受け止める時、初めて可能となる」のであり、それは「断固たる結論」でもあった（一五六）。ルカはこれらの問題を制度的教会内の経済倫理としてではなく、この世界全体の問題として捉えている。こうしてルカ福音書の検討を通して到達した安炳茂の結論は、「貧しい人々は民衆の具体的実体であり、救いの対象ではなく救いの主体である」というものであった（一五七）。

この論文において「民衆は救いの主体である」とは、民衆の存在が聖書的な意味の救いを可能とするための必須条件であることを意味している。民衆が救いの鍵を握るメシア的役割を担っているとは、すなわち聖書的な意味の救いを語る上で民衆の不在はあり得ないということである。そして、民衆こそが救済の鍵を握っているという強調は、個人的救済、彼岸的救済に対する批判とそれらに対する反駁の文脈において理解される必要がある。現実の民衆との連帯を放棄した個人的救済欲求は聖書的に成立不可能なのである。安炳茂が語った民衆のメシア的役割とはこのことであった。

9　安炳茂の救済論

以上の要約を踏まえて安炳茂にとっての救済、真の解放の意味についてまとめてみよう。救いを彼岸化、内面化、精神化、個人化することを拒否し、教会に依存しない救いを主張した安炳茂の救済論は「自力的救済論」と言っても良かろう。民衆は救い主や教会による救済の対象でもなければ、解放の対象でもない。安炳茂にとって教会は救いの権威ではなく、民衆自身が救いを実現し解放をもたらす主体なのである。教会が定めた倫理的、道徳的、宗教的規定が救いをもたらすのではないし、教会は救いについての特権的な機能を持ってはいない。救い、すなわち解放はいわゆる宗教的行為に限定されない事件であるから、教会は自らの場、組織、伝統の中に人々を招くことで救いの業に参与するのではなく、救い、すなわち解放の事件の現場に自らが駆けつけることでそれに参与し、救いの業を証言する使命を担っているのである。[92]

イエスの宣言は罪からの解放であり、それは「新しい天と新しい地」の到来を前にした人間の新しい姿、すなわち人間の主体化の可能性の宣言であった。したがってキリスト教にとって救いとは、悪の現実からの逃避や自己保身ではなく、利己的な自己を克服して悪の時代に終わりを告げること、「この世の救い」を追求することなのである。神学はこれまで「罪の赦し」を内容とする贖罪論に集中してきたが、重要なのはむしろ社会変革であり、そうした変革の過程で生じる人間の自己超越的経験、主体化こそが救いなのである。

こうした救済論の基本テクストは「主の祈り」「山上の説教」「マリアの讃歌」などであるが、イエスにとって重要なのは各自の行いや倫理性、宗教性ではなく社会階層である。信仰深く正しい人々が救われるのではなく、救い、すなわち解放を必要とする人々が解放の過程を通して救われ、この世に神の国が実現する。ファリサイ派的な律法遵守によって義とされる立場をパウロは否定し、人はただ信仰によって義とされると主張した。しかしこの革命的で脱宗教的な理論は、教会が信仰の所有者、神の国の門衛となることによって再び律法主義へと転落する危険性を持っていた。人が救われるかどうかは信仰ではなく社会階層によって規定されるという立場は、実に反律法主義的であり「他力的」でもある。富める人々にとっての救いは正しく行うこと、すなわち民衆と連帯し解放の過程に参与することによって初めて可能となる。救いとは何であり、どうすれば救いに至るのかは聖書が示したイエスの生涯によって明らなのであって、教会が定めることはできない。このような意味で、安炳茂の神学においては教会とその教理、権威が偶像化、絶対化することを阻止する力、すなわち「外点」の機能が重要な意味を持つのである。

安炳茂は彼岸的救済論を主張することで独裁政権を擁護した主流派教会を批判し、いわゆる社会的救済論は個人の救済を含んでいると主張した。しかし彼は、社会的解放の成就が個人的救済の条件であると考えていたわけではなく、マルクス主義的社会変革運動を厳しく批判している。聖書学者安炳茂にとって、マルクス主義の問題点はイエス時代のファリサイ派と共通していた。そこには自分たちが主張する正しさを相対化する「外点」が存在しない。すでに検討してきたように、救いの渇望、救済願望は特定の社会階層だけのものではなくあらゆる人々が持つ普遍的欲求といっていい。しかしこうした欲求、願望が利己的で排他的な自己実現の欲求となる危険性は否定できない。社会階層が重要であるという安炳茂の主張は「プロレタリア独裁」を意味しているのではない。プロレタリア独裁は宗教的権威主義同様、利己主義に陥る危険性があるからである。ファリサイ主義もマルクス主義も人間を疎外し抑圧する機能となる危険性が高まるのは、それが利己的な人間によって運営される場合である。人間が人間を抑圧し疎外する。したがって民衆の解放は抑圧者の解放を伴わない限り実現しないのである。

イスラエルの民がエジプトから解放されたのは、彼らの信仰が正しかったからではなく奴隷状態に置かれて叫び声をあげていたからである。支配者が支配をやめて被支配者が解放されることが目的ではなく、奴隷労働そのもの、支配と被支配という関係そのものが無くならなければならない。すなわち、必要なのは構造の変革であり、個人はその過程でそれぞれの課題に応じて変革を必要としている。社会的構造の変化をもたらす力は多岐に渡るがそこに人間一人ひとりの主体化が伴っていなければ真の解放は実現しない。「新しい天と新しい地」とは苦痛からの解放や、平等な政治体制の実現によって成就するのではない。それは利己的な自己の克服、自己超越を伴う社会変革の過程で人間一人ひとりが主体的な存在へと変化することによって成就する。そのために不可欠なものが人間、そして宗教を含む社会的諸制度の外側に立つ「外点」、すなわち神の存在なのである。

救いはこの世の外側にあるのではなく、人間が直接体験できるものでなければならない、とわれわれは考えている。安炳茂は、それまで「支配体制のイデオロギーに洗脳されていた」[93]自分が新たに生まれ変わったのは、神学や伝統によってではなく直接的な経験、民衆の叫びを耳にしたからだと語った。彼はそれによって自己批判へと導かれ、事件の渦中に身を投じ、そこで解放の出来事を目撃し証言したのであった。自己の利益を越えて連帯するものへと変革されること、すなわち主体化は私的で主観的な体験ではなく、共同的で相互的な事件としてすべての人々にひらかれたものなのである。

安炳茂の救済論にとって重要なことは、主客二元論的な図式からの解放にほかならない。救いの主体たるメシアが救われるべき罪深い人間を、あるいは無力で哀れな民衆を救うという図式からの解放こそが安炳茂の主張であった。民衆は「救いの対象ではなく救いの主体である」という断言は、「民衆メシア論」という作業仮説によってその意図を見誤られている。「民衆メシア論」は主客二元論にとどまったままで安炳茂の救済論を解釈しようとしたからである。こうした図式からの解放が民衆神学の中心的主張であり、こうした二元論的構造を批判的に乗り越えたところに構築されるのがわれわれが目指す「主体化の神学」なのである。

四、安炳茂の主体論

救いは解放闘争の過程において実現するものであり、それは新しい世界の創造に参与する主体の形成のことである、と安炳茂は考えている。民衆は救いの対象ではなく主体であるという救済論は、では主体とは何かというもう一つの命題と表裏をなしている。ここでは安炳茂の主体をめぐる考察について時間の経過とともに検討してみたい。

1 「歴史の主人、歴史の当事者としての民衆」

「歴史の主人、歴史の当事者としての民衆」という命題は、安炳茂にとって一九七〇年代以来「告白」とも言うべき信念であり[94]、これは初期民衆神学を象徴する表現でもあった[95]。安炳茂にとって民衆論はすなわち主体論であり、ここにこそ安炳茂神学の核心がある、とわれわれは考えている。もちろん「主人である、当事者である」という主観的表現は批判の対象であり、実際に民衆が歴史の主体であったためしはないという反論は当然だろう。しかし安炳茂は、民衆は歴史の主体になるべきだと言ったのではなく既に当事者であると考えている。彼にとって当事者であるとは権力の掌握を意味しているのではなく、終末論的神学的表現であることを忘れてはならないだろう。

安炳茂は民衆を巡る一般的な議論、すなわち民衆とは誰であってそれは歴史の中でどのように機能しているのかという議論を拒絶する。彼にとって民衆を概念化すること、すなわち民衆論それ自体が誤りなのであった。概念化は理論闘争を生み、生きた実態である民衆を剥製化してしまう。このように考える安炳茂にとって、民衆の実態を知る唯一の方法は民衆事件への参与であった[96]。

「概念化」を拒否する安炳茂の実存主義的な背景については先述したが、このような立場は必ずしも安炳茂一人の主張ではない。スピノザ（Baruch De Spinoza）は「形態figuraなるものは一つの否定であって積極的な或るものでない」という主張に対する説明として、「形態は限定にほかならずまた限定は否定なのですから、形態は私の申したように否定以外の何物でもありえないということになります[97]」と言っている。すなわち「規定は否定である」という命題である。「民衆とはAである」という規定は「それ以外ではない」ことでもあるから、このような作業を安炳茂は拒否し「剥製化」と呼んだ。スピノザの命題「規定は否定である」は弁証法の出発点である。規定することが否定することである限り事物は固定的に捉えることはできない。それゆえに弁証法的な捉え方が不可欠となる、これが「規定は否定である」の意味である。そうであれば、イエスを固定的な人格としてではなく動的事件と捉える安炳茂にとって、このような弁証法的な思考は無縁ではない。イエスも民衆も客観的に論じる対象ではなく自分自身の身体で体験するほかない事件である、という安炳茂の立場は、民衆とは弁証法的に接近すべき概念であり、一つの命題として固定化されない生き生きとした動態を本質としていると言い換えることが可能だろう。もちろん、「民衆神学はパトスである」という言葉があらゆるロゴスを否定するとは思えない。既述の通りこれはキェルケゴールの提起した問題であり、主体的な関わりを避けて客観性の名のもとに責任を回避するかのような立場に対する批判は、現実への参与を忌避する机上の学と化した神学、民衆の現実を無視した教理に埋没する教会に対する安炳茂の批判の文脈において理解される必要がある。

福音の原点はロゴスではなく事件であったと捉える安炳茂にとって、苦難、悲しみや絶望、義憤といった生きた人間の情動を抜きにした福音理解は不可能であった。それは彼自身を生涯に渡って突き動かした原動力がロゴスではなくパトスであったことを意味している。一九六〇年代、都市産業宣教会を立ち上げた原動力は劣悪な環境で働く工場労働者と出会ったキリスト者たちの情熱であった。一九七〇年、全泰壱を突き動かしたのも、彼の死によって多くの学生や青年たちを労働現場へと駆り立てたのも、ロゴスではなくパトスであった。「あなたはどこにいるのか」という問いかけを受け止めた人々の隊列の中で安炳茂は神学者としてキリスト教のあり方に対する批判的参与の道を歩み始めたのである。

現実から逃避し、権力者と癒着し、彼岸的世界を語ることでこの世の既得権の座に安住しようとしていた当時の教会を批判した民衆神学の預言者的叫びは、ロゴスではなくパトスによって支えられていた。そしてそのパトス的エネルギーによって紡ぎ出されたロゴスが民衆神学なのである。体制化し機動性を失った教会の改革を目指した民衆神学は、それ自体、生きたダイナミックな神学として常に機動性を保ち、人間の生きた現実によって常に突き動かされる神学でなければならないだろう。その意味で民衆神学は常に否定媒介的に生まれ変わらなければならない神学、新たな事件への参与の中で常に再生され続けるべき神学なのである。

2 「主体性と信仰」（一九六九年）

先述の通り、一九六九年はまさに「三選改憲」を巡って社会が大きく揺れ動いた年である。独裁政権との闘いの一歩を踏み出していた安炳茂にとって、政治的決断を伴う現実への参与は知識人としての責任、誠実さをかけた問題であったはずである。二十世紀初頭、ジュリアン・バンダは、知識人とはいわば聖職者であって、不偏不党、無私の人でなければならないとして、ブルジョワ的エゴイズム、実利と特権に走る知識人たちを批判した。バンダは民族主義と国家権力の増大を警戒しながら、多くの知識人が現実主義に埋没して排外主義と国家主義のお先棒を担いでいると非難し、「彼らは実際的なものへの愛着を昂揚し、精神的なものへの愛を非難する」と嘆いている。本来知識人は国家主義や経済至上主義といった現実主義にとらわれる人々に向かって、より自由で崇高なヴィジョンを与えることが責務であったにもかかわらず、いまや全力をあげて現実主義を扇動している。バンダにとってこれが「知識人の裏切り」なのである。[98] こうした知識人像はグラムシの「有機的知識人」、サイードの「亡命者としての知識人論」によってさらに展開されていると考えていいだろう。安炳茂も独裁政権の横暴を座視することはできなかったのであり、それは実存的な要請であると同時に社会的な責任でもあったはずである。一九六九年という時代の節目を前に自己保身に走り彼岸的救いを語る神学者や、現実逃避的な学問を行う知識人たちの姿は安炳茂にとって裏切り行為とみなされていたに違いない。

安炳茂はキリスト教会に対しては「救い」の問題を提示し、思想界に向かっては「主体」を切り口に論戦を挑んでいる。主体性の問題は、安炳茂と同世代の知識人たちにとって、大日本帝国による植民地支配との闘争だけでなく、解放後に到来した欧米による文化的植民地主義との闘いをも意味していた。特に安炳茂にとって、それはプロテスタント教会設立以来の課題であるアメリカ宣教師による支配からの自由の問題であり、欧米神学に依存しない自分たちの神学をいかにして形成するかという課題でもあった。これは金在俊が切り開いてきた道であり、咸錫憲や柳詠謨（ユ・ヨンモ）のような人々が歩んできた道でもあった。キリスト教は西洋の宗教であり朝鮮民族の主体性を喪失させる文化的植民地支配の道具なのか。それともこの地の現実にふさわしい「韓国的神学」の開花は可能なのか。主体性を巡る議論は韓国のキリスト教、そして思想界において長い歴史を持つテーマの一つでもあった。

一九六九年の「主体性と信仰」は大学での講演に基づいている。[99]『韓国思想』に掲載された韓国の思想的主体性を巡る議論を受けての批判的考察として、第五号に掲載されたソン・ゴンオの論文「韓国思想の正体性」[100] に対する批判を通して主体性とは何かが論じられる。ソン・ゴンオは、韓国の思想は中国、インド、日本からもたらされた外来思想である「儒、仏、仙[101]」によって形成されたに過ぎず、固有の思想と呼ぶべきものはないと主張した(二二五)。しかし、本当に韓国に固有の思想は無いのか、無いとすればなぜ無いのかと安炳茂は問う。ソン・ゴンオは、韓国には独自の古典(経典)と呼ぶべき物が無く、しかるに独自の思想は無いと考えるのである。これに対し安炳茂は、独自の古典が無いことは不幸な事実であっても、そのことをもって「独自の思想が無い」と考えるのは誤りだと反論する。なぜなら古典はそれだけでは「死んだ思想」であって、「一人の生きた主体が思想する時、言い換えれば、生きた主体が死んだ思想から自分の生の座にふさわしい問題を設定し肉迫する時」、死んだ思想は生きた思想へと変えられるからである(二二五)。「古典は思想するための素材に過ぎず、それを生かすのは生きた主体の役割である」。思想とは解釈である。したがって独自の古典が無いことが問題なのではなく「与えられたものを自分のものとする生きた主体性の結合」の有無こそが問題なのである。

このような前提に立つ安炳茂にとって重要なことは解釈する主体であり、解釈こそが主体の表現なのである。安炳茂はさらにディルタイに依拠しながら、理解とは与えられた対象と自らとの共通点を見出す作業であり、対象と自らとの相違を認識することが出発点となる。そして、共通点と相違点を前に、では自分はどうするのかという選択の自由を持つこと、これが主体性であると説明する(二二六)。続いて安炳茂は『韓国思想』四号のイ・ハンニョンによる「韓国の風土」を批判する。韓国文化は自然的条件(風土)によって特徴づけられており、道教、仏教、儒教、華郎道[102]のみならず東学すらもこうした自然条件の産物である、というイ・ハンニョンの立場を「宿命論」として批判する。イ・ハンニョンが歴史解釈において人間の主体性を無視するのは彼自身に主体意識が無いからである。仮に彼が主張するように韓国の思想が「自然思想」であるとしても、それは自然のままの状態を意味するのではなく選択と決断の結果としての思想であるはずである。

これらに対し安炳茂が評価するのは咸錫憲の歴史解釈である。咸錫憲は歴史上「逆賊」となった人々に主体性を見出し、世界史は常に受難者によって形成されてきたと考えている。咸錫憲を踏まえた上で安炳茂は、世界史的に見てこれまで韓国は大きな役割を担ってこなかった。しかし、今や世界史的葛藤がこの地を覆い対決が起こっているこの状態において、「世界のために主体的に受難を引き受けよう」（二二八）と呼びかけ、これこそがわれわれが担う世界史的な役割だと述べている。「世界史的葛藤」が南北分断とその産物とも言える軍事独裁政権による支配を意味していることは明らかである。

一方、韓国思想の独自性を評価する立場のパク・ジョンフンが、韓国の音楽には哀調が溢れているという場合、安炳茂にとって重要なのはむしろその哀調に対する解釈である。「消極的な穏士の国」というありふれた前提を受け入れ、哀調は空虚な何かの結果としてもたらされたのだと考えるのか、それとも哀調の持つ意味を主体的に受け止めるのかが問題である。安炳茂は、受け手の側の主体的姿勢によって哀調溢れる歌が「生きた思想となり新しい可能性の飛躍の道になり得る」という。その具体例が、アジア競技大会で南北合同チームの応援歌として歌われた「アリラン」であり、哀調溢れる曲が統一を願う未来に向けた力強さを発揮していたではないか、と問いかける。人間は「考える葦」ならぬ「考える主体」であり、飢えて死ぬことと断食によって死ぬこととがまったく異なるように、重要なのはそこに主体的決断があるかないかなのである。

主体意識とは、固有の言語や古くから独自の思想の有無ではなく、それが本当に生きた思想かどうかの問題である。「それが生きた思想であるならば、それが具体的に何らかの障壁を打ち倒して民衆のものとなり新しい歴史が形成されなければならない」。思想は「思想する主体が何を拠点として据えるかがその思想の性格を規定する。」（二三〇）。重要なのは思想する主体だが、歴史を正しく導くためには「その主体が歴史の外部に、地球の外部に足を据える拠点がなければならない」。思想にはこのような「外点 punkt-ausserhalb」が不可欠なのである。

安炳茂はチョ・ジフンの「韓国思想の拠点」を参照する。革命の拠点は「天心」であり、既存の権力構造を相対化する力はあらゆる権力構造の影響外の何か、すなわちこの世界の外部に設定されなければならないのである。問題は「天心」が真の「外点」かどうかであるが、「天心」であれ「民心」であれそれが「私心」とならない保証をどこに求めるべきか。歴史的に見て韓国人の主体意識が弱いとするなら、それは思想するための足場が弱いことを意味している。揺るぎのない足場とは「外点」であり、「外点」こそが「我」を「我」として立たしめるのである（二三二）。

この「外点」こそがイエスの信仰の核心であった、と神学者安炳茂は主張する。いかなる権威も権力も持っていなかったイエスがあたかも「歴史の主人」のようにふるまった根拠は信仰による。彼の信仰の対象はいかなる権威にも揺るぐことのない「外点」であった。パウロによればそれは自由を意味している。「強い主体意識がこのような思想を可能とした。彼の主体意識は、天と地、今あるものもこれから生じるものも、死でさえも覆うことのできないものである」（二三四）。「外点」つまり神は形而上学的な概念ではなく歴史の前に存在する「来たるべき方」であり、未来に対する無限の可能性なのである。

安炳茂は思想の主体が寄りどころとすべき拠点、立脚点は無限に開かれた未来でなければならないと述べている。韓国ではかつて思想の拠り所は中国や孔子であったから、われわれは新羅や世宗の時代を懐かしみ、今ではそれに代わってアメリカやヨーロッパに思想的根拠を求めようとしている。しかしそれらは真の外点ではなく、それによってわれわれの主体性はかえって卑屈にさせられてきた。「真の外点は自らの主体の無限の可能性を信じさせるものでなければならない。」（二三五）。独立運動家安昌浩（アン・チャンホ）は、「天が大韓の独立を命じたからには、大韓は必ずや独立するだろう。」（二三五）と宣言したではないか。これは、真の外点を自らのものとした主体的な信仰によって初めて可能となる宣言である。このような信仰、このような外点をわれわれは自らのものとしなければならない。

一九六九年の安炳茂はまだ民衆神学者ではなかったが、この時、彼はすでに独裁政権と民衆との間の避けがたい葛藤の中に自らを投じていた。そのような安炳茂の目には韓国思想の独自性を消極的に論じる知識人たちの姿が、目の前に示された明らかな時のしるしに対する傍観者的な態度に見えたのではなかろうか。思想の主体性をはかる尺度は、それが目の前の現実に対して誠実かつ有効な生きた思想であるかどうかである。それは何かの模倣ではなく、自らの主体性を確かに支えることのできる根拠に基づいていなければならない。そしてその根拠は無限に開かれた未来の希望でもある。その意味で、安炳茂にとってのキリスト教信仰とは過去の思想や世界観ではなく、目の前の現実を生き抜くための生きた信仰であり、今ここを生きるための信仰であった。民衆神学以前の安炳茂にとって、これはきわめて実存主義的な姿勢であると同時に、モルトマンを想起させる終末論的希望の神学、政治神学への方向を予感させるものとも言えよう。

3　「新しい歴史の主人」（一九七八年）

われわれがすでに検討した救済論執筆の年、安炳茂は歴史の主体を巡るエッセーを書いている。一九七〇年代は朴正煕の「維新体制」が猛威を振るった時期であり、経済構造の矛盾に喘ぐ民衆と、それに連帯しようとする人々とが新しい運動を作り上げる時期でもあった。韓国のキリスト教にとっての七〇年代は、民主化運動の広がりとともに民衆神学が形成された一つの画期であった。安炳茂はこの論文でルカの「山上の説教」を論じるが、出発点は、イエスは自分の十字架を担って従えと命じたが、それは歴史を担うこと、歴史の当事者となることではないかという問いかけである。ヘーゲルは「民族」が歴史の主人であると考えたがイエスはそれを「貧しい者」と宣言した、それがこの論文の結論となる。以下はその要約である。[103]

「山上の説教」が「幸い」と呼んでいるのは社会的階層としての「貧しい者」であり、それは貧しいだけでなく抑圧され虐げられている人々のことであり、エッセネ派的な清貧の思想とは異なる貧しさが中心となっている。ルカにとってそれはイエスに従うが故に迫害を受ける人々のことであり、イエスに従ったガリラヤの民衆、すなわち「罪人」の烙印を押された人々でもあった。問題は経済的側面に限定されない社会的な排除であり、イエスはこのような人々に「神の国はあなたたちのものだ」と宣言した。それは、既存の体制に依存する人々が疎外し排除してきた民衆が主人となる「新しい現実としての神の国」の到来を約束する革命的宣言だったのである。これは慰めではなく激励の言葉であり、神の国の到来とは彼らの手に歴史を担うバトンを託す約束を意味していたのである（一三七～一三八）。

パウロはコリントの教会に向けて、「神は地位のある者を無力な者とするため、世の無に等しい者、身分の卑しい者や見下げられている者を選ばれた」（コリ前一：二八）と書き送っている。これは既存の価値観の破壊、革命的な宣言であると同時に新たに到来する世界において歴史の主役が交代することを告げるものでもあった。パウロは虐げられた者が権力者に復讐するような革命を考えているのではない。むしろ彼は弱い者たちが選ばれたのは「だれ一人、神の前で誇ることがないように」（同二九節）するためであり、これは、「歴史の主人はひたすら神である」という事実を証明することであり、そのために新しい共同体では社会階層としての弱い者が強者たちに恥をかかせる必要がある。知恵ある人、力ある人々の時代はこれまで自分たちが支配し疎外してきた人々の手によって終わりを告げられる。これもまさに革命的と言わなければならない（一三九～一四一）。

「わたしの愛する兄弟たち、よく聞きなさい。神は世の貧しい人たちをあえて選んで、信仰に富ませ、御自身を愛する者に約束された国を受け継ぐ者となさったではありませんか」。ヤコブ書二章五節は、ルカ六章二〇節とほぼ同じであり、「選ばれた」という言葉はパウロと同じである。しかしヤコブはルカと異なる新しい状況に直面していた。まず、ヤコブの共同体の中枢には「貧しい者」がすでに存在するが、しかし「貧しい者」の特権があいまいになりつつあり、「貧しい者」が富める者から迫害を受けるような事態が生じている。つまり富める人びとが加わることでキリスト教共同体に階層が生じているのである。ヤコブはこうした新しい状況において、再び「貧しい者」が神の国の主人であるというキリスト教共同体の原点を確認している。神の国において貧しい人々は同情の対象ではなく新しい世界の主人として任命されている（一四一～一四三）。

イスラエルにおいて「貧しさ」は本来肯定的な概念ではなかったが、国家の衰退にともなって神の働きにおける「貧しさ」の意味に対する解釈が行われるようになる。第二イザヤを通して次第に「貧しさ」は宗教的、律法的、政治的概念へと変化するが、社会の安定にともない、ファリサイ派の時代になると「貧しさ」は宗教的概念へと変質する。しかし出エジプト以来の伝統において「貧しい者」の解放と固有の使命が語られてきたことは確かである。イエスはこうした解放の伝統を継承して政治社会的概念としての「貧しい者」が神の国の主人であると宣言したのだが、ファリサイ派の神学においてこれは異端的な宣言であった。これはヒューマニズム的宣言ではない。神の国は一義的に「神の」未来であって人間のユートピアではないのであり、したがって社会主義的革命思想とは異なるのである（一四三～一四六）。

安炳茂は結論でこう付け加えている。「たしかに貧しい者が歴史の主人として任命されたが、今現在までそれに逆らう勢力が歴史の表面に現れているのも事実だ。しかし結局のところ、真の歴史の主人が徐々にその居るべき場所へと向かっているのが歴史の正しい指向性であり、これもまた事実である」（一四七）。民主化の道のりがまだ混沌としていた七〇年代末において安炳茂は確かな希望を見出していたのである。

4　「マルコ福音書における歴史の主体」（一九八一年）

一九七九年八月の「ＹＨ貿易事件」は韓国の労働者たちが直面する地球規模の搾取の構造とともに、資本家を擁護しようとする国家権力の姿を浮き彫りにした。「都市産業宣教会」に始まる労働者と連帯するキリスト者の働きもさらに加速し、いよいよ民衆教会運動への発展が見られるのもこの時期である。一九七九年十月二六日、永久執権をもくろんでいた独裁者朴正熙が暗殺され、全斗煥将軍によるいわゆる「粛軍クーデター」によってさらなる独裁体制の強化へと至る。一九八〇年五月、政府の腐敗を糾弾し民主化を要求する市民と学生の行動が武力によって鎮圧された。「光州民衆抗争」である。この事件は民主化運動に決定的な影響を与えることになる。当時は徹底した言論統制が敷かれており、この事件の真相が国内で知られるようになるにはかなりの時間を必要としたが、学生や市民の間では徐々に事態が把握され始めていた。

この論文は「アジア神学協議会」で発表された「イエスとオクロス、マルコ福音書を中心に」（一九七九年）に引き続き執筆されマルコ福音書研究である。執筆に着手した時期は光州民衆抗争以前であろう。執筆当時、安炳茂が光州の惨状をどの程度知っていたかは定かではない。しかしこの論文に込められた民衆自身の力へのあつい信頼はまさに時代の変化を映し出すかのようである。新約聖書学者としての安炳茂の作品はマルコ福音書研究を中心に展開されているが、本論文はその連作の一つで、ＮＣＣ神学研究委員会が編集した『民衆と韓国神学』（一九八二年）に収録された[104]。マルコ福音書解釈の諸前提の論述が大半を占め、結論部分は問題提起で終わっており、表題にある「歴史の主体」に関する言及は十分ではない。しかし安炳茂がこの問題に取り組む聖書学的な基礎が何であるかを知る上で重要な情報を提供してくれる論文である。以下はその要約である[105]。

はじめに安炳茂は、「マルコの生の座」を分析検討する。ここで強調されるのはマルコ福音書解釈上欠くことのできない「政治・社会的視点」である。マルコにとって重要なのはユダヤ戦争であり、ユダヤ人たちはエルサレムから追放され、神殿は崩壊し、代わりにローマの神がまつられた。こうした状況をマルコは「飼うもののいない羊」（六章三四節）と表現している（四三）。安炳茂はマルコとパウロの「生の座」の違いを丁寧に論証するが、強調点は両者の相違、すなわちパウロが「万民の教会」を目指したのに対しマルコが「民衆の教会」を目指した点である（四六）。パウロはキリスト教を非ユダヤ教世界において弁証するために、ユダヤ的伝統の核心である律法を否定し信仰 pistis を強調した。また貧富、民族、男女などの格差を克服しようと平等を唱えたが、それは社会的問題を「非歴史化」する結果をもたらした。また、パウロはヘブル的世界観とは異なるグノーシス主義的言語を積極的に受容しヘレニズム世界の知識人たちを説得する議論を展開したが、その結果はキリスト教の「非民衆化」であった（四七）。「福音によって世界を征服しよう」としたパウロにとって、高度な世界的言語の使用は必要不可欠であったのである（四八）。

パウロとマルコの決定的な違いは「概念から生活へ」の回帰に見られる（四八）。ユダヤ戦争後のマルコの状況にはパウロが伝えるキリストは慰めにも力にもならず、その切実さが福音書執筆の原動力だったのではないか、と推察する安炳茂は、マルコを福音書執筆に導いた緊急課題は次のようであったと考えている。第一は、ユダヤの伝統全般に対する再検討である。その結果が儀式的宗教としてのユダヤ教に対する批判であったのではないか。第二は、故郷を失い流民と化したイスラエル人たちにキリストをいかに語るかという問題である。目前の状況に対しイエスの十字架と復活をどう語るのか、彼らにとって「既に救われた」というパウロ的説明は有効だろうか。今ここで自分たちと共にあるキリストこそ求められるキリスト像であったのではないか。第三は、イエスが理念（教理）化し教会が制度化し権威を求める事態を迎えていたということである。ガラテア書一章一～九節に見られるように既に教理論争も生じ、教会は機動性を失った閉鎖集団として固定化しつつあった。ユダヤ戦争後であるマルコの時代にはエルサレムを中心とした教権主義など無意味であり、底辺を生きる民衆の現実から出発して現存するキリストへと向かう道を示す必要があったのではないか。第四に、人々は復活とは無縁の死の淵に立たされており、彼らにはいかなる救いの手も超越的経験もなかったのである。そのような彼らには十字架による贖罪や救いの教理は無意味であり、むしろ十字架は彼ら自身が体験する現実そのものであった。したがってマルコの課題は知的欲求を満たすことではなく、助けを求める声に応答することであったのではないか。安炳茂はマルコ福音書を読み解くための仮説をこのように定めている（五〇）。

次に安炳茂は「マルコの民衆神学的基礎」として一章一四〜一五節に注目する。従来、多くの学者たちはここをマルコ神学の基礎としながらも、一五節「時は満ち、神の国は近づいた。悔い改めて福音を信じなさい」にのみ注目した。一四節の歴史的意味に注目できないのはケリュグマの宣布を重視する神学的前提や、史実に対する追求の不十分さ、様式史的接近の不徹底などによるものであった。[106] しかし安炳茂にとって、一五節のみに着目し一四節を無視する解釈は拒否すべきものである（五二）。

一四節「洗礼者ヨハネが捕らえられたあと」は、政治的状況を語るパラディグマ的様式における重要な枠組みの設定である。マルコは、パウロが非時間化した「神の義」を政治的文脈における「神の国」に修正した。マルコにとってイエスがガリラヤに向かったという事実は、危険な時代に危険地帯に向かうという意味を持っていた。「民衆とは支配者によって支配されたもののことである」[107] とするならば一四節は、洗礼者ヨハネ逮捕後にガリラヤに立ったイエス、すなわちイエスの民衆的位置を宣言する重要な記述である。マルコは洗礼者ヨハネを民衆に大きな影響力を与えた人物として描き出している（一一：三二）。こうしてマルコは、イエスを権力者によって捕らえられ処刑された洗礼者ヨハネと同じ政治状況に置くことでイエスの政治性を明確に表現した。ヨハネの逮捕と処刑、イエスの逮捕と処刑という状況は、マルコ自身の「生の座」と重なっている。ヘレニズム世界の知識人たちに説得力のあった「神格化された超歴史的」イエスはガリラヤの民衆には遠い存在であり、政治的迫害に苦しむ彼らに親しみのあったのは「民衆に受肉したイエス」の姿であった（五四）。

マルコはイエスがガリラヤに行ったと語るが、これは政治的状況を表現するために不可欠なものであった。ローマイヤーはガリラヤの政治性をまったく無視する誤りに陥ったのに対し、田川建三[108]がガリラヤを政治社会史的に捉えたことは正しかった。しかし彼には社会、経済、宗教的社会分析が不足しているため、ガリラヤとイスラエルの対立の原因を十分に説明していない弱点がある。こうして安炳茂は「異邦人のガリラヤ」（イザヤ九：二、マタイ四：一五〜一六）という表現の成立を分析し、権力に対する民衆蜂起の地、社会革命の地、エルサレムへと進撃するプロレタリアたちの出身地としてのガリラヤ、エルサレムの権力に疎外された周辺民衆の憤怒が満ちるガリラヤを描き出す（五八）。エルサレムは王権的伝承の地であり、ガリラヤは解放的伝承の地である。ガリラヤの民衆にとってエルサレムはダビデ王朝以降堕落した地であってモーセ以来の正統性は自分たちにあるとみなされていた。イエス当時、ハシディーム、エッセネ派、熱心党、洗礼者ヨハネグループ、イエス運動などが脱エルサレム系統の一群であり、サドカイ派、ファリサイ派などがエルサレム中心主義者の一群であった。ガリラヤは政治文化的に疎外された地域の代表であり、反ローマ運動の本拠地でもあった。

さらに安炳茂はガリラヤの経済的状況を分析し、肥沃な土地であるガリラヤが強盗の地と呼ばれるまでに貧困化し、人々が小作と農奴と化したのは、ローマ帝国による搾取と植民地体制下の特権者たちによる搾取であったと語る。ユダヤ地方の食料問題を解決するために肥沃なガリラヤの農民は小作や農奴と化し、都市に暮らす地主は富める者、宗教権力者、すなわち親ローマ主義者たちであったと分析する。政治・文化・経済的に周辺化された周辺地の象徴であるガリラヤはまさに民衆の現場であり、ガリラヤの民衆は政治・文化・経済的に疎外された人々であった、と結論づけている（六七）。

こうした状況下の人々が待望する神の国とは何だっただろうか。「神の国」は黙示文学的表現だが、宗教史学派の研究者は思想的系譜、宗教的現象としてこれを分析しようとしてきた。しかし、黙示文学は抑圧された民衆の「ハン（恨）[109]」の多様な表現様式の一つ、苦難を受けた民衆の叫びに他ならない。度重なる圧政、戦争と暴力に苦しむ民衆が、ついには新しい世界、すなわち神による直接統治を待望する、これが黙示文学の背後にあった現実である（七〇）。先に指摘したエルサレム派は終末思想とメシア待望思想を拒否していた。抑圧された民衆の蜂起は朝鮮の歴史にも見られ、「東学」はその代表であるが、彼らは一方では愛国者と呼ばれ一方では強盗と呼ばれていた。ガリラヤの熱心党もこれと同じように「強盗」と呼ばれていたに違いない。貧しさという直接的要因によって引き起こされた運動は、次第に新しい世界への渇望を生み出し、ローマの徴税官との衝突なども引き起こすようになっていたが、この運動の中心は無所有の小作農たちであり、彼らがメシア運動にいち早く応答したのはごく自然なことであった、と安炳茂は結論づけている（七四）。

重要な点は、民衆にとってメシアは王の血筋を引いている必要がなく、超自然的能力者である必要もなかったという点である。メシア運動の主力は神の国の到来を約束し、人々を集め、実際の戦いにおいては失敗し倒れていった平凡な人間であった。彼ら義人たちは民衆と運命をともにする人々であり、そのような人々が次第にメシアと崇められて行く民衆のメシア観は、神学的思弁的メシア観とは異なっているのである（七五）。

以上、マルコ福音書を理解する大前提としてマルコの「生の座」、特にガリラヤとは何かを明らかにした上で、安炳茂は次に「ナザレのイエス」とは個人ではなく集団性を帯びた称号であるという独自の立場を展開する。安炳茂の提案は「今日のイエスを集団の中で歴史的に経験しよう」ということである（七五）。イエスの集団性の根拠は、「人の子」の集団性にさかのぼる。安炳茂はノート、ヘンゲル、ハーンなどを参照しながら、ダニエル書が「人の子」を「聖なる民」と捉えているように、この語は集団的解釈が可能であることを示している（七章二七節、「天下の全王国の王権、権威、支配の力はいと高き方の聖なる民に与えられ」）。このような集団性を持つ「人の子」は新約において否定されイエス個人へと昇華されたという立場に立つエドワルド・シュヴァイツァーが、イエスの道は彼の共同体の道でもあったと認めている点、また新約聖書は集団的解釈を否定された「人の子」によって彼の民と結ばれるという思想を持っていないと論ずる点、ドッドが「人の子」は本来集団概念でありそれがイエスに委託されたと考えている点、マンソンがイエス自身に集団的機能としての人の子として受難する覚悟をしていたとする点、などを例示する。安炳茂は、人の子をイエス個人とする解釈には西欧的な個人主義が影響を及ぼしているのでありヘブル思想においてそのような個人主義は重要ではなかったと考えている。安炳茂は「イエスの行い」とは彼個人の行為を指すのではなく、イエスと、彼と共に生きた人々とが引き起こした事件全般を指すと推測する。イエスは主体として客体である民衆を探し出したのではなく、関係性の中で民衆と出会ったと主張する（七九）。ここで安炳茂は脚注で「民衆神学の主体はイエスではなく民衆だ」という徐南同の言葉を示し、このような二分法では答えは見いだせないと批判する。

このようにして導かれた結論を、安炳茂は五つの命題として提示する。第一は、イエスは出自においても行いにおいても彼に従う人々とまったく同じ一人の民衆であった（八〇）。第二は、イエス運動の場は都市ではなく農村、特に政治的経済的宗教的周辺の象徴であるガリラヤであった。第三は、民衆の場にイエスがおり、イエスの場に民衆がいた。すなわち、イエスは民衆を意識化したり運動のための動員するような立場にいたのではない。第四は、十字架事件は民衆の受難を意味している。イエスの十字架上の無力な死は当時の民衆の無惨な状況を表しており、「民衆神学者マルコ」は暴力に対する暴力による復習の悪循環を断ち切ろうとしている。第五は、エルサレムは処刑の場でありガリラヤが復活の場である。新しい世界に対する民衆の渇望はイエスの復活という衝撃的事件で完結したのではなく、マルコは今ここで苦しむ民衆に対してもイエスの来臨を暗示することで新しい世界への渇望を具現化する。「ガリラヤで復活したイエスは、雲に乗って登場する人の子ではなくエルサレムで処刑されそこで『断』の勝利を得て、再び現れたイエス、すなわちガリラヤのイエスである」（八五）。

この論文は民衆の現場におけるイエスと民衆との有機的関係を描き出すことを主な目的としている。英雄的解放者、救い主、偉大なる教師など、イエス個人に対する崇拝を基盤とする福音理解ではなく、民衆の事件の中にこそ真実があると安炳茂は考えている。この論文にはいわゆる政治的メッセージは現れておらず、マルコ福音書が伝える福音は具体的な状況から発せられたこと、そしてマルコが立っていた支配と抑圧の構造とガリラヤの民衆の状況など、イエス事件、すなわち民衆解放の事件を理解する上で欠くことのできない状況分析が丹念に提示されている。安炳茂が設立に関わった拘束者の家族や解職されたキリスト者教授等による共同体は「ガリラヤ教会」と名付けられている。安炳茂はこの論文を通してイエスの事件と目の前に広がる民衆の苦難の事件とを一体化させようとしているのである。

5 「韓国的キリスト者像の模索」（一九八六年）

ここでの主題は韓国的とは何かであり、韓国的神学、韓国的キリスト者像を巡って議論が展開される。安炳茂は、目の前の民衆と共に神に対して誠実に生きることが「韓国的キリスト者像」であるという。以下はその要約である。(110)

従来「韓国的」とは日本の植民地支配に対する対抗言説であり、いまは「非西洋的」なものという韓国のアイデンティティを語る言葉として用いられており、伝統の回復、民族の主体性などの意識と結びついている。このことが意識されるのは、経済発展によって世界経済システムに先進国の一員として参入した韓国が、日本の経済的文化的覇権主義と真っ向から対決しなければならない状況に対する警戒心が高まっているからだが、こうした状況を考えれば、「韓国的」であることは一つの重要な神学的概念となる。これまで韓国のキリスト者は韓国の伝統の継承において否定的な役割を果たしてきたが、これを反省するなら韓国における神学は西洋神学に対するアンチテーゼの使命を自覚する必要がある。それは、キリスト教徒になることが韓国的価値を否定して西洋的価値を選び取ることだと考えていた過去を自覚し反省することを意味しており、対抗民族主義的言説としてのキリスト教、そして世界資本を背景として権力維持を図ろうとする執権者たちに対する抵抗言説としての「韓国的神学」を形成する必要に迫られているのである。したがって韓国神学は、西洋人のたてた問いではなく自分たちの問いをもって聖書解釈にあたる必要がある。観念的文化理解に偏りがちな「土着化神学」「文化神学」ではなく今ここの現実に向き合う「政治神学」的な韓国的神学を追求することが急務となる（三四五～三五〇）。

　たしかにキリスト教はこれまで西洋文化を移植する役割を果たしてきたが、一方では一九一九年の三一運動、一九六〇年代の日韓国交回復反対運動、一九七〇年代の人権運動など西洋教会とは異なる方法で民族の現実と向き合ってきたのも事実である。しかしそれは「他者のための教会」というドイツ神学のテーゼの模倣としてではなく、「キリスト教受容の母体は個人ではなく運命共同体的民族集団だ」（三五一）という事実の認識から始める必要がある。これはファシズム的民族主義ではなく「第三世界の民衆的民族理解」であり、このような「民衆的民族」「民族的民衆」こそが神の啓示の受容母体に最もふさわしいのである（三五二）[3]。このような民族的意識を持った民衆は「有機的共存」の文化、有機的な文化共同体を形成する力を持っている。韓国のキリスト教はエリートの文化ではなく民衆の文化形成に貢献すること、宗教多元主義の立場から仏教や儒教との有機的共存のために貢献することが課題となる（三五一～三五四）。

韓国文化とキリスト教という異質なものをつなぎ合わせる触媒の役割、それが韓国のキリスト教徒の使命である。すでに歴史上、民衆運動の中で韓国のキリスト者は行動でそれを実現してきたが、それは宣教師や教会指導者たちの意図によるものではなくキリスト者が民衆的脈絡の中で自ら解釈して行動した結果であった。歴史上、帝国主義と植民地主義に抵抗して闘ったのは社会主義者たちと民衆キリスト者であり、民族意識を堅持したキリスト者たちは宣教師の伝えたキリスト教ではなくそれらを民族主義的に受け止め解釈したのであった。われわれはマルクス主義を聖書のヘブライ主義によって乗り越えることが可能であり、この点でキリスト教は現代社会に大きな影響力を持つことができるだろう。

先進資本主義国家における開発独裁に対抗するために、「主体性を追求し、民族の自立を達成し、伝統を創造的に継承しようとする」(三六四)民族主義が必要である。そして南北分断によって苦しめられている民衆こそがこうした極端な状況を本質的に克服する力を備えているのであり、そのためにさらに民衆が統一の意志を強固なものとする必要がある。解放と統一の主体は民衆でなければならない。必要なことは知識人のユートピア的発想ではなく民衆の力による解放と統一であり、知識人はそれを側面から支えることで解放の過程に参与する。そのためにキリスト教が直面すべき課題は、精神主義を反省し物質的要素を重視する思考の革命であり、これまで神学が馴染んでこなかった階級概念に対する正しい認識が必要となる。現代において差別の現実や階級の問題を直視できないキリスト教は現実の問題に接近するすべを持つことができない。聖書は社会的構造の問題を「罪」と呼んだが今この時代においては階級差別こそが最大の罪である(三五三〜三七一)。

民衆神学は民衆が行うものではなく、民衆神学は民衆が歴史の主体となる時までの過渡的存在でしかない。民衆神学の課題は知識人たちに対して民衆の現実を神学的言語によって伝達すること、翻訳して伝えることであり、民衆神学は民衆の言葉であり、希望と意志の通路なのである。今日制度化し肥大化した教会に希望は無く、小さな教会運動、底辺共同体運動にこそ希望がある。「民衆の中で労働し、祈り、民衆の目で聖書を読み礼拝する民衆教会共同体に韓国教会の希望と望ましい韓国的キリスト者像の種が見えている」[112]（三七三）。既存教会は質的改革によって自らを縮小し、目の前の民衆の中にイエス事件が起こっていることを証言し、事件を体現する共同体となることが韓国的キリスト教のアイデンティティ確立である（三七二〜三七三）。

安炳茂は、韓国の歴史において文化帝国主義的な加害者であったキリスト教の歴史を批判し、民衆と連帯するキリスト教の姿を提案する。そこには日本や欧米による支配に抵抗する民族主義的要素が強く現れているが、それが国家主義に回収されてはならないという明確な立場も明らかにしている[113]。

6　安炳茂の主体論

以上を通して安炳茂が捉えていた主体をめぐる問題についてまとめてみたい。安炳茂は民衆が苦しむ現実から距離を置き客観的な議論を行うような知識人ではなかった。彼は大学を追われ、投獄されることで軍事独裁政権の暴力を自ら体験したのである。そのような彼にとって民衆との連帯の動機は理論ではなく直感であり情熱であった。それは彼自身の回心体験、人間としての実存的なあり方そのものから涌き上がるものであったと言っていい。構造悪が人々を苦しめる現実にあって知識人は現実に向き合いそれを解釈する責任がある。解釈とは選択と決断であり、それこそが現実に責任的に関わる主体的な方法なのである。このように生きた思想としての主体意識は現実を変革する力を発揮し得るが、決断が独善に陥らないための「外点」、すなわち信仰の重要性を安炳茂は繰り返し強調した。彼にとって信仰は教会や教義への忠誠ではなく、主体である自己自身の無限の可能性への信頼であり終末的希望と言えよう。社会変革は民衆の解放、すなわち聖書的表現としての「貧しい者」が自由な主体として歴史の中で自らの可能性を存分に発揮することを目指している。しかし福音書は、民衆に同情することや救済することで新しい世界への変革運動が実現すると考えるのではなく、民衆自身がその主人として任命されている神の国が到来していると告げているのである。そのことを知る者は民衆の生の現実を凝視することから始めなければならないのであり、変革の主体が民衆であるならば、民衆の現実に生じる事件の目撃者、証言者としての自らの責任を全うする必要があるであろう。福音書を通して明らかになったのは、一人の民衆として生き苦しみ倒れる義人の姿であり、共にあって共に苦しむ存在こそが民衆にとってのメシアの姿だったのである。

安炳茂は激動の七〇年代、八〇年代において自ら信仰的決断に基づく主体的な生き方を実践していた。彼にとって主体的人間であるとは状況にしっかりと立つことであり、それは分断された祖国に生きる韓国人として、植民地主義支配とグローバリズムの産物とも言うべき軍事独裁政権に真っ向から立ち向かうこと、そしてキリスト者としてこのことを信仰的に実践し、神学者として神学的に表現するというきわめて具体的な内容を伴っていたのである。このことは民族性と民衆性という言葉で言い換えることもできるに違いない。排他的な概念であるこれらを一般化、普遍化することが彼にとっての学問ではなく、きわめて具体的な状況に立ち尽くしながら時空を超えた「神の国」の到来を待望する強靭な知力と精神力が安炳茂の主体性そのものであった。

五、民衆神学における救いと主体化

われわれは安炳茂が救いと主体を巡ってどのように民衆神学を展開させてきたのかを検討してきた。ここからは他の論者も加えてこれらの主題について検討を進めていきたい。

1　歴史の主体としての民衆をめぐって

先述のように、「歴史の主体としての民衆」という命題は民衆神学のごく初期から掲げられてきた命題であった。この命題に対するその後の神学的解釈を検討してみよう。一九七六年に金敬宰（キム・キョンジェ）は七つの命題を通してこれを解説している。(114)①歴史の支配者は神であるが歴史の主体者は民衆である。②聖書的救済史は具体的な現実の歴史を離れて発生するのではなく現実の歴史を刷新する創造的闘争過程である。③「み国が来ますように」と祈る民衆の神学は超越主義的他界主義と合理主義的世俗主義を拒否する。④民衆の神学は個体の救いと全体の救いは依存的で有機的相関関係にあると信じる大乗的キリスト教である。⑤民衆の神学は民衆の生全般における疎外状況の克服を宣教課題とする。⑥民衆は経済的尺度だけで区分される社会学的階級以上の何かである。したがって民衆の神学は支配的少数者の独裁とプロレタリアの独裁を同時に拒否する。⑦朝鮮半島の祖国統一は政治的課題であるのみならずそれは朝鮮民族の集団的悔い改めと和解としての宗教的課題でもある。

「歴史の主体」とは歴史の支配者でもプロレタリア独裁のことでもないし、実存的、超越的、彼岸的な完成がイメージされているのでもない。金敬宰によれば、救済とは彼岸的なものではなく疎外された民衆の解放であった。金敬宰は「歴史の主」という伝統的な立場と「歴史の主体」あるいは「歴史の主人、当事者」という言葉の混乱を取り除き、疎外された民衆の解放をイメージした。しかし、疎外された民衆がどのようにして主体となるのか、解放された状態とは何かという点については答えていない。

安炳茂と共に民衆神学の創出と発展に参与した金容福（キム・ヨンボク）は、「歴史の主体としての民衆」を、民衆と権力との関係を規定する概念として語っている。(115)民衆が歴史の主体であるというイメージは聖書的には終末論的なものであり、来るべきメシアの支配において民衆は疎外されること無く完全な交わりのうちに存在するという。「したがって民衆は終末論的に歴史の主体となる」のである。終末論的に主体である民衆が現実において苦難の渦中に置かれている。しかし終末論的希望と約束ゆえに苦難を受ける民衆は「歴史の主体になる過程」、すなわち主体化の過程を生きている。そして民衆にとって主体化の過程とはすなわち闘争である（社会伝記、三七一）。金容福は民衆の主体化、すなわち闘争は民衆自身の内的な渇望や歴史的法則によるのではなくメシア的支配の介入によって行われる、と考えている。民衆の内在的運動による主体化というマルクス主義と決定的に異なるのがこの点である（社会伝記、三七一）。金容福は、生きた現実としての民衆は概念的に定義されるべきではなく物語を通して「自己規定」すると考えている。そのような民衆は「支配される民」の総称であって政治的社会的に概念化された「人民」のような階級ではない（社会伝記、三七二）。その意味では歴史の主体としての民衆というテーマは聖書的な文脈の中で理解されるべき主題なのである。「歴史における確固たる現実」としての民衆は、常に存在する民衆、権力と対峙しながら決して包摂されない民衆を意味している。実は権力構造にとって民衆は不可欠の存在であり、それゆえ権力のよって立つところは民衆だと言い得るのである。民衆は権力による支配を受けるが、自分たちの物語を語ることによって支配を乗り越えようとする。民衆の物語には願望と苦悩、闘争と敗北があり、それは民衆の社会伝記と呼ぶべきものである。民衆の社会伝記において主人公は常に民衆であり、物語の中で、物語を語ることにおいて、「民衆が歴史の主体」なのである（メシア、二八七～二八八）。

「民衆が歴史の主人である」という命題は、神学的には終末論の問題であり社会変革の闘争を意味しているという立場に対し、では民衆はどのように歴史を変革するのかという社会運動論が展開された[116]。金鎮虎（キム・ジンホ）は、これを階級論として捉えるならば民主化以降重要となってきた市民社会における有効な理論とはいえないし何より神学の必要はなくってしまう、と考えている。彼によれば、安炳茂など「第一世代」の民衆主体論は知識人中心の民衆運動に基づく立場であり、姜元敦（カン・ウォンドン）や朴聖焌など「第二世代」の民衆主体論は階級的民衆運動が爆発的に広がった時代を背景としている。しかし、その後一九九〇年代において必要なのは「キリスト教社会運動」を中心とした民衆主体論である、として民主化以降の民衆神学の方向性を示している。金鎮虎の提案は民衆運動ではなく「民衆連合」である。彼はこれを「サウル連合」と「ダビデ連合」の検討からダビデ連合の民衆性を発展させた「イエスの民衆連合」という解釈をもとに展開し、地域的活動を中心とする各種キリスト教社会運動の連合体と教会との有機的な関係構築の必要性を提案している。教会が社会変革運動に参与するのではなく、教会が「民衆形成の次元においてより積極的に教会と地域社会の問題を認識し多様な実践の道を模索」する必要がある。そのために民衆神学は「大きな物語」にではなく、地域の変革と国家の変革の問題を統一的に論じるための神学的実践理論を形成する必要がある。民衆は社会構造を変革しようとするダイナミックな社会構成的主体であり、民衆は社会変革の主翼である市民運動の主体として「歴史の主体」となるのである。

2　共同体における救い

権鎮官はいわゆる第二世代の民衆神学者であり、安炳茂や徐南同に対する批判の視点を持ちながらも民衆神学の生命力については彼ら同様、民衆の物語にあると考える立場の神学者である。彼は『我ら救いを語ろう』[117]において、共同体と物語という二つの概念を通して現代における救いの問題を神学的に検討している。同書におけるアプローチは「物語の神学」の観点から民衆神学の新たな局面を切り開き、物語共同体としての教会本来の姿を描き出そうとするものと言えよう。これは救済論を中心としながらも同時に主体とは何かをめぐる議論でもある。彼にとって救いは「死後の救い、罪からの救い」ではなく、「生に対する心から湧き出る希望、喜び、勇気を持つ状態」である。今日の非人間化した物質文明社会の中でこのような希望や喜びを感じること自体が大きな祝福となるはずだが、しかし多くの人はこのような祝福を実感せずに暮らしている（四五〜四六）。神学の使命とは、こうした希望、喜び、勇気を民衆が自らのものとして取り戻すために貢献することである。

権鎮官は、そのためには「主体」の確認作業、すなわち神学は「だれ」の経験に対する省察なのかを明らかにする必要があると考えている。神学がある特定の主体の信仰的経験を省察するものであるならば、まずはその主体に対する関心を持たねばならず、彼らが誰でありいかなる存在かを明らかにしなければならない。神学は普遍的な主体ではなく具体的主体、すなわち特定の共同体と個人を内容的な主体と定めている。民衆神学は神学者の手によって書かれるとしても、その内容的な主体は神学者自身ではなく具体的人間集団、すなわち民衆である。民衆神学において神学の実質的主体は民衆であり神学者は媒介者である。したがって、書き手である神学者がいかに民衆と同一化しているかによって民衆神学の質は決定されるのである。民衆自らが希望、喜び、勇気を取り戻すこと、すなわち救いを得ることが神学の目的であるとするならば、神学はわれわれの経験と実践、そしてそれらを巡る全体的な状況の理解を助ける実践的性格を持つ必要がある、と権鎮官は考えている（六二～六四）。

このような立場は、徐南同の「ハンの司祭」の神学に立脚したものだが、権鎮官の主張は「媒介者としての神学」と言えよう。神学者は知識人であってそのままでは民衆とは言えないから、そこには民衆の情緒と意識への同一化の努力が必要であり、神学者は民衆の生と実践の観点からキリスト教信仰を省察しようとする努力をしなければならない。それが神学者としての回心である。自己中心性から抜け出して健全で創造的な民衆性を追求し続けるのが神学者であり、神学者は民衆性を体得する旅人でなければならない（六四～六六）。神学が実践的でなければならないとは正しい教会論的観点を持つことでもある。神学者は自らが連帯し代弁しようと願う特定の共同体を設定してそこに参与し、その成員たちの経験と想いについての多様な立場を代弁し、彼らの共同体が志向するものを説明する。そうでなければ神学は抽象的なものとなってしまう。したがって神学の主体は共同体的な自我となるが、共同体的自我とは他者と連帯する自我のことである。こうして権鎮官は教会に立脚した神学こそが真に創造的な神学であるという立場に立っているが、民衆神学が依拠するのは制度的な教会ではなく民衆の共同体のことなのである。民衆神学者にとって民衆が最も重要な他者であるが、彼らとの出会いの場の一つが民衆の物語である。神学者は民衆との出会いを通して回心し、それによって民衆を正しく理解し彼らと連帯することが可能となる。したがって、民衆との出会いを通して回心した人間だけが民衆の世界観と信念と宗教意識を描き出すことができる。民衆神学はこの他者なる民衆を主人公とする神学であり、神学者は民衆の物語と声を忠実に伝達し省察しなければならないのである（八七～八八）。

神学者にとっての他者が民衆であれば、民衆にとっての他者とは誰か。民衆は誰との出会いを通して回心し変革されるのか。これについて論じる前に他者概念について確認しておく必要がある。他者とは、単純な反対者あるいは対称的存在を意味するのではない。他者には二つの機能がある。第一に、自己とは異なる他者の存在が自己自身の固有性を発見させる。つまり、他者は狭い意味での正体性 the same identity を形成する機能である。第二に、他者が持つ違いと新しさがより積極的な価値として自己の狭い囲いを打ちこわし、変革された自我の形成へと導く機能である。民衆にとってこれら二つの機能を持つ他者は民衆自身の経験とそれに対する記憶の中に存在する。民衆にとっての第一の直接的他者は苦難の経験に対する記憶である。民衆は自分自身の苦難と、それと同じような苦難を知ることで集団的経験を構築する。そしてこの経験を新たに記憶することで民衆は自らを変革する。すなわち民衆は過去を呼び出し、それを生きた創造的なものとして新たに記憶することで自らを変革する。過去を振り返り新たに記憶させることで、過去の体験をふまえた未来への期待、願いなどが生み出される。こうして集団的経験をもとにした新たな集団的希望が生み出されるのである。

民衆にとっての他者とは、記憶と物語と自然である。苦難や美しさ、あるいは栄光などに関する自分たちの物語と、そこから生み出される新しい希望の物語である。もう一つは、聖書をはじめとする多様な宗教的資料である。これは民衆自身の経験が持つ他者的機能とは異なり、自分自身の経験の外にある資料、聖書をはじめとするあらゆる知恵の資料との出会いが民衆を変革するのである。民衆神学は苦難の物語を強調し、土着化神学は美しさや栄光の物語を重視する。メッツは「危険な記憶」を重視したが過去の肯定的記憶が新たな創造性の基盤であることは否定できない。聖書をはじめとする宗教的な資料、すなわち多様な物語は、民衆の中に一つの緊張を生み出し、それによって民衆自身の直接的経験の意味が深化されるのである。最後に民衆の回心において重要な要素が自然環境である。社会構造の中で被害者である民衆も自然環境に対しては加害者であることを自覚しなければならない。民衆的生は自然と共に生きる生でもある。自然環境を破壊する勢力との闘い、自然との連帯は民衆の創造性の重要な基盤である（～九二）。

ここで権鎮官は一九九五年の「民衆メシア論」を巡る議論を補う形で再び救済について論じているが、それは、「イエスによる救い」、「民衆自身による救い」に対する第三の観点である「共同体における救い」である。彼は個人主義的で彼岸的な救済論を批判し共同体的事件としての救いを語る。そこで強調されるのは共同体の実践的機能と責任である。救いは過去の十字架事件（ナザレのイエス）によってではなく、共同体の具体的な実践、イエスと共同体との協力関係によって引き起こされる。イエスの霊によって生きる共同体が行う様々な実践は、イエスの霊が実現する救いの場なのである。救いとはイエスの神的本質が引き起こすのではなく、われわれが、自らの中に生きているイエスの霊の働きに参与することによって実現する（二〇九～二一〇）。そしてイエスの霊は個人にではなく共同体に働くのであるから、救いは共同体において実現するのである。

イエスの霊によって生きる共同体の中で民衆自身が体験する救いの実相は、苦難からの解放でありそれは「断」である。[118] 徐南同は憎悪と復讐の悪循環を断ち切ること、暴力の連鎖を断ち切ることを「断」と呼んで民衆の自己超越性を論じたが、そこでは他者による代弁がイメージされていた。[119] しかし権鎮官は連帯、共同体への参加の重要性を語っている。共同体は苦難を分かち合うとともに一人ひとりに苦難を克服するための力を与え成長を促す力を持っているからである（二八九）。民衆は自らを救いへと至らせる主体的な力を備えている。それを権鎮官は「聖霊」と呼んでいる。一人で背負うにはあまりに重い苦難を背負わされた民衆が自らの力で立ち上がる事件を目撃するとき、われわれは民衆の中に働く聖霊の力を実感する他は無い。民衆は神の国への希望、解放への希望という信仰によって生き、救われるのである（二九三）。

3　権鎮官「民衆と生態系の主体化のための神学」（二〇一二年）

権鎮官にとって民衆は民衆神学の実質的な主体であり、自らを救う主体でもある。この点をさらに強調するのが、民衆神学を「主体化の神学」として再構築しようとするこの論文である。[120] 彼にとって主体は歴史に変革をもたらす存在であり、それは強固な歴史的構造の突破、あるいは不可能と思える変化を可能とする動因でもある。このような「新しい変化をもたらす動因、当事者 agent」としての主体という理解は、民衆神学が「歴史の主人公」と呼んできた民衆の姿であると同時に、フランスの哲学者アラン・バディウの思想に影響を受けたものでもある。このような主体による変化、新たな始まりは事件によって開始されるのだが、「民衆の主体化 subjectivation のための神学」である民衆神学を「事件の神学」として再浮上させるのが権鎮官の立場である。

このような力点の置き方は安炳茂よりはむしろ徐南同に基づくものと言えよう。徐南同は既存の支配秩序に編入された支配の神学に反抗する実践的で機能的な神学を構想した。それが反神学、脱神学でありその特徴は聖霊論的神学である。それは抽象的で主体の無い概念に基づく神学と支配者の正史に対抗し、既存秩序の外部に存在する神学である。権鎮官は、沈黙を強いられた民衆の声なき声を代弁する「ハン（恨）の司祭」、すべての自由の根源である聖霊が支配する「聖霊の第三時代」などの徐南同神学の概念を手がかりに、新しい変化をもたらす主体を論じている。

権鎮官にとって「主体化」の契機は事件である。「主体は新しい始まりを開く事件に対面することで生じ、その事件に込められている真理」に導かれることで主体となる。事件に直面しながらも、既存の秩序に埋没したままの存在は主体、すなわち新しい変化の当事者となることはできない。したがって主体化は、事件に直面した存在が事件を内面化し意識化する過程である。ここで言う事件とは、歴史の画期となるような出来事を指しているが、それは例えば日本の植民地支配に対する民衆的抵抗運動であった「三一独立運動」や、軍事独裁体制に対する民衆的抵抗であった「光州民衆抗争」のような出来事、すなわち既存の秩序、歴史的状況に大きな変化をもたらす異質な出来事を指している。主体はこのような事件に直面しそれに参与することで形成されるが、同時に事件は主体によって歴史的状況と結び合わされ、状況に変化をもたらすのである。

主体は事件に参与して状況を変化させる動因でもあり、同時に歴史の中で生じたそのような事件の記憶の保持者でもある。歴史の中で事件は一瞬の出来事でしかないから、それを記憶し続ける主体が無ければ事件は忘却の彼方へと追いやられてしまうだろう。そのような主体は事件を記憶し続けることで事件に参与し続けるのだが、このような「事件の忠実な信奉者」の存在が事件を事件たらしめるのである。事件と主体とをこのように有機的な関係として捉える権鎮官は、事件に直面した個人または集団がどのように「主体化」していくのか、その過程を見極めようとしている。

権鎮官は現代社会の歪みを一身に引き受けた民衆の物語を例示し、事件に直面した個人が主体化する契機は外的要素だと考えている（一三）。二〇一一年一月から三〇九日間の「空中ろう城」を行い不当な整理解雇と闘う労働者の象徴となった民主労組の金鎮淑（キム・ジンスク）も、かつては「批判意識を持つ女性労働者」ではなかった。[121] 彼女を変えたのは一冊の本との出会いでありそれを契機に身を投じた労働運動の中で出会った労働者たちの姿を通して彼女は労働運動に目覚めていった。その過程には自己自身の決断も含まれているが、決定的要素は外部的なものであった。権鎮官はそのような出会いと変化を、徐南同の概念を用いて「聖霊の事件」と解釈する。聖霊は人間を歴史変革の担い手へと主体化する力であり、それは個人の主体化ではなく集団的事件として生じる。これは、キリストによって個人にもたらされる「他力的救済」ではなく疎外された階層である民衆にもたらされる「自力的救済」の事件である。[122] 聖霊は事件への参与という決断をもたらす力であり、そのようにして主体化された民衆による歴史変革の実践はまさに「聖霊の働き」と言える。すなわち民衆を主体化するものは事件への参与であり、それが聖霊の働きなのである。

権鎮官にとって民衆神学の生命線は民衆の現場であり、生き生きとした生の闘争を神学的に証言することである。民衆は事件の渦中で歴史変革の主体へと変貌する。それは新しい自我の形成であると同時に集団的な歴史の主体としての民衆の姿の回復の過程でもある。民衆神学はその現場に立ち会い、それを証言する責任がある。神学的に表現すれば、主体化、歴史変革の実践への参与は聖霊の働きであり、それは復活事件に直結している。復活は受動的存在が能動的主体として生まれ変わる事件である。神学は今この時代の中で、歴史変革の勢力としての民衆がどこで主体化、復活しているかを証言しなければならないのである（一三）。権鎮官は、徐南同神学の核心は民衆の主体化にあり、主体化の神学は聖霊論的神学であり実践的神学であるという。民衆神学は、歴史の中で民衆が主体となり得ているか、それはどこでどのように実現しているかを証言する神学である。真理には信奉者が必要であり理論は実践される必要がある。そこに込められたメッセージがいかにして実践されるか、主体化されるかについての理論を欠く抽象的神学は机上の神学と言わざるを得ない。民衆が従属的な参与者としてではなく主体的に変化を担う主体となること、すなわちそれが聖霊の働きなのである。

事件の強調は安炳茂や徐南同の基本姿勢であると同時にバディウ哲学の中心命題でもある。権鎮官は金鎮淑を例に主体化の過程を外部的な要因によって説明するが、しかしハーゲン・クーの研究が明らかにしたように、従順で勤勉な「女工」が戦闘的な「女子労働者」へと変革する過程に都市産業宣教会のような知識人たちの介入が重要な役割を果たしていたことは見逃せない[123]。いわば「有機的知識人」による意識化の過程がそこにはあった。もちろん金鎮淑が他のいかなる書籍ではなく韓国労働運動の英雄全泰壱の伝記を手にしたのは偶然ではなかっただろう。労働者に連帯する人々の働きかけと当事者の応答の関係、あるいは相互主体化の作用が生じていたはずである。権鎮官はバディウに共感しつつ、主体化が自分の内側からでは無く外部の働きかけによって生じること、すなわち、主体化は当事者の意図によってではなく、あたかも事件に巻き込まれるようにして実現するという性質を言い表そうとしているのであるが、われわれはその事件を、当事者と支援者がともに事件に巻き込まれることで主体化した事件と考えたいのである。権鎮官が援用するバディウの「事件の思想」をもう少し見てみよう。

バディウはパウロのダマスコ途上の「回心」を素材に事件の性質を語っている[124]。バディウの基本姿勢はデリダ的な脱構築を批判し哲学的普遍性の復権を行うことである。彼にとってパウロは共同体主義、歴史と伝統と対決する普遍主義の闘志である。パウロはエルサレム会議でキリスト教信仰における主体とは誰かという決定的な問いを提出したのだが、それはつまり、神の選びとはイスラエルの歴史でもなければイエスとの直接的な交流や奇跡の目撃とも無関係なものであり、それはただひたすら個人の主体的決断の問題だと主張した。パウロにとってダマスコ途上での事件がすべての転機であり、この瞬間以降、共同体の歴史は「とるにたりないもの」になったのである。こうして過去は切断され、事件への忠実さだけが必要となる。歴史はただ「痕跡」として新しい世界の中に存在するに過ぎない、とバディウは考えている[125]。

パウロとペトロとの対決は歴史的圧力に対する政治的闘争であったと捉えるバディウにとって、ガラテヤ書二章などは法の秩序に対する主体の自由を主張する政治文書としての迫力を持っている。バディウの主張はまさに

「事件の神学」であり、その原動力は「神の霊と力」とみなされていた。パウロは歴史と伝統としてのユダヤ教と、知恵と優れた言葉、すなわち修辞学的優位性を根拠とするギリシャ哲学に闘いを挑んだが、彼の根拠はただ自分自身が直面した事件とそれに対する忠実さでしかない。彼はそのことを徹底させるためにイエスの生涯（歴史と現実）を顧みること無く自説を展開したのである。パウロの根拠は、神の子イエスは十字架で処刑されて死んだが復活したという純粋に教義的な言説であり、彼は自分が創設した共同体に徹底した歴史の切断と相対化を迫った。個人の主体的決断こそが普遍的価値を持つのである。パウロが経験した救いはいかなる法則とも無縁な事件であり、それは預言や哲学といった秩序の中にではなく、秩序の前に存在する違法なものであった。パウロが自分の使徒性を強調し続けるのは、自分が預言にも法にも超越にも秩序にも依存しない完全な主体的存在であることを明らかにするためである。生前のイエスを知らず、イエスの生涯に一言も言及しないパウロは、歴史の証人でも記憶の保持者でもない。彼は唯一度、自分が直面した事件に忠実であろうと生きた自由な主体に他ならない。バディウはパウロをこのように解読することで全体主義に挑んだのである。

権鎮官は、人はどのようにして事件の中に込められた真理に対する信奉者たり得るか、事件に対し忠実で誠実な人生を送ることができるかという問いに対し、聖霊の導きによってと答えるに違いない。聖霊が、疎外され従属的で受動的な人間に働きかけ、事件に巻き込まれることを通して人は主体化へと導かれる。われわれの見立てによれば、そこで生じているのは訓練であり意識化であると言ってもいいが、それは対話的関係、信頼と希望に基づく相互的な関係において可能となるに違いない。主体化の神学にとって聖霊の働きとは、他者との関係を遮断した主観化ではないし自己の欲望を増大し領土化をはかるエージェンシーの拡大でもない。それは権力構造そのものの打破であり、相手に対して敬意を抱き自己を開く自己相対化による信頼関係の構築である。聖霊が風のように自由であるという表象が意味することは、このような権力の打破と自己相対化のことだ、とわれわれは考えたいのである。

六、まとめ

安炳茂は教会の歴史の中で「彼岸化、個人主義化」した救いをイエス事件の現場に再び取り戻す作業を行ったと言えよう。イエス伝承を素材にそこから発展したさまざまな宗教的言説、倫理や道徳などの人類史的な遺産がもたらす負の側面を、安炳茂は具体的な状況の中から問題視している。それは聖書学的な釈義の問題であると同時に目の前の現実に対する誠実さの問題でもある。暴力や迫害への恐怖、権力や富に対する誘惑に打ち勝ち神の義を実践したイエスに従う教会が、なぜ暴力を座視して現実から逃避する利己的な集団と化してしまったのか。キリストの贖いによって救われたはずの人々がキリストの福音を実践できないでいるのはなぜか。それはキリスト者一人ひとりの信仰の問題であるだけでなく、むしろ神学や教理、教会制度上の問題ではないのか。救済を彼岸化、個人主義化し、神への帰依を教会への依存と同定するキリスト教そのものに問題の本質がある。民衆神学の出発点には現実の教会に対するこうした問題提起があったと言えよう。

圧政下の困難な状況にあって信仰と良心に従って生きることを可能にするものは、一人ひとりの勇気だけであってはならない。しかし安炳茂が生きた時代にあってそれはごく限られた人々の英雄的行為に始まり、それに連帯し参与する人々の正義への願い、自由への希望こそが民主化へと向かう歴史の転換点となったのである。独裁と分断の現実の中で求められる救いは、民主化と統一という政治的課題を除外して語られることはできない。福音の中心課題である救済は、正義と平和、民主化の実現という具体的なことがらと密接につながっている。救いとは「わたしの救い」ではなく「われわれの救い」なのであり、福音はそれを全被造物にとっての救い、解放と表現したのである。

安炳茂が「韓国的キリスト者」の課題としてキリスト者のあるべき姿を語ったのは、彼が韓国という現実に向き合っていたからである。キリスト者のあるべき姿は、それが置かれた現場に対する誠実さによって明らかになるのであり、その原点を安炳茂はガリラヤの民衆に対して誠実であろうとしたマルコとマルコが描くイエスに求めている。安炳茂が救済論の背景とした「韓国的」状況は極めて特殊ではあるが、それが「キリスト者」という普遍的価値と結び合わされることで生み出されるメッセージは、目の前の現実に対して誠実に生きる道、すなわち自由な人間として隣人と共に生きる主体的な生であり、それを追求したのが民衆神学であった。自由であるとは権力に支配されないだけではなく偶像を恐れないこと、利己主義に埋没しないことをも意味している。「外点」を通して展開された安炳茂の思想は、すべての権力作用に対する自由の原点とも言えよう。

安炳茂の原動力がパトスであったことは事実である。そして彼が自らを突き動かす直感と内的原動力とを神学化した作業としての民衆神学は、彼一人の作品ではなく、同じように時代の痛みに触れ、自らも痛みを負った多くの人々による共同的営為のひとつであった。この作業は理論としての神学と実践としての運動という二分法によるものではなく、現場の証言が理論となり、証言によって突き動かされた人々が現場へと向かう有機的な作業であり、それは直線的によって構成される弁証法ではなく、曲線によって構成される螺旋状の運動であったと言えよう。自らを知識人と限定し、運動の現場に対する発言を極力避けた安炳茂の誠実さは、民衆神学の動的性格、螺旋状の運動においては一つの限界を示す立場であったと言えるかもしれない。相互主体性、有機的関係性に立脚する神学において、神学者と民衆、語り手と聞き手、理論と実践という境界は明確ではなく、それらが互いに連続し相互に影響し合っていることが何よりも重要なのである。実際安炳茂は書斎の人ではなかったし、アカデミズムを現場とする神学者でもなかった。彼自身が望んだからではなく、事件に巻き込まれるようにして、安炳茂は独裁政権の暴力と民衆が苦難に喘ぐ現場に立たされたのであった。

われわれは安炳茂以降の民衆神学における「歴史の主体」という命題が持つ意味を巡る議論を検討した。それは彼岸的救いではなく社会的解放であり、歴史変革のために闘う民衆の姿として現れるが、民主化闘争の時代を経た市民運動の時代においてそれはさまざまな社会変革運動、地域的運動の連合体とも言うべき性質を視野に入れる必要がある。民衆神学は、独裁政権に対峙する運動というような大きな単位ではなく、それぞれの地域において多種多様な課題に取り組む人々と教会との連帯から生まれる神学、広範囲なキリスト教社会運動を視野に入れた連帯の神学としての性質が求められている。こうした状況の変化の中でわれわれは、安炳茂が構想した民衆神学が更なる議論を必要としていることを示したが、それは安炳茂神学の限界を明らかにするための作業ではなく、新しい現実に対する信仰的主体一人ひとりの誠実さが求められていることを示すためのものである。権鎮官は、われわれが教会を中心としたキリスト教に立ち続ける限り、この共同体が救いの実現に結びつく具体的な可能性を示す必要があるし、イエスが宣言した神の国の到来を待望する教会は神の国の前触れがどこにあるのかを示すことで福音を証言する責任があることを明らかにしている。教会の一員であることが救いではなく、教会に包摂されることが自己疎外へとつながってはならず、この共同体が、一人では担いきれない重荷を分かち合い、一人では見出せない希望を共に見出すことができる共同体であることを確かなものとする神学的営為が必要とされているのである。

参考文献

【邦語】
アジア・キリスト教協議会都市農村宣教部編『民衆の神学を目指して』（キリスト教アジア資料センター訳、新教出版社、一九八三年）
李仁夏、木田献一（監修）、キリスト教アジア資料センター編『民衆の神学』（教文館、二〇〇六年）
李省展『アメリカ人宣教師と朝鮮の近代：ミッションスクールの生成と植民地下の葛藤』（社会評論社、二〇〇六年）
李美淑「韓国民主化運動における地下情報の発信：越境的なキリスト者ネットワーク形成の背景と活動を中心に」《コンタクト・ゾーン》五（京都大学人文科学研究所人文学国際研究センター、二〇一二年）
呉在植『わたしの人生のテーマは現場』（山田貞夫訳、新教出版社、二〇〇四年）
香山洋人「民衆神学における民族　上・下」《キリスト教学》四五号、四六号（立教大学キリスト教学会、二〇〇三年、二〇〇四年）
――「パラダイム転換としての民衆神学　上・下」《キリスト教学》四八号、四九号（立教大学キリスト教学会、二〇〇六年、二〇〇七年）
――「民衆神学・地球化・日本」《神学の声》四〇巻七一号（聖公会神学院、二〇〇八年）
――「アジアの神学としての民衆神学の課題」国際宗教研究所編『現代宗教二〇〇九　変革期のアジア』（秋山書店、二〇〇九年）
――「あなたはどこにいるのか」《キリスト教学》五二号（立教大学キリスト教学会、二〇一〇年）
川橋範子『妻帯仏教の民族誌：ジェンダー宗教学からのアプローチ』（人文書院、二〇一二年）
ゼーレン・キェルケゴール「哲学的断片或いは一断片の哲学：哲学的断片への結びの学問外れなあとがき」『キルケゴール著作集七』（杉山好、小川圭治訳、白水社、一九六八年）
ハーゲン・クー『韓国の労働者：階級形成における文化と政治』（滝沢秀樹、高龍秀訳、御茶の水書房、二〇〇四年）

栗林輝夫『荊冠の神学―被差別部落解放とキリスト教』（新教出版社、一九九一年）
小泉仰「比較思想の視点から見た寄留者神学」《創文》四七〇号（創文社、二〇〇四年）
心園記念事業会編『安炳茂著作選集一　民衆神学を語る』（金忠一訳、かんよう出版、二〇一六年）
B・D・スピノザ『スピノザ往復書簡集』（畠中尚志、岩波文庫、一九五九年）
G・S・スピヴァク『サバルタンは語ることができるか』（上村忠男訳、みすず書房、一九九八年）
徐洸善「韓国における民衆と神学」キリスト教アジア資料センター（編）『民衆の神学』（教文館、一九八四年）
徐京植「在日朝鮮人は『民衆』か」富坂キリスト教センター（編）『鼓動する東アジアのキリスト教』（新教出版社、二〇〇一年）
田川建三『原始キリスト教史の一断面：福音書文学の成立』（勁草書房、一九六八年）
朴聖焌『民衆神学の形成と展開』（新教出版社、一九九七年）
アラン・バディウ『聖パウロ』（長原豊、松本潤一郎訳、河出書房新社、二〇〇四年）
ジュリアン・バンダ『知識人の裏切り』（宇京頼三訳、未来社、一九九〇年）
アリスター・マクグラス編『現代キリスト教神学思想事典』（新教出版社、二〇〇一年）
J・B・メッツ『世の神学』（田淵文男訳、あかし書房、一九七〇年）
森本あんり『アジア神学講義：グローバル化するコンテクストの神学』（創文社、二〇〇四年）
ユルゲン・モルトマン『神学的思考の諸経験』（蓮見和男訳、新教出版社、二〇〇一年）
マシュー・ラム『社会変革を目指す解放の神学：被抑圧者との連帯』（山田敬三訳、明石書店、一九八七年）
『朝鮮陰謀事件』（不二出版、一九八六年）

【韓国語】＊著者、書名等の漢字表記、邦訳
香山洋人「民衆神学の教会理解」（未公刊修士論文、聖公会大学神学大学院、一九九八年）
――「民衆教会論に対する一考察」『安炳茂神学思想の脈Ⅰ』（韓国神学研究所、二〇〇三年）

権鎮官「民衆の存在様式と歴史の救い」『民衆はメシアなのか』（ハヌル、一九九五年）
――『我ら救いを語ろう』（大韓基督教書会、一九九八年）
――「ホワイトヘッドのプロセス思想から見た民衆神学」『安炳茂神学思想の脈Ⅰ』（韓国神学研究所、二〇〇二年）
――「民衆と生体環境の主体化のための神学」《韓神研究》六〇巻（韓神大学校、二〇一一年）
金敬宰「歴史の主体は民衆である」《基督教思想》一九七六年三月（大韓基督教書会、一九七六年）
金明洙『安炳茂評伝、時代と民衆の証言者』（サルリム、二〇〇六年）
金鎮虎「歴史の主体としての民衆、民衆神学の民衆論の再検討」《神学思想》八〇号（韓国神学研究所、一九九三年）
――「安炳茂先生の生涯と民衆神学の現在性」（延大大学院新聞一五二号）
――「悲惨の現象学」『二十一世紀民衆神学』（サミン、二〇一三年）
金容福「民衆の社会伝記」『民衆と韓国神学』（韓国神学研究所、一九八二年）
――「メシアと民衆」『民衆と韓国神学』（韓国神学研究所、一九八二年）
金熙献「民衆メシア論とプロセス神学的再解釈」『再び民衆神学だ』（ドンヨン、二〇一一年）
民衆神学研究所編『民衆はメシアなのか』（ハヌル、一九九五年）
朴在淳「民衆メシア論に対する神学的考察」『民衆はメシアなのか』（ハヌル、一九九五年）
徐南同『民衆神学の探究』（ハンギル社、一九八三年）
孫奎泰『改新教倫理思想史』（大韓基督教書会、一九九八年）
安炳茂「主体性と信仰」『評論　韓国民衆運動と統一』（韓国神学研究所、二〇〇〇年）
――「"脱―向"の人間史」『聖書の脈Ⅰ　救いに至る道』（韓国神学研究所、一九九七年）
――「悪からの救い」『聖書の脈Ⅲ　生命を活かす信仰』（韓国神学研究所、一九九七年）
――「今日の救いの正体、聖書的立場から」《基督教思想》一九七五年二月（大韓基督教書会、一九七五年）
――「逃避か救いか」『神学評論　キリスト教改革のための神学』（韓国神学研究所、一九九九年）
――「個人的救済か社会的救済か」『神学評論　キリスト教改革のための神学』（韓国神学研究所、一九九九年）

――「共観書の救済論」『神学評論　キリスト教改革のための神学』（韓国神学研究所、一九九九年）
――「マルコ福音書の歴史の主体」『全集五　民衆と聖書』（ハンギル社、一九九三年））
――「貧しい者、ルカの民衆理解」『全集五　民衆と聖書』（ハンギル社、一九九三年）
――「新しい歴史の主人」『全集六　歴史と民衆』（ハンギル社、一九九三年）
――「韓国的キリスト者像の模索」『全集六　歴史と民衆』（ハンギル社、一九九三年）
――「イエスと解放」『全集六　歴史と民衆』（ハンギル社、一九九三年）
――『ガリラヤのイエス』（韓国神学研究所、一九九〇年）　＊二〇二一年に邦訳が出版された。『安炳茂著作選集三　ガリラヤのイエス』（金忠一訳、かんよう出版）
――『民衆神学を語る　改訂版』（韓国神学研究所、一九九二年）
――「マタイの民衆的民族主義」《神学思想》七八号（韓国神学研究所、一九九二年）
チョン・ヤンモ「安炳茂先生を称える」『ガリラヤのイエスと安炳茂』（韓国神学研究所、一九九八年）
チェ・ヨンシル「安炳茂の女性理解」『安炳茂神学思想の脈　Ⅱ』（韓国神学研究所、二〇〇六年）
――『新約聖書の女性たち』（ドンヨン、二〇一二年）
玄永学「民衆の中に受肉しなければ」『民衆と韓国神学』（韓国神学研究所、一九八二年）
ＮＣＣ神学研究委員会編『民衆と韓国神学』（韓国神学研究所、一九八二年）

【英語】
Bevans, S. B., Models of Contextual Theology, Orbis Books, 2002.
Boff, Leonardo., Church : Charism and Power, Diercksmeier（trans.）, SCM Press, 1985.
Fabella, Sugirtharajah, ed., The Dictionary of Third World Theologies, Orbis, 2003.
Pieris, A., An Asian Theology of Liberation, T & T Clark International, 1988.

注

（1）原題は「民衆神学イヤギ」であり、イヤギとは「物語、語り、はなし」を意味する平易な言葉である。日本語では「民衆神学を語る」が定着しているので本書もこれに従う。この作品は安炳茂自身による著作というよりは弟子たちによるインタビューをまとめたものである。それは、民衆神学についてまとまった論文を書く意図のない安炳茂から民衆神学の全体像を描き出せるよう周到な質問を用意した弟子たちによる企画であった。もちろん、最終的には安炳茂自身が推敲を重ねることで著作として完成した。

（2）ビーヴァンスによれば状況的であることは「神学的義務」でさえある。Bevans, Models of Contextual Theology, p3.

（3）L. Boff, Church : Charism and Power, p22.

（4）Ibid., pp.14～21. 一方、ビーヴァンスは神学を「翻訳型、人間学型、実践型、統合型、超越型、対抗文化型」に分類し、それぞれの特徴と批判すべき点をあげつつ、実例や典型的な表現、依拠する聖句などを例示する。このように分かりやすさを目的とした分類は過度の典型化を伴っており状況が単純化されている。その結果、分類された側はこれらの諸類型の中に自らを見出すことができない可能性がある。少なくとも民衆神学はどの類型にも当てはまらない。それに対しボフの分類は、実践的に有効な要素を抽出するための分類であってわれわれの考察にふさわしい。

（5）マクグラス編『現代キリスト教神学思想事典』九一頁。

（6）Fabella, Sugirtharaja, ed., Dictionary of Third World Theology, p143.

（7）モルトマン『神学的思考の諸経験』二三〇頁以下参照。

（8）「証言」については安炳茂『民衆神学を語る』一七〇頁、徐南同『民衆神学の探究』三頁、参照。なお、両書からの引用は金忠一訳による。

（9）拙稿「あなたはどこにいるのか」二五～二六頁。

（10）安炳茂にとって民衆神学はパトスであり、「歴史の現場で何かを克服しようとする闘い」であった。安炳茂、前掲書、一一八頁。これは安炳茂が傾倒したキェルケゴールの以下の思想を想起させる。「キリスト教とは霊の問題である。霊とは内面性であり、内面性とは主体性であり、そして主体性の本質は情熱である。しかし、主体性の極地は、自己の永遠の救いに対する無限の主体的関心に貫かれた情熱なのである」（「哲学的断片或いは一断片の哲学：哲学的断片への結びの学問外れな後書」『著作集七』六一頁）。

（11）安炳茂は「改憲反対百万人署名運動」の十一番目の署名者となったが、彼をこの運動に引き込んだのは当時独裁政権打倒の先頭に立っていた張俊河（チャン・ジュンハ）であった。安炳茂、前掲書、五四頁。

（12）徐南同は読者に、民衆の声の来歴を明らかにしその渇望を伝える〈声の媒体〉となることを求めている。徐南同、前掲書、五四頁。

（13）スピヴァク『サバルタンは語ることができるか』参照。

（14）"contextualization", The Dictionary of Third World Theologies.

（15）川橋範子『妻帯仏教の民族誌：ジェンダー宗教学からのアプローチ』六五頁。

（16）森本あんり『アジア神学講義』「序章」参照。

（17）森本、前掲書一、二二二頁。森本が紹介するアジア神学に民衆神学は含まれていない。これは、英語圏で一定の認知度のある神学者が選ばれているという事情もあるもの、森本が主に「アジア的な文化背景」を重視した結果と言えるだろう。小泉仰は森本が紹介する「アジア神学」はむしろ「寄留者神学」と呼ぶ方が適切ではないかと述べている。登場する神学者たちがそれぞれ故国を離れ外国で神学者として大成し、外国を拠点に英語で英語の読者に向かって発信し、もはや故国からは切り離された存在でもあるからである（小泉仰「比較思想の視点から見た寄留者神学」九頁）。小泉の主張の中心からははずれるが、実はこのような寄留者性こそは「自己オリエンタリズム化」の契機である可能性は否定できない。こうした意味で、森本が取り上げたサンプルは「ことさら」アジア的であるかもしれないという点は注意しておく必要がある。

（18）「比較思想の視点から見た寄留者神学」四頁。

（19）Pieris, An Asian Theology of Liberation、及び、拙稿「パラダイム転換としての民衆神学　下」参照。

（20）森本、前掲書、三一頁。

(21) 神学的ポジションについては、拙稿「あなたはどこにいるのか」参照。
(22) 呉在植『わたしの人生のテーマは現場』一三二〜一三四頁。
(23) ラム『社会変革を目指す解放の神学』一六二頁。
(24) この点については拙稿「パラダイム転換としての民衆神学　上・下」参照。
(25) 宣教師ブレアは「韓国の教会が日本を憎む気持ちを悔い改める必要がある」とともに国情にではなく神と自分との関係に目を向けるべきだと感じていた。金容福「民衆のメシア運動としての韓国キリスト教」『民衆の神学』一四七頁。
(26) 北長老会宣教本部の責任者ブラウンは、一九〇九年、朝鮮人には同情するが総督府にも同情の余地があるとして、日本人が英国やアメリカようにうまくやっていないのは事実でも日本は植民地支配の経験が浅いのだから彼らに機会を与えよう、と語っている。「我々は日本を非難することで朝鮮を助けるのではなく、協力することで助けるのである」。李省展『アメリカ人宣教師と朝鮮の近代』二四頁。
(27) 「百五人事件」は宣教師たちに総督府との関係を決断させる契機となった事件である。「キリスト教会は反乱煽動の巣窟だ」とする風評に対して宣教師は「我々は日頃から、キリスト教徒であっても総督府政治には服従させることを指導してきた。～人民の幸福のため、キリスト教指導者はかえって従順たれと指導してきた」と述べ、これに対し寺内総督は「教会は政治に関与しない～という宣教師たちの立場に満足する」(引用者が現代語で要約)と答えている。『朝鮮陰謀事件』一八三～一八五頁。
(28) 安炳茂自身は一九七二年の「イエスと民衆」を自らの民衆神学の第一声と語っている。安炳茂、前掲書、五五頁。一方『民衆と韓国神学』はその序文で安炳茂の「民族・民衆・教会」を「〈民衆〉に関する神学的作業が開始される以前に書かれた作品」として扱っているが、しかしわれわれは金鎮虎同様、「民族・民衆・教会」を民衆神学の第一声と解釈する。金鎮虎「安炳茂先生の生涯と民衆神学の現在性」『延大大学院新聞一五二号』参照。
(29) メッツによれば、重要なのは理論と実践、信仰の理解と社会的実践の関係の問題であり、その意味で「政治神学」は「信仰の社会批判的能力を発展」させる神学である。そのような神学に支えられた教会は「社会批判的制度」として「社会のための批判的・解放的使命」を備える必要があり、そのような教会は社会に対する批判だけでなく「宗教批判的、教会批判的」使命をも担うべきである。メッツ『世の神学』一四六〜一五七頁。
(30) 安炳茂「韓国的キリスト者像の模索」三五一頁。
(31) 民衆神学は韓民族の神学であり、それは「朝鮮半島在住」の韓民族であるという排他的理解を徐京植（ソ・ギョンシク）は厳しく批判している。「在日朝鮮人は『民衆』か」五四頁以下。
(32) 安炳茂、前掲書、三四八頁。
(33) 安炳茂は「韓国人は韓国人に帰らなければならないということです。キリスト者である以前に韓国人でなければなりません」とも語っている（『民衆神学を語る』八〇頁）。しかし安炳茂にとって韓国人であることとは先天的なことではなく、例えばそれは分断状況を踏まえて統一のために主体的に生きることを意味していた（同、七七〜七九頁）。
(34) 拙稿「パラダイム転換としての民衆神学　下」、ピエリスが示した「貧しい人々の権威」の問題を参照のこと。
(35)「今ここのこととしての神学」は金子啓一の提唱した方法論である。拙稿「あなたはどこにいるのか」参照。
(36) 金在俊については、孫奎泰『改新教倫理思想史』参照。もちろん基督教長老会のすべてが民衆神学的立場だというのではない。
(37) 徐洸善「韓国における民衆と神学―アジア神学協議会についての伝記的報告」一七頁。
(38) 玄永学「民衆の中に受肉しなければ」。初出は『韓国神学報』一九七六年六月、引用は『民衆と韓国神学』一八頁より。
(39) 徐洸善、前掲書、一五〜一六、三〇頁。
(40) 安炳茂『民衆神学を語る』三六〜四四頁。後に安炳茂は母を主題とした作品『チョンソンテク』を執筆したがこれが最後の単著となった。
(41) 安炳茂、前掲書、三三頁。
(42) 安炳茂の生涯については二つの評伝、金南一『城門の外で民衆を語る』、金明珠『安炳茂評伝』がある。
(43) 本文は朴聖焌『民衆神学の形成と展開』七〇〜七一頁に紹介されている。
(44) 徐南同の生涯については、金熙献『徐南同の哲学』（梨花女子大学出版部、二〇一三年）が詳しい。
(45) 二〇一六年からかんよう出版によって『安炳茂著作選集』の出版が開始された。

(46) 徐南同、前掲書、一三～三七頁所収。
(47) なお、第四部「生は悲劇なのか」の省略は日本の出版事情によると説明されている。
(48) アジア・キリスト教協議会都市農村宣教部編『民衆の神学を目指して』所収、原著一九七七年。
(49) 同書は「民衆」に「ミンジュン」とルビを振ることでこれが固有の神学用語であることを強調している。
(50) 木田献一「七〇年代の神学」《福音と世界》一九七九年十二月、同「民衆の神学、その源泉と展開」同一九八〇年一月号、同「民権の神学、『民衆の神学』の展開のために」同一九八五年四月号、同「『神の国』の啓示と民衆」同一九八六年一月号、同「民衆神学の生命」同一九九九年二月号など。
(51) 翻訳出版を巡るいきさつについては木田献一の「序文」および蔵田雅彦の「あとがき」を参照。
(52) 金子啓一「『恨の神学』への応答」《福音と世界》一九八二年一〇月、同「アジア的神学の一範型」同一九八三年六月。
(53) 『荊冠の神学』の韓国語訳（『差別されたキリスト、荊冠の神学』徐正敏他訳、ダサンクルバン、一九九四年）出版に際しその序文に栗林は、「本書が韓国で日本の民衆神学との評価を得られるなら最高の喜び」と記している。序文全体は栗林輝夫『日本で神学する：栗林輝夫セレクション1』（新教出版社、二〇一七年）に収められている。
(54) 二〇一四年時点で民衆神学を中心に扱った日本語の論文には以下のものがある。加藤潔「民衆神学における復活事件」、賈晶淳「安炳茂の民衆神学」、岡田仁「民衆の霊性―水俣病事件と『恨の司祭』」、洛雲海「民衆神学再考」、金永秀「韓国『民衆神学』の社会的、神学的位置について」、古田富建「徐南同民衆神学の『反神学』のための方法論」、同「民衆神学におけるイエス」、方俊植「韓国民衆神学の現況と聖書解釈の問題」、香山洋人「民衆神学における民族」、同「パラダイム転換としての民衆神学」、同「民衆神学・地球化・日本」、同「アジアの神学としての民衆神学の課題」。
(55) 一九六七年七月、韓国の中央情報部は、ヨーロッパに滞在していた韓国人研究者や留学生が、東ドイツにあった北朝鮮大使館と接触しスパイ活動を行っていたとして、作曲家尹伊桑（ユン・イサン）など著名人を含む一九四人を逮捕、一〇七人が有罪とされたがスパイ容疑が確定した者は一人もいなかった。安炳茂はこの時の経験を「目の前が真っ暗になるような侮辱的な非人間的な取り扱い」と回想している（『民衆神学を語る』五四頁）。
(56) 金明洙『安炳茂評伝』四六頁。

(57) 李美淑「韓国民主化運動における地下情報の発信」一四五〜一七二頁。
(58) 初出は《基督教思想》一九七〇年一月号、引用は『神学評論　キリスト教改革のための神学』による。『生命を活かす信仰』には「聖書の救済論　ヨハネ一七章一三〜一六節」のタイトルで収録されている。引用は本文中にページ数だけを記す。
(59) イエスの「死」ではなく「殺害」と正しく表現すべきだとする安炳茂にとって、「十字架」は抽象的な名詞ではなく政治犯に対する処刑としての「十字架刑」であり、それは神学的には「十字架事件」として捉えられるべきであった。日本語では「十字架の出来事」と表現されるが、民衆神学者に限らず「十字架事件」という表現は韓国のキリスト教会内に散見される。
(60) 金明洙、前掲書、四八頁。
(61) 初出は《現存》五二号、一九七四年七月。引用は『聖書の脈三　生命を活かす神学』一一二〜一一八頁による。
(62)《基督教思想》一九七五年二月、六九〜七九頁。『民衆神学資料集　第一巻』に収録されているがハンギル社の全集、韓国神学研究所の著作集には収録されていない。
(63) 金明洙、前掲書、六六〜七二頁。
(64)「個人的救済か社会的救済か」の引用は『神学評論　キリスト教の改革のための神学』四九一〜五〇一頁。
(65)「全体が統一されたもの」という意味の韓国プロテスタント教会用語。
(66) もちろん歴史的には植民地下の教会は必ずしも民族主義的抵抗の拠点ではなかった。安炳茂自身もこのことは熟知しており作品の中で繰り返し言及している。植民地下で民族の解放と宣教の目的は一致していたという「政治的に正しい」言葉で現実逃避的な教会の現状を批判するレトリックは講演ならではのものと言えよう。
(67) 宣教初期、米国人宣教師は平壌を中心とする地域に多くの教会を設立し朝鮮キリスト教の中心地となったが、朝鮮戦争により共産主義勢力が半島北部を支配する過程で多くのキリスト教徒は南側に避難、これを越南という。彼らは強い反共意識を基盤に原理主義的なキリスト教信仰を保持、その後の韓国プロテスタント教会の主流を形成した。キリスト教徒であった李承晩大統領は教会指導者を招いて国会内で定期的な集会「国会朝餐祈祷会」を行っていた。

(68)「共観書の救済論」の引用は『神学評論　キリスト教の改革のための神学』四八一～四九〇頁による。

(69)「脱―向」は、既存の価値や秩序からの脱出と、目的地を知らされないまま出発するアブラハムのような旅人の状態を意味する表現であり、安炳茂は人間の基本的な姿を「脱―向」と表現した。「『脱―向』の人間史」《月間サルリム》一四号、『聖書の脈一　救いに至る道』六〇～六九頁。

(70)韓国のキリスト教界の主流は越南系を中心とする保守的な神学を基調としていた。安炳茂が所属する韓国基督教長老会（基長）は、設立者金在俊以来自由で革新的な雰囲気を継承する教派であり、民衆神学を中心とした「宣教教育院」もそのような背景を持っていた。しかし、一九七六年に宣教教育院を会場に行われた「基長青年大会」においてマッコリ（韓国のどぶろく）で聖餐式が行われるや大議論が巻き起こり、翌年の総会では宣教教育院閉鎖を求める発言も起こったという（金明洙、前掲書、七三頁）。基督教長老会の中でも安炳茂の立場は突出していた。

(71)初出は《神学思想》一九八九年九月、特集「解放者イエス」への寄稿、引用は『全集六　歴史と民衆』一七九～一九六頁による。

(72)この点は思想としての共産主義と共産党との関係が暗示されていると言えるかもしれない。

(73)引用は『安炳茂著作選集一　民衆神学を語る』による。

(74)このやり取りは私的な対話に始まり、後にそれぞれの著作、公開書簡などの形で展開されている。モルトマン、前掲書、三二一～三二二頁参照。

(75)民衆が自らの苦しみによって人類を救うという考えをモルトマンは「民衆への過大な要求」と考えている。そして、受難によって救いを成就する苦しむメシアのイメージを受難による民衆のメシア的役割へと転換することは無理であり、イエスの十字架は贖いのための苦しみという目的を持っているのに対し民衆の受難は克服されなければならない苦しみであると両者の区別を主張する（モルトマン、前掲書、三二〇～三二三頁）。

(76)フレイレは、民衆に対する信頼と敬意の重要性を述べながら、「ナイーヴなヒューマニスト」が「仮想の理想像」によって現実の人間をないがしろにする姿を批判していた。概念化を拒否する安炳茂のような立場は現実を無視した「ナイーヴなヒューマニスト」とみなされるかもしれないが、フレイレによれば対象化、概念化によって自己を事件の外側に置こうとする立場こそがむしろナイーヴなのである。本書二章三節参照。
(77) キェルケゴール『あとがき』二二七頁。
(78) 一九八五年九月、キョンウォン大学生宋光永は軍事独裁政権への抵抗を訴え自死を遂げた。安炳茂は一九八六年札幌での講演で、民衆神学にとっての復活は何かとの問いに対し、宋光永の死を巡る一連の出来事を語ることでこれに応じている。『民衆神学を語る』四八三頁以下。
(79) 一九七五年、すでに安炳茂はこの点に触れ「救いは変革の闘争の過程で生じる」と表現している。「今日の救いの正体、聖書的立場から」七七頁。
(80) 民衆神学研究所編『民衆はメシアなのか』五〜八頁。
(81) 彼は、西洋的既存神学に対するアンチテーゼとしての民衆神学による批判と攻撃を受けた教会は自己批判により変化を遂げており、今や正と反の対立は止揚されるべきだと言う（同、五頁）。しかし彼の言う教会の変化は事実とは考えにくいのである。
(82) 朴在淳「民衆メシア論に対する神学的考察」一三〜三〇頁。引用は本文中にページ数のみを記す。
(83) モルトマン、前掲書、三二二〜三二三頁。
(84) 権鎮官「民衆の存在様式と歴史の救い」三一〜四九頁。
(85) 安炳茂、前掲書、一二七頁。
(86) 朴聖焌『民衆神学の形成と展開』三三〇〜三三一頁。同書は彼が日本で執筆した博士論文であり、当事者による客観的な総括と言うべき性質の研究である。
(87) 朴聖焌前掲書、第七章注二五、三五一〜三五二頁。
(88) 同、三三一頁。
(89) 金熙献「民衆メシア論のプロセス神学的再解釈」二九五〜三五三頁。この論文は広範囲に渡る詳細な研究だが、ここではその全体を検討するのではなくわれわれの主張と関連する部分を選択的に紹介するにとどめる。彼の主張の全体像は『民衆神学と万有在神論』（ノエオウォル、二〇一四年）にまとめられている。

(90) 金熙献は、神の超越性、キリストの特殊啓示といった伝統的神学を再検討し新たな視野をひらいたプロセス神学によって民衆神学は正しく捉え直すことが可能であると考えている。プロセス神学と民衆神学との合流は権鎮官によっても行われている（権鎮官「ホワイトヘッドのプロセス思想から見た民衆神学」）。

(91) 初出は『韓国文化とキリスト教倫理』一九八六年。引用は『全集五　民衆と聖書』一一三～一五七頁による。引用は本文中にページ数のみを記す。＊同論文は二〇二一年に邦訳が出版された。『安炳茂著作選集四　民衆神学と聖書』（金忠一訳、かんよう出版、一二一～一五九頁）。

(92) このような安炳茂の教会理解に立てば、既存の教会は現場、すくなくとも民衆教会との密接なつながりを維持しなければならないのである。安炳茂の教会論については、拙稿「民衆神学の教会理解」参照。

(93) 安炳茂『民衆神学を語る』二二一頁。

(94) 同『全集六　歴史と民衆』序文。

(95) 「アジア神学協議会」の成果をまとめたMinjung Theologyの副題はPeople as the Subjects of History.であった。

(96) 安炳茂、前掲書、四頁。

(97) スピノザの書簡五〇『スピノザ往復書簡集』二三八～二三九頁。

(98) バンダ『知識人の裏切り』参照。

(99) 安炳茂『評論　韓国民族運動と統一』二二四～二三五頁。引用は本文中にページ数のみを記す。

(100) 「正体性」はアイデンティティの意。

(101) 儒教、仏教、道教を総称する表現。

(102) 新羅末期の青少年貴族組織（指導者は華郎、国仙と呼ばれる）に端を発する伝統的な思想、美意識の体系を「華郎道（ファランド）」と呼び、朝鮮固有の精神文化の一つとみなされている。

(103) 初出は《現存》九一号、一九七八年五月号、引用は『全集六　歴史と民衆』一三五～一四七頁による。引用は本文中にページ数のみを記す。

(104) 『民衆と韓国神学』には安炳茂の論文三編が収録されており、その中で「イエスとオクロス、マルコ福音書を中心に」

（初出である《現存》一〇六号では「イエスと民衆、マルコ福音書を中心に」、邦訳では「マルコ福音書におけるイエスと民衆」）だけが李仁夏、木田献一（監修）『民衆の神学』に収録されている。
(105) 初出はNCC神学研究委員会編『民衆と韓国神学』。引用は『全集五　民衆と聖書』四一～八五頁による。引用は本文中にページ数のみを記す。
(106) ここで参照されているのはキュンメルとグニルカであり、ケリュグマ神学として批判されているのはブルトマンとボルンカム、一四節の歴史的意味に対する無理解として批判されているのはクロスターマンとグニルカである。
(107) 安炳茂は徐南同「民衆の神学」を参照している。
(108) 田川建三『原始キリスト教史の一断面』。
(109) 「ハン（恨）」は感情的な恨みを越え毀損された名誉や不条理に対する告発のエネルギーを意味する韓国固有の概念であり民衆神学における重要な概念の一つである。
(110) 初出は《神学思想》五二号、一九八六年三月。引用は『全集六　歴史と民衆』三四五～三七三頁による。引用は本文中にページ数のみを記す。
(111) 安炳茂の「民衆的民族」理解については、「マタイの民衆的民族主義」および拙稿「民衆神学における民族」参照。＊「マタイの民衆的民族主義」は二〇二二年に邦訳が出版された。『安炳茂著作選集四　民衆神学と聖書』（金忠一訳、かんよう出版、一五九～二一四頁）。
(112) 民衆教会については、拙稿「民衆神学の教会理解」参照。
(113) 安炳茂「マタイの民衆的民族主義」、拙稿「民衆神学における民族」参照。
(114) 金敬宰「歴史の主体は民衆である」七七～八六頁。
(115) 「民衆の社会伝記と神学」（「社会伝記」と略記）および「メシアと民衆」（「メシア」と略記）を参照する。引用は本文中にそれぞれ略称とページ数を記す。
(116) 金鎮虎「歴史の主体としての民衆、民衆神学民衆論の再検討」二一～四七頁。
(117) 権鎮官『我ら救いを語ろう』。同書からの引用と要約は本文中にページ数だけを示す。

(118) 彼はここで徐南同の「断」の理解に立脚し、Andrew Sung Park, The Wounded Heart of God.を批判的に検討している。
(119) 徐南同、前掲書、四八頁以下。
(120) 権鎮官「民衆と生態環境の主体化のための神学：徐南同を中心に」三一～六五頁。同論文からの引用と要約は本文中にページ数だけを示す。
(121) 韓進（ハンジン）重工業の溶接工だった彼女は危険な労働環境の改善を訴えたが実現せず次第に労働運動に目覚めた。会社が四〇〇人の一斉解雇を宣告するとこれに抗議し工場の大型クレーンの先端にろう城、全国に連帯運動が広がった。
(122) 徐南同、前掲書、一六五頁。
(123) クー『韓国の労働者』。
(124) バディウ『聖パウロ』。
(125) 同、四三頁。

第四章　主体化の神学的聖書解釈

われわれにとって救いとは、来世の永生や内的平安ではなく、何ものにも支配されない自由な人間として隣人と共に歴史変革の主体として生きることであり、それは民衆神学が「歴史の主人」と表現した状態を意味している。もちろんここには人間の歴史を形成するあらゆる要素が含まれているのであり、政治的、経済的次元のみならず精神的、文化的、宗教的次元における自由を目指す変革が必要とされることは言うまでもない。ここでは、福音書の解釈を通してその実例を示したい。われわれが考える自由と主体的な生について、それが排除と包摂を超えた世界であることを確認した上でいくつかの本文を解釈してみよう。

われわれの作業がキリスト教神学である限り、その源泉としての聖書とその解釈の過程を無視することはできない。聖書解釈の座は「教会」あるいは「伝統」とも呼ばれてきたが、民衆神学はこれを制度的な教会に限定せず民衆の伝統と捉えてきた。なぜならイエス運動を継承するものが真の教会である限り、その継承者は制度的教会に限定されないと考えるのが民衆神学の教会理解だからである。したがって主体化の神学は、われわれ自身の経験だけでなく、この世界の至るところで生じては語り継がれている民衆物語をも聖書解釈の座と考える点で民衆神学的聖書解釈に立つのである。

安炳茂は自らの聖書解釈について、「テクストからコンテクスト」の立場であると語っているが、それは聖書テクストによって状況を批判することではなく、テクストを読む自分自身が民衆の現場に立つ者としてテクストを読むことであると同時に、聖書テクストを知る人間として現場で事件の証人となることだと語っている。彼は「テクストかコンテクストか」を主客分離すること自体に反対している。[1] 聖書自体がテクストとコンテクストが混在する書物であり、読み手は自分の状況において様々な事件と出会うことが可能となる、というのが民衆神学的解釈学であり、これは「問いが答えを規定する」と表現されている。ある人々は自分たちの教義の正統性を保証する答えを見出そうと聖書を読みその答えを見出し、別の人々はその正統的教義の誤謬を明らかにする言葉を聖書に見出してきた。しかしわれわれにとって聖書はそうした権威の源泉ではなく、時空を超えた対話の相手としてわれわれに対し問いを投げかける存在として重要なのである。

われわれが議論のプラットホームとしてキリスト教神学を選択する限り、共通のテクストとしての聖書に対する解釈の提案は必要不可欠であろう。そうした意味で、本章は聖書、とくに福音書の物語とともに救いとは主体化であるということについて論じようとしているのだが、福音書の物語について次のことを確認しておく必要がある。これは実話ではないが創作ではない。書き手が参照した伝承には何らかの核となる事件があったが、書き手はそれを参考にしながら一定の読者に何らかのメッセージを伝えるための物語として作り上げている。したがって、登場人物の感情の動きについての過度な読み込みは書き手の意図から離れるものとなる危険性がある。特に、時代と状況が異なる解釈者による過度の介入は避けるべきであろう。物語で用いられる象徴的言語は解釈者に委ねられてはいるものの、書き手のメッセージを忠実に理解することは困難な作業となる。そのため、一般的には解釈の枠組みとして一定の前理解が必要とされるが、われわれにとって福音書の物語は伝統的なキリスト論、救済論といった教理によってではなく、時代を超えた民衆の経験への共感と連帯の意思とによって解釈されることなる。

一、排除と包摂を越えて

金鎮虎（キム・ジンホ）は「オクロス民衆」を「帰属性を非自発的に剝奪された人々」と定義する。[2] ここで想定されている帰属すべきものについて、われわれは様々なカテゴリーを思い浮かべることができるであろう。それは家族、地域社会、学校、職場であり、あるいは国家、民族、宗教などの「大きな物語」でもある。たしかに、人間は自らの生存を維持するために何かの一員となってきたし、そこからの排除は社会的、肉体的な死と直結する危険を伴っている。しかし人間は自由と帰属との間で揺れる存在でもある。ある者は安定と保護を求めて何かに帰属することを欲し、またある者は何かに帰属することを束縛と考え自由のためにはいかなる対価をも惜しまないと考えてきた。たしかに他者による帰属性の剝奪は「疎外」である。そして帰属性の剝奪は抑圧、差別、暴力、遺棄がもたらす結果でもあるが、自己の意思によらない他律的帰属も自由の剝奪という暴力であることがここでの関心事なのである。自律的帰属が主体的自由の発露だとするならば、他律的帰属は権力による収容である。ここでは他律的帰属に対する批判的考察を行う上で、それを「包摂」と捉えて論じようと思う。主体化の神学の関心に基づいて、排除と包摂を巡る現代社会の問題と聖書の物語とを考え合わせるのがここでの目的である。

1　暴力としての社会的包摂

社会的排除の問題を解決する試みとしての社会的救済は、社会統合あるいは包摂の理論に裏付けられている。「社会的包摂」の概念によってポスト福祉国家の姿を描き出そうとしたのが社会学者アンソニー・ギデンズ（Anthony Giddens）である。ブレア政権のイデオローグでもあったギデンズにとって、平等とは包摂 inclusion でありそれに対置される不平等は排除 exclusive を意味していた。彼は、市民としての政治的な権利・義務を尊重し、「機会を与えることを保証することによって、公共空間に参加する権利を保障する」社会的包摂を政策化した。[3] 具体的にそれは、雇用を促進し職業訓練を重視する政策を意味しているが、それは社会的に排除された人々をマジョリティの側へと引き入れること、つまり社会的包摂政策でもある。

こうした社会的包摂に基づく政策はネオリベラリズムに基づく思想であるという批判がある。[4] 伊藤文人は、サッチャー政権以降のイギリスにおける社会政策は排除と包摂の原理に立つものであり、そこで考えられている社会的包摂とは少数者を多数派へと編入してすべての人々を権力の統制下へと置くことであったという分析を紹介し、そのような政策によって生み出されたのが、結果的に多数派への編入が不可能な「アンダークラス」であったと考えている。その中で伊藤が着目するのは福祉の最前線に立つソーシャルワーカーの位置づけである。英国における社会的包摂理論の適用以降、伝統的なソーシャルワーカー像は崩壊した、と伊藤は指摘する。すなわち、苦境に立つ人々との出会いを通して生活改善のために奔走する人間味溢れる存在であったソーシャルワーカーが国家の政策を担う装置の一部となり、社会的に周辺化された人々を監視、管理する道具の一部となってしまったのである。社会包摂論において重視されるのは個々の人間の尊厳や主体性に対するエンパワーメントではなく、経営原理としてのマネジメントであり、ソーシャルワーカーの仕事は「ケア」から「保護」へと変質し、奉仕者（worker）ではなく管理者（manager）とみなされるようになった。こうして彼らは「市民権の剥奪とほぼ同義の『排除』を福祉の名のもとに実行する、半ば警察的尖兵」と化してしまったと伊藤は分析する（一三二）。福祉の第一線に立つソーシャルワーカーが、利用者を選別する「門衛」の機能を果たしている現実は英国においても日本においても同様であるという伊藤の指摘（一三四）にわれわれは同意できるであろう。[5]

ギデンズの社会包摂論は、グローバル化した世界において市場第一主義と社会の安定とを統合するための社会政策として構築されている。それは基本的には社会民主主義に市場原理を導入する立場でありながら、実際には、市場原理にゆだねることが公正性実現への近道だという新自由主義的立場とも言えよう。伊藤が言うように、社会包摂論の基盤は、企業社会におけるマネジメント理論（経済性、効率性、有効性が判断基準）なのである（一二七）。包摂か排除かという二元論は、競争原理を中心とする新自由主義社会の原理であり、包摂の対象とならなかったアンダークラス（下流階級）を固定化する格差社会の基本理念なのである。様々な条件によって貧困化し、差別され、怠惰、無能の烙印を押された人々が、福祉制度によって更なる排除を受ける現実がある。もちろんわれわれは「下流」とみなされた人々が実は勤勉で有能だと考える必要はない。実際、彼らには与えられた条件を自らの生活の質の向上や夢の実現のために変換する意思や能力が欠けている場合があるのだとしても、それは個人だけの責任ではなくそのための条件が平等に与えられていなかったことに原因があることはセンが指摘した通りである。(6) にもかかわらず、「下流」化した彼らは税金の浪費者とみなされ、社会の敵とされ、人間的な共感の対象から除外されていくのがこの社会の現実である。(7)

伊藤によれば、保守政権下のイギリスにおいて政府のキャンペーンやマスコミの共謀によって生み出されたアンダークラス論によれば、貧しく周縁化された人々はエンパワーによる社会復帰が不可能な社会階層であり、道徳的な悪に染まった人々、一般市民とは異なる「よそ者」と考えられている。彼らには日常的な監視・管理・統制が必要であり、「内なる敵、危険な階級」というレッテルが貼られ社会から遺棄された存在とみなされた（一三〇～一三二）。日々の生活に疲弊する多くの人々にとって「働かざる者食うべからず」は自明の原理となり、そこから他者への冷淡な視線が生み出されることは避けられない。「高齢化社会」が社会的課題となった背景には「高齢であること、老いること」は個人的にも社会的にもマイナスの価値であるという生産至上主義的発想があった。同様に、失業者、高齢者、障がい者、未熟練労働者（若者）、子育て中の女性、出産しない女性など生産性が低いとみなされた人々は社会の「お荷物」とされ、実際にこれらの人々の貧困化が進んで行ったのである。[8]

社会的包摂に従わない人々は温情溢れる社会に従わない有害な存在とみなされる。自己を社会に統合しさえすれば生きて行ける条件が示されているのだとすれば、それをあえて拒否した者が零落したとしても自業自得とみなされるであろう。しかし、一見温情溢れる社会は実際には自己責任の原理によって成り立っているのであり、与えられた課題をこなせない者は自ら権利を放棄した者とみなされる。このような排除と包摂の二元論は人間社会の複雑な問題を覆い隠す機能を果たしている。「いびつな多面体」である人間をこうした単純な社会理論でひとくくりに扱う姿勢こそが暴力的なのである。

社会的包摂に適合しなかった者たちが排除され多数者によって他者とみなされることで生じた社会がいわゆる格差社会である。格差社会において社会的弱者は自ら権利を放棄し自らを疎外する無能者とみなされるのである。しかし、社会的弱者にとっての解放は、既存の社会構造への包摂、すなわちマジョリティへの編入とは限らない。パウロ・フレイレは社会統合の理念を批判しながら、抑圧的社会は被抑圧者を統合することを目指すが、本当の解決とは、悪しき社会構造に統合されたり一体化されることではなく、抑圧を生み出す構造そのものを変革し被抑圧者自身が主体として存在し得るようになることであると述べている。[9] 社会的包摂の理論は、既存の社会を無批判に「よきもの」とみなすことで成立する多数派の論理、既得権者による自己義認に他ならないのである。

2　包摂を拒否したイエスと民衆

イエスは社会的規範からの逸脱者として狂人扱いされ[10]、ついには処刑された。それはイスラエルの伝統においては義人の死、苦難のしもべとして解釈可能なものであったに違いないし、実際、初代教会はそうした解釈により新たなメシア像を作り出したのであった。しかし金鎮虎が描き出したように、言葉を奪われた人びとの非言語的表現は伝統的解釈の枠組みに収まるものではない。それは暴力となり狂気とみなされることもある。聖書が「悪霊にとりつかれた」状態と呼んだのはそのような状態のことだったのではなかろうか。そうであれば「悪霊」に苦しむ人びとを現代の医学をもとに精神疾患と解釈することは避けられなければならない。仮に医学的知見を参考にする場合でも、われわれはむしろ、「精神病」は病ではなく社会的構築物であるというポーターの主張に耳を傾ける必要がある。そこには主体化の神学における聖書解釈の重要な手がかりがあるからである。[11] フーコーが指摘したように、近代化とは「狂気」を収容する「監獄化」であり「全展望監視社会」（Panopticon society）の完成でもある。[12] 狂気は権力者によってねつ造されたものかもしれないし、あるいは逸脱が許されない社会における最後の抵抗として選び取られたものかもしれない。収容に抵抗する者は権力者から「狂人」とみなされ、監獄化した社会における自己表出は時に「狂気」とみなされるのである。徐南同が金芝河（キム・ジハ）の「流言蜚語」を通して論じたのはまさにこの問題であった。[13] 金芝河が獄中で構想した奇怪な物語が描き出そうとしたのは自己表出としての狂気であり、怨霊と化した「狂人」を権力者は恐れるのである。[14]

二、「ゲラサの狂人」にとっての解放[15]

無名の男は墓場に住んでいる。そこは死者の空間であり生者にとっては畏怖と恐怖の空間である。狂人とみなされた彼は社会において他者化されただけでなく、生者としての彼は死者の場である墓場における他者である。男は完全に疎外された状態にある。人々は彼を足枷や鎖で縛り（マルコ五：四）、あるいは監視の対象としている（ルカ八：二九）。マタイによれば彼の様子は「非常に狂暴で、だれもその辺りの道を通れないほど」（マタイ八：

二八）[16]であった。彼が墓場に住むようになったいきさつは明らかではないが、人々は彼が街に戻ってくることを望んでいない。そのために人びとは彼を死者の世界である墓に縛り付け監視している。男は「汚れた霊」に制圧され服従させられており彼自身の姿は表面には現れていないようにも見受けられる。たしかに男は「社会的失語症」[17]であり自分自身の言葉を発していないようである。しかし「狂気」が彼の言語なのかもしれない。この男は、狂った結果としてつなぎ止められ監視されたのだろうか。いやむしろ、足かせや鎖に象徴される権力による束縛と監視の網から解き放たれようとした徹底的な闘いの様子を、人々が「狂気」とみなしているのではなかろうか。おそらくこの男は初めから語るべき言葉を持っていなかったわけではないであろう。語った結果、彼は悪霊付きと診断されたのか、あるいは通常の言語を奪われた結果「汚れた霊」の力によって何かを語ろうとしているのかもしれない。

イエスは霊と交渉して男を「正気」に戻し、帰宅を命じた。男は同行を願ったが（マルコとルカ）イエスはそれを許さず、家に帰って自分の身の上に起こったことを語るようにと命じた。その後、男は衣服を身に着け、墓場や山で叫んだり自傷行為をすることをやめ、家と社会に帰属する存在となった。「悪霊に取りつかれた人」の身に起こったこれら一連の出来事を、ルカは「男が救われた次第」（八：三六）とみなしている。

はたしてイエスは彼を「正気」に戻して社会に再統合したのであろうか。そうだとすれば、それがこの男にとっての「救い」であろうか。男の本当の望みはイエスに従うことであり（マルコ五：一八、ルカ八：三八）、それは彼にとって切なる願いであった[18]。彼は再び「まともな社会」の一員となることを望んではいなかった。男にとってそうした社会復帰は自分を狂人とみなした体制の一員になることを意味していたからである。もちろん、墓につなぎ止められ監視下に置かれる暮らしが彼の本意ではなかった。しかし「汚れた霊」に取りつかれていた時の彼は、人々の監視にもかかわらず足かせも鎖も砕き山や墓場を自由に走る超人的能力を持っていた。この力の源を福音書はレギオンと呼んでいるが、人々はレギオンを恐れ、墓につなぎ止めて監視したのであろう。社会から排除された人間をレギオンは自らのものとして取り込んだのである。この男の叫びは沈黙させられる民衆の声であり、レギオンは民衆のエージェントだったのかもしれない。しかしレギオンの本質は自分自身が苦しまないことであり民衆の解放ではなかった（マルコ五：七、ルカ八：二八）。レギオンは男の叫びを代弁し超人的能力を与えたようではあっても、その声は民衆自身の声ではなく、民衆が他者化されたままのレギオンによる代理的闘争に過ぎなかった。男にとって「狂気」は自己を正しく語る手段とは成り得なかったのである。

レギオンと自称する霊はイエスを恐れている。レギオンは男を抜け出し豚に憑依することを望み消えていく。超人的声と力を失った男は、あたかも社会の一員として再生しているかのように見えるが、これはレギオンによる代理表象に依存しない新たな主体としての再生の出来事であった。イエスはこの男からレギオンを引き離し、代理的闘争ではない彼自身の闘争の条件を整えた。ここから彼自身の新たな生の可能性が開かれたのである。人々は、自分たちが墓場につなぎ止め監視していた人物が今や自分たちの社会の一員となったことに恐怖を感じる（マルコ五：一五、ルカ八：三五）。しかも彼は「イエスの足下に座って」（ルカ）いたのであり、彼はもはや自分たちの仲間ではなくイエスの仲間となっていた。おそらくゲラサの人びとの望みは、この男の社会復帰でも統合でも包摂でもなかった。男が「悪霊に取りつかれた」存在として墓場で叫び自傷行為を繰り返す他者であり続けることが、「正気でまともな社会」の安定を確かなものとしていたのである。[19] しかしこの男は、正気でまともな社会の正体、実際には他者を排除し拘束し監視する全展望監視社会であることの生きた証人に他ならない。そしてこの男は、自分を縛り付け、足かせをはめ、監視していたのが誰かを知る不都合な存在だったのである。

共同体は告発者を迎え入れたくはなかったし、男も、自分を苦しめ続けた残酷な共同体ではなく解放的なイエスの仲間に加わって新たな人生を送ることを望んだことであろう。しかしこの男は今や神殿体制を告発するイエス運動のエージェントとして彼自身の故郷に送り出されている。男はそれを望まず、イエス一行と共に放浪することを願ったが、男は「新しい軛」（マタイ一一：二九）を負わされた存在として派遣されたのである。この男は後日イエス一行に合流したかもしれないし、ゲラサ地方における支援者としてイエス運動に活動拠点を提供する存在になったのかもしれない。あるいは彼自身がイエスのように神の国の福音を宣べ伝える存在として生きたのかもしれないが、今やこの男は自分の人生を自分で作り上げることのできる存在として新たな一歩を踏み出したに違いない。たしかに彼は救われたが、それは悪霊から解放され社会復帰したからではなく、排除からも包摂からも解放された主体化への道を歩み始めたからである。

帰属性は当事者によって主体的に選択されるべきものであり、当事者は自分が帰属する先の集団や理念について主体的に選び取る自由を保証される必要がある。望ましい生活状態に達するための自由をセンは「潜在能力」と呼んだ。貧困とはこの満足を求める自由が欠如している状態であり、「潜在能力」が発揮されていない状態を意味している。すなわち、自分にとって望ましい状態、救いに達するための自由の確保が重要となる。帰属性はそのための重要な要素であることは否定できない。しかしそれ以上に自分は何者であるかという自己決定の権利、自認の自由こそがわれわれにとって不可欠のものとなるのである[20]。

帰属性の選択の自由は集団からの離脱の自由をも意味している。離脱の自由とは排除と包摂の現実を逆転させる主体的決断である。排除と包摂からの自由は、与えられた条件を自らの生の向上のために活用する根源的可能性のための自由でなければならない。主体性の立ち上げを欠いた存在は社会に編入され収容されるか、排除されアンダークラスとしてつなぎ止められるかのどちらかであろう。しかし、他律的な遺棄を自律的な自由へと変換する逆説的戦略が存在する。それが少数者として主体的に生きるという選択である。ゲラサの男は今や着衣で街に住むが、包摂を受け入れた「まともな人間」でも排除された「狂人」でもない。あらゆる帰属からの解放を宣言する「神の支配」のヴィジョンが遺棄を離脱に転換させた。男は今や、よそ者、他者であることを自らのアイデンティティとする主体的少数者なのである。

三、十二年間も出血が止まらない女、マルコ五章二五～三四節

彼女は病気によって社会から排除された存在となっている。律法の規定によれば彼女は汚れた存在であり、社会的宗教的な排除の対象である[21]。したがって彼女の苦しみの原因は病気による身体的、精神的苦痛だけではない。聖書の世界では女性であるという理由だけで「汚れ」とする排除は日常の出来事であったのに加え、彼女は十二年もの間、出血が止まらない状態であるから、その苦しみは計り知れないものであった。彼女は苦境から抜け出そうとして医者の治療に全財産を投じたが、何の効果もないだけでなく症状はますます悪くなるだけであった。専門家であるはずの医者は彼女の問題を解決することができなかった。社会の大多数が認める権威によって問題は解決されなかったのである。そんな経験を経て彼女は今、イエスの服に触れるために群衆に紛れ込んだ。「この方の服にでも触れればいやしていただける」と思ったからである（マルコ五：二八）。おそらく彼女はイエスに関する評判を聞き、そう考え行動を起こしたのだが、これは彼女にとって大きな一歩であった。彼女は自分の病気に対する治療法を自分で決め、それを実行しているからである。社会的権威である医者にではなくイエスに懸けるという奇異な選択を彼女はした。

彼女が求めていたのは近代的概念としての疾病の治療ではなく「存在全体の回復」であり、「社会的に認められるための浄さ」であった、と考えるのは絹川久子である[22]。したがってこの女性は、自分の存在を回復させ社会的な再生の権威の源を医者にではなくイエスに認めたことになる。イエスの服に触れれば癒されるという判断の

基準は彼女の内側にある。イエスの服に触れると病気が治るという噂はあったのかもしれないが、彼女は自分の病気の治療方針を自分で決めて実行したのである。絹川は、「罪人」のレッテルを貼られているこの女性が自らの「意思と行為によって、彼女自らが癒しを獲得しようとしている」点を強調し、イエスに触れてもらうのではなく彼女がイエスに触れることを決断したことに注意を促している。彼女の行動が断固たる確信に基づくものであり、それは決然とした態度、命がけの決心であったことを繰り返し強調する絹川は、この女性の行為が「既成の聖性の体系を意識的に侵犯」するものであったと分析している[23]。

絹川は、この女性が「イエスのことを聞いていた」ことの重要性を前提にしつつ、彼女を突き動かしたエネルギーは不浄を身に負わされた惨めさと差別状況全体であり、そうした苦境によって研ぎすまされた鋭い感覚が「イエスがいのちを与えるキリストである」と認知させたと考えている[24]。われわれはこの解釈に同意するが、強調点は次の点にある。それは彼女がもはや社会的な権威としての専門家に自分の運命を託したりはせず、自分で自分の運命を切り開こうとしたという点である。イエスは執拗にこの女性を見出そうとした。それはこの女性に必要なことは治療ではなく尊厳の回復であったことをイエスが熟知していたからであり、そのためにイエスは人びとの前で「あなたの信仰があなたを救った」と宣言する必要があった。既存の秩序を意識的に侵犯したこの女性を賞賛することでイエスは神殿体制との対決姿勢を明らかにしている。このとき賞賛された信仰とは、イエスに対する帰依のことではなく自分が決めた治療方針に対する信頼・信のことであり、それは彼女自身の自分自身に対する信頼の回復であったのではなかろうか。

イエスに癒しを願った人々は一様にイエスの権威を認めている。それは階級だけでなくイスラエル、ローマなどといった社会的制度や宗教的伝統の枠組みを超えて生じた事件であった。この女性が十二年間の苦闘を通して身をもって知り得たことは、社会に公認された専門家たちの無力さと不条理な社会システムの実情だったであろう。そして彼女はついに自分の判断で問題解決の主導権を自分自身に取り戻したのである。神殿体制の側にいる人々はイエスにいかなる権威も認めることはできなかったが、民衆は既存の価値判断、公認された言説に左右されずイエスに権威を認めている。彼女がイエスをキリストと認めたということは、イエスはこの女性との関係において彼女にとってキリストとなったということである。その権威が「客観的」に、あるいはイスラエルの伝統や律法の規定のような公認された言説によって証明できるかどうかが重要なのではない。このとき彼女自身がイエスの服に病気治療の権威を与えたのであり、彼女がイエスをメシアとして承認したのである。実際この場面でイエス自身は治療行為らしきことを何一つ行ってはいない。彼女を救ったのは文字通り彼女自身だったのである。

四、ベタニヤの女、マルコ一四章三～九節

この女性はフィオレンツォアの著作によって復権した[25]。しかし相変わらず彼女の名は知られていない。イエスの頭に油を注いだ彼女の行為は、メシア叙任とも葬りの準備とも考えられるが、重要なことはこの行為が彼女自身の価値判断によって行われた点にある。彼女はいくつもの支配的価値観に抵抗し主体的な判断を行っている。第一に、イエスが油注ぎにふさわしいという判断は、当時の神殿体制に対する抵抗であった。もちろんこれは彼女一人によってではなく弟子集団とそれを支持する人々の運動の中で形成された判断だったが、エルサレム入城直前の状況は極めて高い緊張に包まれていたことは疑いようもない。実際、この運動の中でイエスをメシアとみなすことは一般化していたわけではないし、仮にメシアとしてのイエスを認めるとしてもそこで想定されていたのは「メシア的政治」に近いイメージだったと言えるであろう[26]。そうした状況で行われた油注ぎは彼女独自のメシア論に基づく主体的行動であり、しかもそれは政治的に危険な行為でもあった。

第二に、同席した者たちは、彼女が使った油が高価な「ナルドの香油」だったという理由で彼女を批判している。彼らには浪費だと思われたからである。高価な香油は「三百デナリオン以上に売って、貧しい人々に施すことができた」はずでありイエスの油注ぎに使うことは浪費にすぎないという彼らの判断は、たしかに合理的である。しかし彼女はこの香油をイエスの頭に注いだ。経済的価値を知らなかったからでも貧しい人々の存在を無視していたからでもなく、経済的合理性を相対化する彼女自身の判断、独自のメシア論的判断があったからである。

第三に、周囲の人々にとって彼女の油注ぎを預言者的象徴行為として解釈することはそれほど困難ではなかったはずだが、それが認められなかったのは家父長主義的価値観、性差別によるものである。[27]彼女は、おそらく彼女自身に内面化されていたであろう家父長的価値観を克服し、支配的規範である家父長制に依拠する人々の渦中で、預言者の一人として自分がイエスをメシアに叙任すべきであると決断し、それを実行している。彼女の行為は家父長主義に対する主体的な抵抗だったのである。

注目すべきことは、この女性がすでに当時の支配的な価値体系を批判し抵抗する勇気と実力を備えていたという点である。彼女自身に内面化されていたであろう支配的な価値の克服を意識化のプロセスと考えるならば、フレイレに学んだわれわれはそこには対等な立場の対話者がいたのではないかと考えたいのである。イエスはそうした対話者の一人であろうが、他にも彼女の境遇を理解し神殿体制による搾取と抑圧からの解放のパートナーとなった人々がいたと想定することは自然なことであろう。彼女はイエス信奉者の一人として、イエスとその運動に感化されながら新たな価値の中を歩むようになった自由で主体的な女性であったことは間違いない。[28]彼女は、ペトロに代表される弟子たちとは異なり、イエス運動の目的と課題を誰よりも、また独自に理解していたのではなかろうか。そのような女性からイエスはメシアとして叙任され死への自覚を促されたのである。

この時点ではまだ、貧しい人々に対して「良いこと」をする人生はイエス自身にとっても一つの選択肢として残されていたはずである。マルコの叙述に従えば、洗礼者ヨハネ捕縛を機に開始されたイエスの活動はすでに迫害と殉教の道であり、イエスは三度の「受難予告」を通してその覚悟を表明し仲間にもその同調を要求していたことになるが、ベタニヤ以前のイエスには十字架を回避する可能性はまだ残されていた。イエスを十字架へと向かわせた外的要因がイスカリオテのユダであったとするならば内的要因を整えたのはこの女性であった。ユダの行為が神殿体制の権力者たちによる他律的十字架刑をもたらしたとすれば、イエスがメシアとしてエルサレムに入城し自ら十字架を担う主体的殉教者となる上で重要な役割を担ったのはこの女性である。それゆえ、「世界中どこでも、福音が宣べ伝えられる所では、この人のしたことも記念として語り伝えられる」（一四：九）必要があった。

しかしこのような主体的な人間の模範が女性であることは初代教会にとって不都合なことだったのであろう。[29]彼女の名前はついに明らかにされないし、聖餐式においても「歴史的信条」においても、福音の宣言と彼女の行為とが結びつけられている事例をわれわれは知らない。しかしマルコ福音書において、彼女の行為を批判する者たち（マタイでは「弟子たち」）に対するイエスの叱責は、イエスのメシア性を理解できない弟子たちに対する叱責（マルコ八：三三、一六：一四）と同じ意図において読み取ることが可能である。[30]彼女の行為の意味を理解できない者にはイエスのメシア性も理解できない。安炳茂はペトロの無理解を、愛するものの苦難を受け入れられない人間的愛と解釈した上で、「無名の女性」は師であるイエスを愛しながらもイエスの覚悟を知るものとして愛の痛みを引き受けつつ「イエスがイエスになるための道」を選び取らせた、あるいは、受難の道を歩むことを内的に苦悩するイエスを励まし死の道に向かって歩み出させたのだと読み取っている。[31]チェ・ヨンシルが、安炳茂を参考にしながらこの物語を分析した以下の言葉にわれわれはまったく同意する。

（マルコは彼女を）イエスが真のメシアである「人の子」として受難しなければならないという事実を正しく認識した女性として証言し、またイエスができることなら避けたいと願っていたあの十字架の道に対し、逃げるのではなく突き進むようにと主の道を備えた預言者的行為を行った女性として証言しているのである。(32)

福音書において、イエスに対してこのように働きかけた人物は彼女をおいて他にはいない。しかしわれわれは無名のベタニヤの女性を個人としてではなく民衆の象徴として理解する必要がある。イエスの処刑は私的な苦難ではなく、苦難を受ける民衆の姿そのものであった。イエスは主体的な民衆の一人として、意識化された民衆の後押しにより、すなわち民衆との対話を通して意識化されることで十字架の道を歩んだのであった。

五、マリアの賛歌、ルカ一章三九〜五六節

物語の設定はマリアがキリストの母となるということであり、天使ガブリエルによる託宣に従順に聞き従うマリアの信仰が一つの焦点と言えよう。しかし一人の女性が体験した事件として、婚約者であるヨセフ以外の子を出産することは重大かつ深刻な事件であった。われわれの関心は、ルカがこの物語を、重大かつ深刻な事態における一人の女性の主体的決断の物語としても描いているという点にある。

「マリアの賛歌」の祖型は「ハンナの祈り」（サムエル記上二章）とみなされている。両者の主題は苦難の中にある女性の痛みと神への信頼という点において共通だが、重要なことはむしろ両者の違いである。ハンナは「不妊の恥」から解放されたのだがマリアは家父長主義的性差別から解放された。(33) ハンナは家父長制的構造の中に居場所を見出したが、マリアはむしろ家父長制的支配の圏外へと脱出した。マリアあるいはハンナが信頼した神は、

弱く貧しい者を引き上げ富める者をむなしく追い返す神であった。神が被抑圧者の苦境を看過せず解放する神であるという理解は全イスラエル的記憶の最深部に刻まれているが、イスラエルの現実はそうした神理解を維持することが困難な状況であり、われわれのテクストの背景であるローマ帝国による支配はそのことをいっそう明らかにしていたのである。

ルカが描き出したナザレのマリアの神理解は当時において危険を伴うものだったであろう。この物語は、受胎という個人的出来事を政治的な文脈によって描き出したのであり、これはローマとの共存を願う人々にとってきわめて危険な思想とみなされる可能性があったであろう。われわれの関心は、ナザレのマリア自身がそのような神理解に立脚していたかどうかではなく、福音記者がこの事件をそのような神理解に立つ女性の物語として描いたという点にある。マリアはこの重大な決断に際し「親類のエリサベト」のもとを訪ねている。ルカは彼女の主体化、意識化の過程を、宗教的社会的な尊厳を踏みにじられた「不妊の女」との関係の中で描き出そうとしている。

マタイ一章のヨセフは「主の天使」の命令に従ったが、そこに対話的な関係は描かれていない。一方ルカは、洗礼者ヨハネ誕生の託宣においてもイエスの誕生の託宣においても天使ガブリエルがザカリヤ、マリアと言葉を交わした次第を描いている。ザカリヤと天使との対話は対等なものではなく、疑いを挟んだザカリヤには罰が下されている（マタイ一：二〇）。しかしマリアにとってエリサベトは託宣を下す一方的な権威者ではなく、共感的な対話者と成り得る人物であった。年長のエリザベトを知恵にあふれるメンターとして理解することは決して不自然なことではない。そのエリサベトが「私の主のお母様」の来訪に感激するという設定は、この物語が女性たちの連帯ではなくキリスト誕生の枠組みの中で語られるためのものであることを示しているが、それによってマリアの主体性が損なわれているようには思えない。イエス誕生の物語は重大かつ深刻な事態の中で決断を迫られた人々の物語でもある。しかしその中で主体的な決断を下すために不可欠な意識化のプロセスを読み取れるのは、ルカが描いたナザレのマリアだけである。

六、サマリアの女性、ヨハネ四章一～四三節

ここに描かれているイエスと討論する主体的な女性の物語については様々な解釈が行われてきた。その中で、物語の結末は伝承者たちの男性主義的脚色として批判的に論じられてきたように思われる。しかしわれわれはこの物語の結末が示す重要なメッセージを見逃すことはできないのである。

彼女は福音宣教者としてサマリアの人々をイエスのもとへと導いている。「その町の多くのサマリア人」は、彼女の証言によってイエスを信じた（四：三九）。その後イエスはこの町に滞在し「さらに多くの人」がイエスを信じるようになった。しかしイエスを受け入れた人々は彼女に向かって言う。「わたしたちが信じるのは、もうあなたが話してくれたからではない。わたしたちは自分で聞いて（我々自身が聞いて）、この方が本当に世の救い主であると分かったからです」（四：四二）。

四二節は、真の福音宣教者、サマリア改宗の功労者である彼女の働きを軽んずる一句として批判の対象となるのはもっともなことである。[34] しかしおそらくヨハネの意図は、ヨハネ独自のエピソードである「サマリアの女」を通じ、真の福音宣教者の働きを示すとともに当時の教会の姿を批判しようとする点にある。われわれは安炳茂のヨハネ福音書解釈に従ってこの物語を読み直してみようと思う。安炳茂によれば、ヨハネ福音書が共観福音書のように「主の晩餐」を描くのではなく代わりに「洗足」を描いたのは、初代教会において儀式化される「主の晩餐」に対する批判的意図によるものであった。本来の「食卓共同体」は飢えを満たす分ち合いの場であって、

それは五千人の給食に描かれているような出来事であったはずである。しかし初代教会はそれを儀式的な「主の晩餐」に作り替えてしまった。その次第の一端はコリント前書一一章二七〜三四節に示されている通りである。こうした「儀式化」に反対するヨハネは、「主の晩餐」に替えて「洗足」を描き、仕えるものとしての教会の姿を提示した。ヨハネにとって、神の国の先取りとしての食卓の交わりは「主の晩餐」ではなく五千人の給食だった、と安炳茂は考えている[35]。

儀式化が進行する初代教会に対する批判として、ヨハネはイエスを神の「物化」の事件として提示し（一章）、同じ考えによって「主の晩餐」を批判したというのが安炳茂の論点である。この考えに立てば、われわれのテクストは福音宣教者と使徒的権威に対するヨハネ的批判と見ることができるに違いない。初代教会は多くの福音宣教者と使徒の名を記録にとどめている。しかし本当の意味での福音宣教とは、一人一人がイエスと出会いその使信を受け入れ自らの生き方とするという一連の出来事を指しているはずである。それは誰かの取り次ぎによって始まる過程であるとしても、決定的なことは「自分が聞いたこと」によってイエスを受け入れることに他ならない。誰に導かれたとか誰に取り次がれたという記憶は、この決定的事件の純粋さを曖昧にしてしまう雑音になりかねないのである。ごく初期において、同様の問題意識はパウロによる批判的言説によって提示されたこともあったが[36]、結局初代教会は使徒が誰であり、誰がイエスの協力者であったかを綿密に伝承しようとしている。人々がイエスの福音を直接自分で聞いたという事実よりも、福音宣教者、すなわち教会の業績に関心が向いていたからであろう。

ヨハネにとって真の福音宣教とは、イエスと論じ合い自分が納得した結果それを人々に伝えることであり、その結果、伝えられた人が改めて直接イエスと出会い自分で納得し、福音を自分のものとする一連の出来事のことである。この考えは一章四六節以下のナタナエルの物語にも現れている。ナタナエルはフィリポによってイエスを示されたがそれによって従ったのではなく、彼自身がイエスと対面し直接自分で聞いてイエスを受け入れたのであった。ニコデモの物語（三：一以下）もサマリアの女性の物語もイエスとの直接的な対話が中心となっており、トマスの物語（二〇：二四以下）で明らかにされているように第三者による伝聞に対する疑義はむしろ当然のことだったと言えるのではなかろうか。弟子たちの復活証言を受け入れないトマスの物語におけるヨハネの結論は「見ないで信じる幸い」（二〇：二九）だが、復活の目撃者である使徒に疑義を呈したトマスにイエスは直接対面し、彼を自分の目で見、耳で聞き、指で触れた証言者としているのである。たしかに昇天の教理に従うことでその後のキリスト教徒は「見ないで信じるもの」となったが、サクラメントの神学がそうであるように復活者との直接的な出会いの経験は形を変えて教会共同体の中に維持され続けている。民衆神学はそれを教義的枠組みではなく「民衆事件、イエス事件」として描き出したのである。

福音宣教者の働きは証言であって、福音それ自体は「自分で聞く」ことを通してのみ受け止められる。その場合、誰が伝えたかをことさら重視しようとすることは使徒的権威の強化をはかるためのものであって、ヨハネの批判はその点に向けられている。われわれのテクストは、真の福音宣教の事件をサマリアの女性を中心に描き出している。福音宣教者の権威に固執する家父長主義者の立場からはこの偉大な業績が一人の女性に帰せられることは不都合なことであっただろう。しかし後世に名を残すこともない彼女こそ、真の福音宣教者の模範である。名前が伝承されていないことがその真正性の証となる。問題は後世の読者がそれを理解し、教会がそれを自分たちに対する警句と読み取ることができるかどうかということであろう。

七、相互作用として

現代の聖書解釈と神学において多くの業績を生み出し聖書解釈と神学の新たな可能性を開いてきたのがフェミニスト神学であることは否定できない事実である。フェミニスト神学的聖書解釈は、われわれの主体化に焦点を置いた聖書解釈と共通しているし、現にわれわれはフェミニスト神学からの圧倒的な影響を受けながらこの作業を進めてきた。聖書が語る救いとは主体化であるという立場において重要なことは、フレイレが重視したような意識化、すなわち主体化の過程における対話的関係と相互作用である。この点についてモルトマン＝ヴェンデルの指摘は正しい。彼女は女性が登場するいくつかの聖書箇所を示した後に言う。

「女たちは彼（イエス）から何かをかちとる。救い、健康、生命、ぶどう酒、人間性を。そして彼女たちは同時に彼に何かを与える。意味、課題、生の目標、そしてそれなしではわたしたちの課題や目標が人間から遊離して抽象的になってしまう共同性を。彼女たちは自分には生きる力を受け取り、彼には希望と信頼と、彼自身をさえ越えたヴィジョンを注ぎ入れる。彼女たちは彼の道をともに行くことによって、彼を彼たらしめる――あらゆる人間のための人間に、あらゆる孤独者のための慰め手となりうる孤独者に、あらゆる者に自己信頼を与えうる自己信頼者に、死へ赴きつつも決して一人ではない人間に。」[37]

彼女によれば、こうした理解は「女性物語から浮かび上がってくる相互性の経験」によるものなのだが、われわれの課題に即して言えば、それは民衆事件への参与がもたらす相互作用の経験と言い換えることができるであろう。それは苦難の中で民衆自らが鍛え上げた感覚であり、このようにして立ち現れるのが相互主体性なのである。

参考文献

【邦語】
伊藤文人「包摂の実践者か、排除の尖兵か?―イギリスにおける脱専門職化するソーシャルワーク―」《現代と文化》第一一三号(日本福祉大学、二〇〇六年)
李仁夏、木田献一(監修)『民衆の神学』(キリスト教アジア資料センター編、教文館、一九八四年)
E・モルトマン=ヴェンデル『乳と蜜の流れる国』(大島かおり訳、新教出版社、一九九八年)
香山洋人「民衆神学・地球化・日本」《神学の声》四〇巻七一号(聖公会神学院、二〇〇八年)
アンソニー・ギデンズ『第三の道』(佐和隆光訳、日本経済新聞社、一九九九年)
絹川久子『女性たちとイエス』(日本基督教団出版局、一九九七年)
心園記念事業会編『安炳茂著作選集一　民衆神学を語る』(金忠一訳、かんよう出版、二〇一六年)
田川建三『新約聖書　訳と註五　ヨハネ福音書』(作品社、二〇一三年)
橘木敏詔、浦川邦夫『日本の貧困研究』(東京大学出版会、二〇〇六年)
バルツ、シュナイダー編『ギリシャ語新約聖書釈義事典』(教文館、一九九四年)
E・S・フィオレンツァ『彼女を記念して』(山口里子訳、日本基督教団出版局、一九九〇年)
ミシェル・フーコー『監獄の誕生』(田村俶訳、新潮社、一九七七年)
パウロ・フレイレ『被抑圧者の教育学』(三砂ちづる訳、亜紀書房、二〇一一年)
ロイ・ポーター『狂気の社会史』(目羅公和訳、法政大学出版局、一九九三年)

――――『狂気』（田中祐介、鈴木瑞実、内藤あかね訳、岩波書店、二〇〇六年）
湯浅誠『反貧困』（岩波書店、二〇〇八年）
R＝R・リューサー『性差別と神の語りかけ』（小桧山ルイ訳、新教出版社、一九九六年）
【韓国語】＊著者、書名等の漢字表記、邦訳
金鎮虎「民衆神学と〈悲惨の現象学〉」『二十一世紀民衆神学』（サミン、二〇一三年）
徐南同『民衆神学の探究』（ハンギル社、一九八三年）
安炳茂『ガリラヤのイエス』（韓国神学研究所、一九九〇年）
――――『民衆神学を語る』（韓国神学研究所、一九九二年）
チェ・ヨンシル「安炳茂の『女性』理解」『安炳茂神学思想の脈Ⅰ』（韓国神学研究所、二〇〇六年）
――――『新約聖書の女性たち』（ドンヨン、二〇一二年）

注

（1）『民衆神学を語る』一〇九～一一九頁。
（2）金鎮虎「民衆神学と〈悲惨の現象学〉」三三三頁。
（3）ギデンズ『第三の道』一七三～一七四頁。
（4）伊藤文人「包摂の実践者か、排除の尖兵か？――イギリスにおける脱専門職化するソーシャルワーク――」。以下、同論文からの要約と引用は本文中にページ数だけを示す。
（5）筆者の経験に照らせば、この分析は日本の福祉行政の窓口担当者にも該当する。生活保護は憲法が保証する権利を享受する手段として定められているにも関わらず、無職で住所を持たない人々が生活保護の受給を申請することは容易ではない。多くの場合、窓口担当者はまさに門衛として高圧的態度で立ちはだかるが、社会的に一定の立場を持つ者が同

行し仲介することで対応が変化することは珍しくない。彼らはたしかに困窮者をケアしているのではなく管理者として機能していると言わざるを得ないであろう。

(6) 本書第二章参照。

(7) 湯浅誠は貧困の諸相の中に「人間関係の貧困」をあげている。したがって「反貧困」の戦略には様々な政策的課題と同時に助け合いと互助の精神が必要であるという。「社会的包摂」論にはこれが欠けている。必要なのは「滑り台」を落ちていく人々を黙って見送らないこと、他者に関心を持つことであり、それが可能な社会は「強い社会」であると湯浅は考えている。湯浅誠『反貧困』参照。

(8) 橘木敏詔、浦川邦夫『日本の貧困研究』および拙稿「民衆神学・地球化・日本」参照。

(9) フレイレ『被抑圧者の教育学』八五頁。

(10) マルコによる福音書三章二〇節以下、および平行個所。

(11) ロイ・ポーターはトマス・サズやミシェル・フーコーの名を挙げ、精神病は医学によるねつ造であるという見解を提起しながら「狂気」を巡る歴史を描き出している。それによれば精神医学も宗教同様「狂気」に対する一つの解釈の枠組みにすぎないのである。ポーター『狂気の社会史』、同『狂気』参照。われわれがこうした歴史研究に耳を傾けるのは、実際に「病気」と苦闘する人びとを解釈するためではなく、従来の聖書解釈に対して新たな視点を加えるためである。

(12) フーコー『監獄の誕生』参照。監獄の構造から発想された「全展望監視社会」の問題は今や全てを記録し続けるデジタルメディア社会の問題として捉える必要がある。官僚機構と情報産業はすべての情報を電子データ化して管理するが、それは不可避的に流出し悪意の人々によっても利用可能な情報となる。自由に複製、配布可能な電子データによって機能する社会システムは「知られない権利」と「忘れられる権利」を侵害し続けるのである。

(13) 徐南同『民衆神学の探究』一三三～一三五頁。

(14) 金芝河は獄中で戯曲「張日譚」を構想した。その内容は『苦行』に収録された「獄中メモ　証拠⑤」および「第三回公判　検事側主尋問」に見ることができる。金芝河『苦行』一五七～二三一頁、三五一～三六五頁。

（15）マルコ五章一～二〇節、マタイ八章二八～三四節、ルカ八章二七～三九節。

（16）マタイは悪霊に取りつかれた人物を「二人」と書き換えている。

（17）金鎮虎、前掲論文、三三七頁。

（18）παρακαλέω（マルコ）も δέομαι（ルカ）も静的な願いではなくより動的な懇願、働きかけのニュアンスを持っている。『ギリシャ語新約聖書釈義事典』。

（19）「狂人」を巡る社会史だけでなく、「アンダークラス、危険な階級」の存在が「まともな人々の社会」の維持機能を果たすという分析がこの解釈を支えている。

（20）社会的属性はもちろん、従来生物学的な属性と考えられてきた性別の概念も当事者による自認の問題（ジェンダーアイデンティティ）として重要な意味を持っている。

（21）レビ記一二、一五、二〇章の清浄規定を見よ。

（22）絹川久子『女性たちとイエス』七八頁。

（23）同、八四～八六頁。

（24）同、九六頁。

（25）フィオレンツァ『彼女を記念して』一七～一九頁参照。

（26）金容福は「政治的メシア」と「メシア的政治」を対置させ、イエスは前者であり独裁政治は後者であると述べている（「メシアと民衆」『民衆の神学』三三七頁）。マタイ二〇章二〇節以下は、イエスが政治的実権を握ることを期待する人々のエピソードであり、エルサレム入城を歓喜で迎えた群衆の理解もそのようなものであったと言えよう。

（27）福音書本文の登場人物たちがそれを認めていないだけでなく、福音記者の意図に反して初代教会もそれを認めていないという意味で、彼女の預言者的行為は二重に無視されていることになる。

（28）この女性がペトロと対比されるべき重要なメシア告白をした「本当の弟子のパラダイム」であることをフィオレンツァは説得力ある方法で論証した。『彼女を記念して』参照。

（29）ルカはこの女性を「罪深い女」（七：三七）に読み替え、主題を罪の赦しに切り替えている。赦しの権威を持つイエスと教会に従属する存在として描き直したかったのであろう。

(30) チェ・ヨンシル『新約聖書の女性たち』六六頁、注六。同書は一九九七年に大韓基督教書会から出版され後にドンヨンから再販された。引用にはドンヨン版を用いる。

(31) 安炳茂『ガリラヤのイエス』一九五頁。

(32) チェ・ヨンシル、前掲書、六八頁。チェ・ヨンシルは安炳茂によるこの解釈を「それまで著名なフェミニスト神学者たちの解釈には見られない、まさに独特なもの」と評価している。「安炳茂の『女性』理解」六三頁。

(33) リューサー『性差別と神の語りかけ』二一〇頁以下。

(34) 田川建三は四二節をヨハネ福音書の「教会的編集者」による付加文と考えている。ヨハネ福音書で「救い主」が用いられているのはこの個所だけであり、「キリスト」という女性の認識を不十分と捉えて上書きするかのような編集の方法が見受けられるという。田川建三『ヨハネ福音書』二五七頁。

(35) 安炳茂『民衆神学を語る』三五六〜三五七、四五〇〜四五一頁。

(36) コリント前書、一：一二以下、三：四以下。

(37) E・モルトマン＝ヴェンデル『乳と蜜の流れる国』一六九頁。モルトマン＝ヴェンデルは同書の中で男性主義神学の代表者としてたびたびバルトを批判する。例えば、「神と人間との間には相互的関心はまったく存在せず、あるのは優越のみです！〜この観点に立ってテクストを読んでご覧なさい。〜この観点はむろんいかなる相互主義も閉め出してしまうでしょう」というヴィサートーフトへの書簡などが紹介されている。同、一九九頁。フェミニスト神学においてモルトマン＝ヴェンデルはもはや乗り越えられた旧世代といっても過言ではないが、われわれがあえて一九八八年のモルトマン＝ヴェンデルを選んでいるのはフェミニスト神学発展の歴史それ自体に敬意を表したいからでもある。

第五章　救いの再解釈または再定義に向けて

一、論点整理

それぞれの章で検討してきた内容を振り返りながら改めて論点を整理してみたい。

第一章でわれわれは、聖書にとって救いとは具体的かつ超越的なものであり、それは解放者あるいは救済者による一方的な行為だけではなく人間の意思と主体的行動とに深く結びついたものであることを確認した。これまで神学は救いについて彼岸的救済と社会的解放それぞれに力点を置きながら語ってきたが、それらは宗教が重要な社会規範、価値体系の提供者であった時代において人間全体の問題を捉えようとしてきた結果であり、脱宗教的状況においてはさらに社会関係を含む人間の生全体を捉えた解放の次元に焦点を当てた言説として提示される必要がある。それは、救いに至る方法ではなく救いとは何か、救済の実相に対する新たなビジョンとそれにふさわしい表現、解放か救済かに二分されない新しい表現でなければならない。脱宗教的状況を生きるわれわれには伝統的な贖罪論ではない開かれた救済論が求められている。重要なことは、自分たちが置かれた状況にふさわしい福音理解であり、自分自身の状況と立ち位置から発せられる問いに基づいた聖書と伝統の再解釈なのである。その意味で神学は常に人間の現実との有機的つながりを持つ「有機的神学」でなければならない。われわれの課題は救いを巡るキリスト教の過去の言葉を論じることではなく、キリスト教が語ってきた救いを巡る言説とわれわれ自身が体験している種々の出来事について、現代の脱宗教的人々とも共有可能な言葉として表現し直すことであり、それが「主体化の神学」の課題なのである。

第二章でわれわれは、主体をめぐるさまざまな問題系から学びつつ、特に実践の中から導き出されたパウロ・フレイレの思想に注目した。彼が目指した人間化とは被抑圧者と抑圧者双方の解放であった。抑圧―被抑圧という構造悪自体の解消は変革の主体としての人間の形成によって実現するというフレイレのメッセージを、われわれはイエスが伝えた福音そのものと捉えた。そして、彼が批判する「銀行預金型教育」の問題点は既存のキリスト教に対する批判として十分当てはまるものであることを確認した。抑圧的構造からの解放を目指す人間にとって救済と解放の区別は無意味であり、このことはわれわれの「主体化の神学」においても重要な要素となる。われわれはフレイレから、対話とは他者への信頼と承認、すなわち相互主体的プロセスであることを学んだ。彼の中心概念である意識化とは真の意味で自由な主体となること、すなわち人間化であるという主張は、われわれが理解する福音が語る救いのイメージと重なっている。人間の自由と主体性を妨げるのは個人の内面に関わることがらだけではなく、社会的、経済的、精神的など様々な条件に及んでいる。そして、宗教もその中の一つであることは重要な問題である。われわれは、すべての人間が加害者であり罪人だという罪と絶望の平等に基づく贖罪論ではなく、被抑圧者が主体としての自己を解放し抑圧に加担するものが悔い改めて被抑圧者と連帯することですべての人間が共に社会変革に参与する解放の福音、を思い描いている。主体化の実現は各人の意思や努力だけではなく、人間存在のあり方を規定する諸側面と深く関係がある、というアマルティア・センの見解もそのことを示している。このことを聖書は、この世界が被造物の真の姿を遺憾なく発揮させるための潜在能力を豊かに湛えた世界、すなわち神に祝福された世界であると表現してきた。われわれは、われわれが目指し福音が指し示す自由への道筋を妨げる諸力と対決しなければならない。人間が自由な存在として、隣人と共に悪の構造を変革する主体となるための第一歩を、われわれは「楽園からの脱出」のイメージから描き始めたのであった。

第三章でわれわれは安炳茂の救済論と主体論を検討した。安炳茂は教会の歴史の中で「彼岸化、個人主義化」した救いをイエス事件の現場に再び取り戻す作業を行った。イエス伝承を素材にそこから発展したさまざまな宗教的言説、倫理や道徳などの人類史的な遺産がもたらす負の側面を、安炳茂は具体的な状況の中から問題視している。それは聖書学的な釈義の結果であると同時に目の前の現実に対する誠実さの結果でもある。暴力や迫害への恐怖、権力や富に対する誘惑に打ち勝ち神の義を実践したイエスに従う教会が、なぜ暴力を座視して現実から逃避する利己的な集団と化してしまったのか。「キリストの贖い」によって救われたはずの人々がキリストの福音を実践できないでいるのはなぜか。それはキリスト者一人ひとりの信仰の問題であるとともに、神学や教理、教会制度上の問題でもあるはずである。救済を彼岸化、個人主義化し、神への帰依を教会への依存と同定するキリスト教そのものに問題がある。民衆神学の出発点には現実の教会に対するそのような問題提起と改革の要求があったと言えよう。

暴力と迫害という困難な状況にあって信仰と良心に従って生きることを可能にするものは、一人ひとりの勇気だけであってはならない。しかし安炳茂が生きた時代にあってそれはごく限られた人々の英雄的行為に始まり、それに連帯し参与する人々の正義への願い、自由への希望が民主化へと向かう歴史の転換点となったのである。独裁と分断の現実の中で求められる救いは、民主化と統一という政治的課題を除外して語られることはできなかった。福音の中心課題である救いは、正義と平和の実現という具体的なことがらから切り離されることはないからである。すなわち救いとは「わたしの救い」ではなく「われわれの救い」なのであり、聖書はそれを全被造物にとっての救い、解放と表現したのである。

安炳茂が「韓国的キリスト者」の課題としてキリスト者のあるべき姿を語ったのは、彼が韓国という現実に向き合っていたからである。キリスト者のあるべき姿は、それが置かれた現場に対する誠実さによって明らかになるのであり、その原点を安炳茂はガリラヤの民衆であるナザレのイエスに求めている。安炳茂が救済論の背景とした「韓国的」状況は極めて特殊ではあるが、それをそれぞれの人間が置かれた状況と読み替えることで生み出されるメッセージは、目の前の現実に対して誠実に生きようとするすべての人間にとって重要な意味を持っている。それは自由な人間として隣人と共に生きる主体的な生であり、それを教会へのメッセージとして実践的に追求したのが民衆神学であった。自由であるとは権力に支配されないだけではなく偶像を恐れないこと、利己主義に埋没しないことをも意味している。自己を相対化する「外点」、すなわち超越者による批判的契機を通して展開された安炳茂の思想は、すべての権力作用に対する自由の原点を示している。

安炳茂の原動力はロゴスではなくパトスであった。そして彼が自らを突き動かす直感と内的原動力とを神学化した作業としての民衆神学は、彼一人の作品ではなく、同じように時代の痛みに触れ、自らも痛みを負った多くの人々による共同的営為のひとつであった。この作業は、理論としての神学と実践としての運動という二分法によるものではなく、現場の証言が理論となり、証言によって突き動かされた人々が現場へと向かう有機的な作業として捉えられなければならない。それは直線によって構成される弁証法ではなく、曲線によって構成される螺旋状の運動であったと言うべきであろう。自らを知識人として限定し、運動の現場に対する発言を極度に自制した安炳茂は、民衆神学の動的性格、神学と運動との有機的関係については踏み込んだ発言をしていない。しかし、われわれが構想している相互主体的神学、有機的関係性に立脚する神学において、神学者と民衆、語り手と聞き手、理論と実践という境界は明確ではなく、それらが互いに連続し相互に影響し合っていることが何よりも重要なのである。たしかに安炳茂は現場の活動家ではなかったが書斎の人ではなかったし、アカデミズムに生きる神学者でもなかった。彼は、自ら望んだからではなく、事件に巻き込まれるようにして独裁政権の暴力と民衆が苦難に喘ぐ現場に立たされた。安炳茂は民主化を求める民衆の蜂起、デモの中に復活のイエスを見出した。彼の生涯においてそれは重要な体験であり彼の神学の原点でもあった(1)。彼は、神学の座が神学自体となり現実を排除して学問自体をコンテクストとして語られる神学の姿勢を批判している(2)。

われわれは権鎮官を例に、安炳茂が構想した民衆神学が更なる議論を必要としていることを示した。それは、新しい現実に対する信仰的主体一人ひとりの誠実さがもたらす当然の作業であり、民衆神学にとっての基本的性質と言えよう。われわれが教会を中心としたキリスト教に立ち続けるのであれば、この共同体が救いの実相に結びつく具体的な可能性を示す必要があるが、既存の教会にその可能性を見出すことはできるのであろうか。イエスが宣言した神の国の到来を待望する教会である限り、教会は神の国の前触れがどこにあるのかを示すことで福音を証言する責任がある。しかし教会は聖書の物語と伝統の中にのみそれを見出し証言しようとするあまり、目の前の現実に神の国の前触れを見ようとする感性を失ってきたのではなかろうか。教会の一員となることが解放ではなく自己疎外につながるような現実をわれわれは無視することができない。一人では担いきれない重荷を分かち合い、一人では見出せない希望をともに見出すことができるのでなければ、教会は空虚な人間集団と化してしまうのではなかろうか。

第四章でわれわれは主体化をキーワードとしていくつかの聖書本文と取り組んだ。排除も包摂もされない自由で主体的な生き方を可能とする力への信頼がキリスト教信仰である。イエスは、そうした自由が可能であることの生きたあかし、福音である。イエスの物語が読み手に問いかけるのは、自由で主体的な存在として隣人とともに生きる喜びこそ人間にとって至上の喜びではないのか、という問いかけである。それは宗教的な言語として「救い」と呼ばれてきたし、「救われる」ことを願う人々にイエスは主体的な生の道を約束したのであった。

福音書にはそのような主体化としての救いの物語が記録されているが、それを読み解くために有効なのは既存の家父長主義的聖書解釈ではなくフェミニスト神学的な洞察であった。そこには疎外され客体化された女性たちの自己解放の歴史が刻まれているからである。われわれは、民衆神学の立場に立ちながらフェミニスト神学とともに福音書解釈を進めてきた。われわれは、聖書が語る救いとは主体化のことであると考えている。そこでは意識化が重要な要素となるが、意識化は一方通行的な関係ではなく対話的関係と相互作用によってのみ可能であり、われわれはその過程のことを主体化と呼んできたのである。イエスと人々との出会い、特にイエスと疎外された民衆、女性たちとの出会いはそのような相互作用の出来事であり、イエスは民衆の主体化過程における触媒であり、イエスも民衆との出会いによって主体化されていったのである。モルトマン＝ヴェンデルが言うように、聖書の女性たちは自分には生きる力を受け取り、イエスには希望と信頼と、彼自身を越えたヴィジョンを注ぎ入れた。フェミニスト神学はこれらを女性の物語から浮かび上がってくる「相互性の経験」によるものだと考えているが、われわれはそれを民衆事件への参与がもたらす相互作用の経験と言い換えることができるであろう。それは苦難の中で民衆自らが鍛え上げた感覚であり、このようにして立ち現れるのが相互主体性なのである。

聖書が語る救いは歴史の只中における身体性を伴う経験である。教会の伝統的な表現はそれを「身体の復活」と呼んできたのかもしれないが、ここで言われている「復活」とは、死後の世界、永遠の命ではなく「今・ここ」における現実の変革をも伴っていなければならない。もちろんそれは社会的な変革にとどまらない全人的な変革をも含んでいるが、イエスはこのことを「今・ここ」に到来する終末というイメージで宣言したのであり、われわれは民衆神学とともにその証言を継承したいと考えているのである。

二、救いを再定義する

われわれは民衆神学を通して、キリスト教の中心テーマである救いとは主体化のことであると論じてきた。これは伝統の再解釈である以上にキリスト教の再定義と言えるのかもしれない。C・S・ソンはアジアの神学の使命はキリスト教の再定義であると語っており、それは聖霊の働きによるものだという。ソンにとってイエスが語った永遠の命とは神が人間に与える恩恵のようなものではなく、「生きんとする民衆の意志の総括」であった[3]。聖霊は、人間的であるとはどういうことか、宗教的であるとはどういうことか、そして究極的にはキリスト教徒であるかないかに関わらずすべての人が救われるとはどういうことなのかの「再定義」を要求するのであり、アジアの神学の使命はこのこと以外には無い、とソンは言明している[4]。

このような再定義の試みは脱植民地主義神学、特にフェミニスト神学においてもっとも活発に行われている。それはエドワード・サイードが「オリエンタリズム」理論において明らかにしたように、西洋の植民地主義的価値の基盤には従来のキリスト教理解、聖書解釈が強く影響しているからである。フェミニスト神学はそうした西洋白人男性的価値から自由なものとしてキリスト教を再構築しようとしている[5]。クォク・プイラン（Kwok Pui-lan）は、フェミニスト神学はマルチカルチュラルであるだけでなくインターカルチュラルな神学であると指摘する。それは、フェミニスト神学の主体は異なる状況の中にありながらも孤立しているのではなく、西洋による文化的支配という共通する植民地主義の結果によって結び合わされているからである[6]。われわれにとってそれはアジアの現代神学が立つべき共通の基盤でもあり、そのためには、従来の神学の西洋中心主義、男性中心主義を批判的に克服する作業が不可欠なのである。民衆神学は当初それを「脱エリート化、民衆化」と捉えたが、現代の民衆神学は、民衆性の内実を政治的な権力構造や富の分配だけではなく、文化や性など人間生活と深く関わる権力構造との関連において新たに捉え直そうとしている。

われわれは救いを主体化と再定義したうえで脱宗教的世界の一員として発言しようとしているが、それはわれわれが従来の彼岸的救済論を克服する責任があると考えているからである。キリスト教には、侵略や植民地主義、人種差別を肯定してきた負の歴史がある。それだけではなく原罪の教理と贖罪神学、道徳主義、教権主義、また「聖俗、貴賤」などの概念によって人間の自由を毀損するという、より深刻な負の遺産があることを自覚し反省する必要がある。われわれは、神中心の世界観が人間を疎外し神を語る権威の存在が人間の自由を奪ってきた事実についての責任を負わなければならないのである。現代において聖書に依拠し教会を中心とするキリスト教を基盤として生きること、すなわちキリスト者として生きることは、キリスト教の良き伝統とともにそれらの負の遺産をも引き受けることを意味しているはずである。

われわれはたしかに既存のキリスト教と教会を批判しているが、それは改革の必要を感じているからである。しかし、聖書もキリスト教ももはや救済の価値のないものとみなし破棄すべきという声も上がっている。[7] そうした立場からは、民衆神学も解放の神学もキリスト教である限り真の民衆性も解放性も持ち合わせていないとみなされるであろう。一方キリスト教の多数派や主流神学からは、民衆神学、解放の神学、フェミニスト神学などは聖書や教理、キリスト教の伝統や権威に対する過度の批判とみなされるに違いない。正統主義的立場からは「再定義」されたキリスト教はもはやキリスト教ではないであろう。たしかに民衆神学はこうした批判を受け続けてきた。宋基得は「安炳茂はキリスト教徒だったのか」という論文を通してこう語る。[8] 安炳茂が読み取った「民衆神学的イエス（史的イエス）」の姿は教会が理解している「教理的イエス」とは明らかにかけ離れており、仮に教理的イエスだけを受け入れるものがキリスト教徒だとするなら、安炳茂は、そしてわれわれの多くはもはやキリスト教徒ではない。民衆神学的イエス像は「民衆の解放者」であり、教理的イエス像は「この世の贖い主」だからである。しかし「イエスを信じるということはキリストに関する教会の教理を認定することを意味しているのではない。今日の歴史の現場において歴史のイエスに出会うことなのだ。そして彼の意思に従うこと、イエスのように民衆解放運動に参与することなのだ」と語る宋基得にとって、安炳茂はたしかにイエスを信じるものとして生きたのである。

こうした再定義はもちろんのこと再解釈にも同意しない人々は多い。そのような批判者たちは言うであろう、たしかにそれはイエスを信じる一つの生き方ではあるがキリスト教ではない、そこまでしてキリスト教にとどまる必要はないし、伝統ある教会を自分たちの都合のいい集団に作り替えるのではなく、自分たち独自のイエス運動を行えばいいではないかと。主体化の神学はキリスト教であることに固執せず民衆神学に触発された一つのイエス運動を標榜すればいいのであろうか。この問題は「ジェンダー宗教学」を追求するフェミニスト宗教学にとっても愁眉の課題である。川橋範子と黒木雅子は、「家父長制やコロニアリズムに挑戦しつつ、従来の宗教と女性をめぐる言説によってあいまいにされてきた女性の宗教的主体を主題化する（中略）混在するめぐみのトリロジー」を提唱し、居心地の悪いこうした「はざま」こそが変革の立ち位置にふさわしいことを確信し実践を重ねている。[9] われわれがもしこうした居心地の悪さを感じるならば、この地点こそが変革にふさわしい立ち位置であることを覚える必要がある。われわれの作業、すなわち救済論の再解釈とキリスト教の再定義へと向かう試みも、まさにこのような居心地の悪さを引き受けた「はざま」に立つ神学である限りキリスト教改革の力を持ち得るであろう。

われわれの作業は、彼岸的救済論を乗り越えるだけではなく解放言説が持つ抽象性をも克服する必要に迫られている。主体化は具体的な状況における解放の事件において初めて意味を持つからである。例えば栗林輝夫にとって神学の重要な課題は、「部落差別のリアリティに目をそそぎ、差別を克服する闘いの中に、神の救済のわざを見いだすこと」にあった[10]。そのような作業によって伝統的な救済概念は「被抑圧者の視点から、『自由』『解放』『水平的社会の創出』として再解釈できる」[11]のである。栗林にとって救い、すなわち解放の思想は外部から与えられるものではない。民衆は「統制し支配しようとする試みに対抗する、差別された者自身の歴史的な自立の思想を内に秘めて」いるのであり[12]、被抑圧者自身の内なるエネルギーが解放を実現するからである。「部落差別のリアリティに目をそそぐ」作業は、理論的にはあらゆる神学に可能であっても、実践的には部落差別が現存する日本社会を生きる神学にのみ可能なものである。それは「歴史的な自立の思想」を内に秘めた人々との連帯を抜きにしては実践不可能な作業だからである。また、日本において植民地主義の犠牲者とその末裔の教会として差別と抑圧に抗して福音宣教を担ってきた「在日大韓基督教会」は、自らの特徴を「マイノリティ性」「多様性」「エキュメニカル性」と捉え、異郷の地・日本における「いのちの救い」を証言することを自らの使命と宣言している。在日コリアンを中心とした教会にとって「いのちの救い」とは抽象的なものではなく、「すべての『生』の領域、政治・経済・社会・身体・心理・霊性における、あらゆる抑圧からの解放を含むものであり、神から与えられた人間の可能性と『いのち』の輝きが実現されること」を意味していた[13]。ここで語られるいのちの輝きとは内的な事柄ではなく、法整備、歴史教育、地域運動などと密接に結びついており、法廷闘争、国会や地方議会での活動を含め、民族、名前、出自などあらゆる差別を解消するために進められる取り組みを抜きにしては実現不可能な命題なのである。

安炳茂は、神とは個人が所有できるものではなく公有されることによって初めて神となると述べ、楽園でアダムとエバが「善悪の実」を食べたことは、公有すべき神を私欲によって私有した行為であり、それがキリスト教にとっての罪の本質であると指摘する。安炳茂にとって「楽園」は私欲が克服されすべてが分かち合われるべき状態なのである。[14]神は人間が私欲を克服しすべてのものをすべての被造物と分かち合って生きる道を示した、と安炳茂は考えている。しかし神は、知恵の実を食べた人間を再び楽園に帰すことはしなかった。それは、人間の歴史はすでに始まっていることを意味している。人間はこの歴史の中で自ら歩んでいかなければならないのである。「(失楽園の作者が語る）神はすでに開始された人間の歴史であるのだから、行くべき道を行けと言っているに違いない。（中略）今や人間の歴史、人間が責任を持つべき歴史が開始されたのである[15]」。

安炳茂の失楽園理解とは異なり、われわれは人間の私欲による過失が歴史の出発点だとは考えていない。歴史は、神が人間を「楽園」の外、すなわちこの世界のただなかへと送り出したことによって開始されたのである。神による送り出しを、われわれは人間による脱出と読み直した。罪に対する罰の結果を生きるのではなく、楽園的神の庇護を離れ主体的に生きることが人間の本質だと考えるからである。主体化の神学は、われわれがこの歴史の中を責任を持って生きる姿を神学の言葉で言い表そうとする神学である。伝統的言葉を借りれば、すべての被造物は与えられためぐみを隣人と共に分かち合って生きるすべを与えられた存在、神の協働者としての主体なのである。イエスはそのような生き方を示した先駆者であり、人々はイエスと出会って主体化され、イエスも人々との出会いを通して主体的な道、すなわち十字架の道を歩み続けたのだ、と聖書は語っている。十字架は敗北であり苦難の道だが、主体的に引き受けられることにより究極的な解放、復活へと至ると聖書は証言しているのである。

キリスト教はこうした主体的な生をイエスとの関わりだけでなく神との関係の中で論じてきた。われわれもキリスト教神学としてこの点をさらに追求する必要に迫られるであろう。われわれは、かつてボンヘッファーが考えていたように「神という作業仮説」に依拠することなく主体化の神学を進めてきたが、キリスト教に対する説得のために、これがさらに「神の前で、神と共に」の生き方であると語ることも可能ではあろう。しかし、そう語ることがキリスト教に対する弁明であると同時に排他的な言明となる危険性を考慮せずにはいられない。「神の前で、神と共に、神なしで生きる」という二十世紀中葉の預言的な言葉は今日においては神学的独白でよい。われわれは三位一体の神を受け入れて告白する救いを渇望しているのではなく、自由な存在として隣人と共に歴史の変革、悪の構造を変革する主体となること、すなわち主体化を渇望する過程を生きている。われわれにとっての救いとは後の世における永遠の命の保証ではなく、この世界を自由に生きることである。それは困難な状況に脅かされる人間が、不安を憎悪によって解消することも他者への依存に逃避することもなく、自由な主体として自己と世界の変革を渇望しその過程に参与することを喜びとし目標とする生のことである。われわれはこの目標を定めながらもしばしば挫折し逃避もするであろうが、それでも多くの先達と隣人たちによる励ましと告発そして友愛と赦しによって主体化への希望へと常に導き返されるに違いない。これまで、キリスト教は聖書の物語によって導かれる人々の群れであり、ナザレのイエスは比類なき先達、物語の主宰者として唯一無二の存在であると捉えられてきた。しかし主体化の神学は、聖典としての聖書が伝えるキリスト・イエスを唯一無二の存在と定め、制度的教会にのみその解釈の権威を承認する枠組みを固定化する必要はない。人が何を信じ従うかは何者かによって定められるものではなく今を生きる主体自身がそれぞれの現場において必然的に選び取るものだからであり、信仰告白とはそのようなものだと考えているからである。

参考文献

【邦語】
川橋範子・黒木雅子『混在するめぐみ、ポストコロニアル時代の宗教とフェミニズム』（人文書院、二〇〇四年）

栗林輝夫『荊冠の神学』（新教出版社、一九九一年）
在日大韓基督教会第四九回総会期第二回常任委員会「在日大韓基督教会 宣教一〇〇周年宣教理念」（二〇〇八年四月二日）
「宗教と社会」学会編《宗教と社会》一七（「宗教と社会」学会、二〇一一年）
セゼール『帰郷ノート　脱植民地主義』（平凡社、一九九七年）
C・S・ソン『イエス、十字架につけられた民衆』（金子啓一他訳、新教出版社、一九九五年）
リチャード・ドーキンス『神は妄想である』（垂水雄二訳、早川書房、二〇〇七年）
朴聖焌『民衆神学の形成と展開』（新教出版社、一九八三年）
モンゴ・ベティ『ボンバの哀れなキリスト』（砂野幸稔訳、現代企画室、一九九五年）
E・ベートゲ編『ボンヘッファー獄中書簡集　抵抗と信従』（村上伸訳、新教出版社、一九八八年）

【韓国語】＊著者、書名等の漢字表記、邦訳
宋基得「安炳茂はキリスト教徒だったのか」《基督教思想》五〇四（大韓基督教書会、二〇〇一年）
安炳茂『それでも再び楽園には帰さなかった』（韓国神学研究所、一九九五年）
チョン・ヤンモ「安炳茂先生を称える」心園安炳茂先生記念事業会編『ガリラヤのイエスと安炳茂』（韓国神学研究所、一九九八年）

【英語】
Kwok Pui-lan, Postcolonial Imagination & Feminist Theology, Westminster, John Knox, 2005.

注

（1）チョン・ヤンモは、一九八七年の朴鍾哲（パク・チョンチョル）拷問死事件に抗議する学生たちのデモを見ながら安

炳茂と交わした会話を回想している。その時安炳茂は「チョン神父さん、イエスの復活事件をご覧なさい」と言っていたという（「安炳茂先生を称える」一三五頁）。朴聖焌は『民衆神学を語る』として結実したインタビューの際、狭い書斎や病室で過ごしている時に懐かしく思い出すのは何かとたずねたときの驚くべき答えを次のように書いている。「ここは仮の建物だから、雨が降ると雨の落ちる音がすごいんだよ。その騒々しい雨の音を聞くと、私は急に暴動を懐かしく思い出すのだよ。民衆蜂起を！〜一番懐かしいのは四・一九革命のようなものだ。皆が一時にワッと立ち上がって降参させてしまう、そんな事件が懐かしいのだよ。」（朴聖焌『民衆神学の形成と展開』一〇四頁）。

（2）『民衆神学を語る』六〇〜六一頁。

（3）ソン『イエス、十字架につけられた民衆』三八頁。

（4）同、一六二頁。

（5）Kwok Pui-lan, Postcolonial Imagination & Feminist Theology, pp.1〜7.

（6）Ibid., p.21.

（7）フランス領西インド諸島に生まれたエメ・セゼールは、十九世紀フランスを代表する知識人であり史的イエス研究で有名なルナンを例に、西洋的キリスト教思想家が植民地に対して持っていた差別性と暴力性はヒトラーに比すべきものであったと暴露する（セゼール『帰郷ノート　脱植民地主義』一三八〜一三九頁）。またカメルーンの作家モンゴ・ベティは白人キリスト教宣教師とそれに追随する人々への痛烈な批判を文学で表現している（ベティ『ボンバの哀れなキリスト』）。また、キリスト教批判家として知られる英国の科学者リチャード・ドーキンスは、理性的で許容可能な神学はあるとしてもそれらはキリスト教全体の中で主流派になれないことをあげ、キリスト教そのものを全否定する（ドーキンス『神は妄想である』）。彼らにとってキリスト教はもはや再生する価値のないものなのである。フェミニスト神学から出発して宗教批判に至ったメアリー・デイリーも同様の立場である。

（8）宋基得「安炳茂はキリスト教徒だったのか」。

（9）川橋範子・黒木雅子『混在するめぐみ、ポストコロニアル時代の宗教とフェミニズム』一六頁。この立場は「脱中心化の神学」として提示されてもいる（「宗教と社会学会」二〇一一年）。

(10) 栗林輝夫『荊冠の神学』六四頁。
(11) 同、一八〇頁。
(12) 同、六七頁。
(13)「在日大韓基督教会 宣教一〇〇周年宣教理念」。
(14) 安炳茂『それでも再び楽園には帰さなかった』一七頁。
(15) 同、二一頁。

あとがき

この論文を書いていたのは立教大学のチャプレンを退任し教区の司祭として帰任した南千住の教会の執務室だった。東京の下町、山谷が近いこの教会には個性的な来訪者が多かったが、ある日、近所に住むという方がひとりの年配の女性を伴ってやってきた。聞くと、商店街で見かけたこの女性の様子がただごとではないと思い話しかけたところ、もう何日も食事をしていないし住むところもないと道端にへたり込んだのだという。このままにはできないと考え、すぐに思いついたのがサンダル屋の向かいの小さな教会だったという。たしかに目の前のその女性は今にも倒れんばかりの様子で憔悴しきっていた。わたしが突然の来訪者を拒む様子がないことに安心したのか、自分はキリスト教とは何の関係もないのですがこんなときは教会なのかなと思って、と言いながら隣人は去っていった。立川の教会でも似たような経験があった。なにか食べさせてほしいとやはり憔悴しきった初老の男性がやってきて、すぐとなりが蕎麦屋だったので一緒に入って食事をしたのだが、それからしばらくこの男性とのお付き合いが続いた。食事だけではなく交通費、あるいは再起のための資金が必要だなどというありがちな展開に少々困惑していたわたしは、近所には新宗教の巨大な神殿があるばかりか立派な神社やお寺もあるのに、よりによってご覧の通りの貧乏教会の駆け出し伝道師を選んだのはどういう了見かと嫌味を言ったりもした。いやいや、あの連中はだめです。わたしのような人間の話を聞いてくれるのは教会さんだけですよ、などと牧師が喜ぶような台詞でこちらの気勢を制すあたりはなかなかのやり手だった。

南千住のその女性は、ホームレス生活のキャリアとしてはあまり長くないように見受けられた。いろいろと話を聞き、信徒にも相談した結果、少しの間だけ教会に寝泊まりしていただこうということになった。執務室の二階に普段は使っていない畳部屋があったのでそこに案内したかったが、女性は固辞した。ちゃんとした場所では申し訳ないということだったが、結局、彼女の希望通りに礼拝堂の一部、礼拝後にはテーブルを囲んで皆で食事をしたりする信徒会館的空間の一隅で寝泊まりしていただくこととなった。場所と食べ物を提供し、わたしがいるときには共に食事をし、今後のことを相談に区役所に行ったり人と会ったりしていたが、憔悴しきって途方に暮れていたその女性の顔にも次第に笑顔が浮かぶようになり、路上生活の体験談などもポツポツと語ってくれるようになった。千住の信徒はこの女性に対しごく自然に接した。すべての教会で同じように話が進むとは思えない。異論は予想されるしまったく違った展開になっていただろう。この女性は日曜日には礼拝に出たりもした。祈祷書の言葉を唱えたり聖歌を歌ったりはしなかったが、一番うしろの席に座り説教に頷いたり目を閉じて祈っているような様子のこともあった。しかしトラブルもあった。日中どこかに出かけて行く彼女はしばしば問題を起こしていた。おたくの関係者らしいがなんとかしてくれという電話がたびたびあった。何かあると彼女がわたしの名刺を出したからだが、駆けつけた先で聞かされる話は、教会で見せる温厚な姿からは想像できないような内容だった。

なにか紙をもらえませんかと女性が言う。コピー用紙を差し出すと、そういうのではなく広告の裏とか捨てるような紙がいいというので、積んであった週報のミスプリントの束から一枚渡したが、もう少し、あともう少しと乞われるままに数十枚の裏紙を渡した。女性が教会に来て一週間、あるいは二週間ほど経った頃だったと思う。

わたしは愛情あふれるスケールの大きな信徒に支えられながら、不十分ながらも教会の仕事をこなし、近隣教会の管理やら保育園のチャプレン、大学の非常勤、教区の委員会など多忙ながらも充実した日々を過ごしつつ、信徒の方々の応援をいいことに意固地になって学位論文に取り組んでいた。日曜日には教会委員会、平日には聖書研究会をする執務室兼談話室の大きなテーブルの上にはいつしか韓国語の本やら文献のコピーが積み上げられるようになっていたが、ある日、ノックもせずにドアを開けたその女性は、十数枚の紙の束をわたしに向かって突き出し黙って部屋を出ていった。一見して判読困難な大小の文字がびっしりと書かれたその紙束を、わたしはすぐに読む気にもなれずとりあえずテーブルの隅に置いた。

博士課程のレポートに追われ、論文執筆も計画通りに進まず、信徒訪問や説教の準備が疎かになっている自責の念も募る中で渡された判読困難な紙束にゆっくり目を通す気にはなれなかった。読まずにそのまま放置していたのは、おそらく心の病を抱えているこの女性について専門家に対処の方法を相談しようと考えていたからでもあり、この紙束もどうせ分けのわからないことが書かれているのだろうと一方的に決めつけていたからだった。その後、実はリサイクルの箱に入れようと思って手にした紙束だったが、最初のページに書かれた内容が否応なく目に止まった瞬間、戦慄が走った。判読に時間はかかったが、書き連ねられていたのはまさに「審判の預言」だった。新宗教の教祖の多くが神がかり的な体験をし、そこから神託、預言が記録される例は知っているし、それらは精神疾患の症状のひとつだとあっさり説明する人がいるのも知っているが、想像を絶する言葉の刃が他でもない自分自身に向けられた恐怖をごまかす理屈は見つからなかった。教会そして牧師の堕落、不信仰、背信、背教に対する言葉を極めた告発、そして神の怒りと裁きの羅列であったと思う。過激な体制批判や宗教批判は自分も得意としていたし、何より聖書の預言者たちの圧倒的なパワー、ナザレのイエスの破天荒な姿と破壊力あふれる警句の数々は身近なものだったが、それが自分自身に、よりによって東京で一番慎ましやかな教会の一つであるこの教会に向けられた衝撃は忘れることができない。いまだ躊躇があるにもかかわらず、自分の精神史を区切る一つのエピソード、千住の方々への告白として書き記した方がいいと思えるようになったのは十年という時間の経過による。

問題の紙束を誰かに見せたかどうか覚えていない。内容を読めばこの女性に対する態度が一変するだろうかと信徒には隠そうと考えたことだけは覚えている。紙束はリサイクル箱の奥に沈めた。わたし自身、その瞬間から彼女の姿を見るのが怖くなっていた。もちろん熟練の牧会者ならもっと適切な対応をしたのだろうが、当時のわたしはあの紙束のメッセージの破壊力を受け止める力は持ち合わせていなかった。勇ましいことを書くわりにはその実ナイーヴなアマチュア牧師の恥多き歴史の一コマだ。女性は次第に教会の中でも穏やかさを失うことが多くなり、礼拝堂のニーラーを勝手に捨てようとしたという事件をきっかけに、このまま居てもらうことはできないとかこれ以上牧師に負担はかけられないという声が出始めた頃、おそらく自分から去って行ったような気がする。この平和な結末は事実とは異なりそうだが、わたしの記憶にはもう幾重にもフィルターがかかっていて、穏やかだったときの彼女の面影とともにこんな平和な結末が浮かんでしまう。

本書は、二〇一四年末に韓国ソウルの聖公会大学神学専門大学院（Th.D.課程）に提出した韓国語の学位論文『主体化の神学、救済論の民衆神学的再解釈』を日本語にし手を加えたものである。『民衆神学を語る』からの引用は二〇一六年に出版された金忠一訳（かんよう出版）に変更し、細かすぎると思われる注のいくつかは削除した。教会とはそして救いとは何かという問いは長年のものだった。これは自分自身の実存的な問いではなく、教会の言葉が人々に通じていないのではないか、人々の求めに応じられていないのではないかという教役者としての日々の焦りの現れでもあった。

チャプレンとして派遣された大学で最後に企画した授業は「批判から学び直すキリスト教」というタイトルだった。当時のわたしにとってキリスト教とその神学はいかなる批判にも耐えられる真理、魅力あふれる最強の学知だった。そうした魅力を最大限に発揮するために力を尽くすこと、巨大な大学組織の中で教会、特に聖公会の存在感を上げることが自分の使命だと感じていた。そのためには自慢したり自己推薦するのではなく、積極的に批判を受け止め誠実に向き合うことが逆説的な護教論になると信じていた。民衆神学は主流の教会や神学のあり方に対する躊躇のない批判を特徴とするが、その根底にはイエスの福音に対する絶対的な帰依と現場に対する厚い信頼がある。そうしたあり方にこの上ない魅力と説得力を感じながら、わたし自身は自己省察も自己批判も不十分なまま、福音への帰依も暗中模索で教会に対する信頼も仲間たちへの誠実さも見失いつつあった。とはいえ、民衆神学、特に安炳茂の思想を一人でも多くの人と共有したい、韓国の友人たちの活躍を少しでも多くの人に知らせたいとの思いは尽きることがなかった。その後わたし自身を取り巻く状況はすっかり変わったが、民衆神学への取り組みがライフワークであるとの思いは変わらないし、キリスト教、特に教会に対する強い関心と教会を愛する人々への敬意は今も変わらず持ち続けている。

この論文は執筆からすでに十年の月日が経過している。当時のわたしは制度的教会の役務者として責任を持って問題提起をしたつもりだが、今はそうではない。だから今となっては責任の所在も曖昧で説得力に欠ける発言となってしまった。とにかく提出期限に間に合うように書き上げなければならないというお決まりの状況があり、幾人かの方々の助けを受けたとはいえ不慣れな外国語で書いたものであり、執筆当時も不完全だと思っていたこの作品は読み返すことなく放置していた、というのが実情である。それでも、今頃になり自分の作品を翻訳するといういかにも生産性の低い作業に加え無謀にも出版してみようと思ったのは、民衆神学の価値をよく知るかんよう出版の松山献社長のご理解に対する甘えとともに、今までの歩みに区切りをつけたいという思いによる。内容的には、拙訳『民衆神学の課題と展望』に付した「解題」である程度の補足を試みたつもりだが、それもまだ不十分な点が多い。

当時、いろいろ複雑な状況もあり日常は文字通り多忙を極めていた。それだけに博士課程の勉強は楽しく、学期末ごとに行われたコロキアムの議論、学生寮での神学生との交流は今も懐かしい。論文執筆は苦しくもあったが楽しく充実した時間だった。指導教授の権鎮官（クォン・ジングァン）先生はわたしの構想を全面的に後押しし、同僚のように接してくださったのが嬉しかった。審査員の梁権錫（ヤン・グォンソク）先生、金基錫（キム・ギソク）先生はわたしが韓国と関わりを持ち始めた一九八六年以来の友人であり、修士課程以来の恩師であり、聖公会司祭として同僚でもある。学外から審査に加わってくださった韓神大の姜元敦（カン・ウォンドン）先生は「物の神学」の提唱者として一世を風靡した民衆神学者であり、修士課程でもお世話になっていた。また、それまで論文を通じてしか知らなかった金熙献（キム・ヒホン）先生が審査員の一人だったことも大きな喜びであり名誉なことだった。神学大学院長の金恩圭（キム・ウンギュ）先生、大学総長の李定九（イ・ジョング）先生も特別な配慮でイレギュラーな学びの形を支えてくださった。準備の段階から、「救いの実相」という表現に批判的だったのは梁権錫先生だった。梁先生は「主体」という哲学的な迷宮に入り込むことについても心配してくださったが、それはもっともな指摘だったと思う。姜元敦先生は第三章の形式についてその意図を問われた。当時はまだ安炳茂の邦訳は少なかったので日本の読者に紹介したいと考えてのことだったが、日本語で発表するあてがあってのことではなかった。その後、かんよう出版から『安炳茂著作選集』が刊行されたことで当初の意図は意味を失ったが一応そのままにしてある。金熙献先生は、論文のどこにも神が登場しないのはなぜかと問いかけた。「作業仮説」としての神を必要としない脱宗教的世界を念頭に置いたつもりの論述は、今読み返せばいかにもどちらつかずで論ずべきことが多々抜け落ちており、われながらアイディア倒れの感は否めない。

学位授与式に駆けつけてくれた金鎮虎（キム・ジンホ）さんは、ソウル市内の夕食会場に移動する車中、「これは椅子に座ったままで書ける作品だね」という寸評を聞かせてくれた。もちろんそうだ。彼は現場を生きる民衆神学者であり、わたしはそんな民衆神学に関心を持ち観察し研究する人間だ。ほとんどの民衆神学者が大学教員になる中、彼だけは教会と街を現場に活動を続けている。学位が意味を持つのは大学だけであって、そこを一歩離れれば何かの役に立つようなものではないし、大学にも教会にも属さず日々の生活のために働く今の自分にとって神学の学位が意味を持たないことは実感済みだ。そんな生活者としての感覚をよそに学位論文執筆にこだわっていた自分に比べ、名もなき人々の痛みに寄り添いながら真の教会の姿を追い求め執筆を続ける金鎮虎さんは言行一致の民衆神学者であり彼の批判はもっともなのだ。

自慢げに誰かに読んでもらおうと思えるような内容ではないが、それでもこうして公刊したのはわたしなりの意味がある。多くの場合、博士論文は研究者としてのデビュー作になるが、わたしの場合、教会の役務者また大学教育に携わった人間としての卒業制作のようなものであり、新たなゴールに向かう途中のラップタイムを記録するつもりで形にしたかったのである。

博士課程での就学については日本聖公会東京教区から多大なご支援を頂いた。東京教区主教座聖堂と、受け入れてくださったソウルの聖公会大学の特別な配慮に対し心からの感謝を申し上げると同時に、期待と投資に見合った責任を果たせなかったことを申し訳なく思う。他にも感謝し詫びるべき方々は多いが長大なリストに不備があってはならないのでこれでやめておこう。二冊の訳書、クォン・ジソン編『ウイルスにかかった教会』、姜元敦他『民衆神学の課題と展望』に引き続き、かんよう出版の松山献社長の英断によりこうして書籍化が実現した。心より感謝申し上げる。

二〇二五年二月

香山洋人

マ行

ヤ行

ワ行

人名索引

事項索引

〈著者略歴〉

香山洋人（かやま・ひろと）

在野研究者。東海大学、聖公会神学院で学び、聖公会大学神学大学院で神学博士号取得。専門は民衆神学、朝鮮キリスト教史。日本聖公会東京教区で司牧、立教大学チャプレン、明治学院大学非常勤講師、立教大学兼任講師などを経て東京教区を依願退職。訳書に金鎮虎『市民K、教会を出る』（新教出版社）、クォン・ジソン編『ウイルスにかかった教会』（かんよう出版）、姜元敦他『民衆神学の課題と展望』（かんよう出版）。論文に「民衆神学の教会理解」、「民衆神学における民族」、「パラダイム転換としての民衆神学」、「『宗教の政治化』『政治の宗教化』を考える」等がある。

主体化の神学―救済論の民衆神学的再解釈―

2025年4月20日　初版第1刷発行

著　者……香山洋人

発行者……松山　献
発行所……合同会社かんよう出版
〒530-0012 大阪市北区芝田2-8-11 共栄ビル3階
電話 06-6567-9539 Fax 06-7632-3039

装　幀……堀木一男
印刷・製本……亜細亜印刷株式会社

ISBN 978-4-910004-82-2　C0016　Printed in Japan

安炳茂著作選集　全十巻　別巻一　四六判上製

心園記念事業会編　金忠一訳

用語監修　香山洋人（第三巻のみ千葉宣義）

第一巻　民衆神学を語る　五二二頁　定価六、〇五〇円

第二巻　歴史と解釈　四六四頁　定価七、一五〇円

第三巻　ガリラヤのイエス　三七四頁　定価七、一五〇円

第四巻　民衆神学と聖書　三八六頁　定価七、一五〇円

別巻　評伝　―城門の外でイエスを語る―　三七八頁　定価四、九五〇円

（第五巻～第十巻　続刊予定）